Gerhard Roosen

Die ernsthafte Christen-Pflicht

Gerhard Roosen

Die ernsthafte Christen-Pflicht

ISBN/EAN: 9783743411241

Hergestellt in Europa, USA, Kanada, Australien, Japan

Cover: Foto ©Lupo / pixelio.de

Manufactured and distributed by brebook publishing software (www.brebook.com)

Gerhard Roosen

Die ernsthafte Christen-Pflicht

Die
Ernsthaffte
Christen = Pflicht,

Darinnen
Schöne Geistreiche
Gebäter,

Darmit
Sich fromme Christen-Hertzen zu
allen Zeiten und in allen Nöthen trösten können.

EPHRATA,

Drucks u. Verlags der Brüderschafft
Anno MDCCLXX.

4. Esdrä 8.

O HErr, liefest du deinen Knechten zu, daß wir vor dir bäten, und gäbest unserm Herzen Saamen, und Bau dem Verstand, daß Frucht daraus käme.

Johannes 4.

Es kommt die Zeit, daß die wahrhafftigen Anbäter werden den Vater im Geist und in der Warheit anbäten.

Syrach 5. 17, 18.

Ehe du bäteſt, bereit dich zuvor, und thu nicht als einer, der GOtt verſuchen will.

Die ernsthaffte Christen-Pflicht. Das Gebät des HErrn.

Unser Vater in dem Himmel. Dein Name werde geheiliget. Dein Reich komme. Dein Wille geschehe auf Erden, wie im Himmel. Unser täglich Brod gib uns heute. Und vergib uns unsere Schulden, wie wir unsern Schuldigern vergeben. Und führe uns nicht in Versuchung, sondern erlöse uns von dem Uebel. Dann dein ist das Reich, und die Kraft, und die Herrlichkeit in Ewigkeit. Amen.

Die zehen Gebott.

Jch bin der HErr, dein GOtt, der dich aus Egyptenland geführet hat, aus dem Dienst-Hause. Du solt keine andere Götter haben vor mir. Du solt dir kein Bildniß machen einigerley Gleichniß, weder oben im Himmel, noch unten auf Erden, noch im Wasser unter der Erden. Du solt sie nicht anbäten, noch ihnen dienen: Denn ich bin der HErr, dein GOtt, ein eifriger GOtt, der die Missethat der Väter heimsuchet über die Kinder ins dritte und vierte Glied, die mich hassen; und Barmherzigkeit

A 2 erzei

OHErr, allmächtiger GOtt! und himmlischer
Vater: der du uns Menschen nicht allein
erschaffen, gemacht und das Leben gegeben, und
in diese Welt gestelle hast, daß wir uns mit Kum=
mer und Arbeit ernehren sollen, bis daß wir wie=
derum zur Erden werden, davon wir genom=
men sind. Sondern du hast uns auch eine Zeit
gesetzt unsers Lebens, auf daß wir dich förchten u.
lieben, und dir von gantzem Hertzen anhangen
sollen. Und gleichwie du uns den Tag zur Ar=
beit, also hast du uns auch die Nacht zur Ruhe
durch deine Göttliche Gütigkeit verordnet. Diese
Ruh haben wir von dir, barmhertziger GOtt u.
Vater, unter deiner väterlichen Beschirmung u.
Bewahrung gnädiglich genossen: dafür wir dich
billig aus Grund unsers Hertzens, und aus der
Tieffe unserer Seelen, loben, preißen und bene=
deyen.

O allmächtiger GOtt! und himmlischer Va=
ter: wir haben diese Nacht, und die gantze Zeit
unsers Lebens, nicht heiliglich zugebracht durch
den Mißbrauch deiner Wohlthaten, und auch
die Uebertretung deiner heiligen Gebotten, und
Versaumung unserer Schuld, mit Worten, We=
cken und Gedancken, schlaffend und wachend,
uns vielfältiger Weiß wider dich versündiget:
welches wir mit Reu und Leid bekennen, daß
es geschehen seye. Das wollest du uns, O himm=
lischer Vater! durch das vergoßne Blut JEsu
Christi, deines lieben Sohns, aus Gnaden ver=

A 3 geben

geben und nachlassen. O himmlischer Vater!
du haſt uns diesen Tag wiederum scheinen lassen:
gib uns auch zu bedencken, daß es deine gnadenreiche Gabe seye, und lehre uns dadurch danck-
barlich verstehen, warum du uns diese herrliche
Gab wiederum gibst, und deine schöne Sonne,
als ein barmhertziger Vater, über uns lassen aufgehen; auf daß wir alle Tage unsers Lebens nach
deinem Willen mögen vollbringen, und uns auf
den ewigen, langen und unendlichen Tag, welchen du machen wirſt durch deine Gnad, mögen
bereiten.

Wir bitten dich, heiliger Vater, laß uns hier
aus verstehen und gelehrt werden, die Nacht der
Finſternuß und Sünden zu verlassen, und davon ab zu weichen. Daß wir in dem klaren
Licht deiner Göttlichen Gnade mögen wandeln,
die Wercke der Finſternuß ablegen, und die Waffen des Lichts anziehen, und daß wir ehrbarlich
als am Tage wandeln mögen.

Hierzu laß uns, O barmhertziger GOtt! das
Licht deiner Göttlichen Gnade erleuchten, daß wir
dich, O GOtt und Vater! allezeit für unsern
Augen mögen haben in allem unserm Thun und
Lassen. Der du mit deinen Feuer-flammenden
Augen alles gegenwärtig sieheſt, auch was wir
fürnehmen und gedencken. Und weil wir wiſ-
sen, daß du das Gute nicht unbelohnt, und das
Böse nicht ungestrafft werdeſt lassen: so gib uns
Gnad, daß wir alle unsere Tage mögen zubrin-
gen.

gen, daß dadurch dein herrlicher Name gepriesen
werde.

Wir bitten dich, O heiliger Vater! gleichwie
du uns geliebet hast, daß wir dir auch also kind-
lich aus Liebe mögen gehorsam seyn. Und dieweil wir deine väterliche Liebe erkennen, daß wir
unseren Nächsten auch dadurch, als uns selbst,
mögen lieb haben: und daß von uns nichts geschehe, das wider die Liebe strebe: ja daß wir
auch mit unserm Nächsten recht mögen handeln

O heiliger Vater! wir bitten dich, gib uns
auch alles dasjenige, was du uns zur Nothdurft
gibst, mäsiglich zu gebrauchen und zu geniesen,
auff daß wir dasselbige nicht in überfluß, oder zur
Geilheit, noch zur Wolluft mißbrauchen: Gib
uns auch ein verständig Herz in deinen Gaben
treu zu seyn, und uns mit Essen und Trincken,
und mit Sorgen der zeitlichen Nahrung nicht zu
beschweren, sondern lehr uns das Vertrauen auff
dich stellen, und deiner göttlichen Hülff und Gnad
erwarten: Gib uns auch einen zerschlagenen, nie-
derigen, und zerbrochenen Geist, ein Reu-tragen-
des Gemüt, und rechte Sanfftmut, ja rechten
Hunger und Durst nach deiner Gerechtigkeit.

Gib uns auch heut ein Herz, das vor dir rein
möge seyn, dich O GOtt anzuschauen: O du
ein GOtt und Vatter der Liebe und des Friedens:
Gib uns deinen ewigen Frieden und Gnad, daß
wir uns zu allen Zeiten als friedliebende Menschen
gegen einander mögen beweisen, und allen bösen
Hader und Zanck meyden, auch alle Wiederwär-

tigkeit

tigkeit die uns auff dieser Erden begegnen möchte,
es seye Creutz oder Trübsal, Schmach oder einig
Unglück, das gib uns gedultig mit sanfftem Geist
und stillem Hertzen zu ertragen. O HErr, dieweil du unser GOTT und Schöpfer bist, so schi-
cke doch unser Leben und Wandel nach deinem
heiligen und göttlichen Willen: dann alle unsere Werck und Thaten stehen in deinen Händen:
Wir befehlen uns, O heiliger Vater mit Leib und
Seel, und all dem Unserigen in deine Hände:
Regire und befördere unsere Werck, O GOtt,
nach deinem göttlichen Willen: Wir bitten dich
auch für alle Menschen ins gemein, und sonderlich für alle unsere Glaubens-Genossen, wo sie
auch auf dem Erdboden verstreuet seyn: Auch
für alle bekümmerte und Trost-lose Hertzen so in
Leyden und Noth seyn, und auch für die so uns
verfolgen, dann sie wissen nicht was sie thun.

Wir bitten dich auch für alle Diener deiner
Gemein: und für die Könige und alle Obrigkeiten, auch für alle, für die wir schuldig seyn zu
bitten.

O HErr lasse sie alle zusammen deiner Gnaden
und Trosts geniessen und theilhafftig werden:
Das bitten wir dich, O heiliger Vatter, in dem
Namen deines lieben Sohns JEsu Christi, der
uns verheissen hat, daß du, O Vatter, uns erhören wollest, wann wir dich in seinem Namen anruffen, und sprechen mit andächtigem glaubigem
Hertzen: Unser Vatter, ꝛc.

O HErr,

O HErr, laß doch Tag und Nacht deine gnädige Augen über uns offen seyn, nimm uns in
deinen göttlichen Schutz und Schirm, richte, regiere, und benedeye all unser Fürnehmen und
Werck, zu deinen Ehren, Amen.

Ein schön Abend-Gebett täglich zu sprechen.

O HErr GOTT, barmhertziger himmlischer
und lieber Vatter, der du uns das Licht des
Himmels zu unserer Erleuchtung so mildiglich
hast lassen scheinen, und diesen vergangenen Tag
hast über leben lassen, auf daß wir das nach deinem heiligen Willen sollen gebrauchen, und uns
aller Gottseligkeit befleissen.

Für diese deine Gnadenreiche Gaben sagen wir
dir, O heiliger Vatter, Lob und Danck, Preiß
und Ehr und ewige Benedeyung. Wir bitten
dich barmhertziger und lieber Vatter, vergib uns
alles was wir diesen Tag wieder dich gesündiget,
und auch wider deinen göttlichen Willen gehandelt haben: Dann wir bekennen mit Reu und
Leyd unsere Sünden, daß wir uns durch Träg-
heit und Unachtsamkeit, sehr wider dich versündiget haben, O heiliger Vater, vergib uns doch
um deines lieben Sohns JEsu Christi willen
In dessen Namen wir dich nun bitten: Nimm
uns durch ihn in deine göttliche Versöhnung auf,
auf daß wir durch dein Kind rechten Frieden mit
dir, O heiliger Vater mögen haben, und den-
bigen ewiglich behalten.   Wir

Wir bitten dich du heiliger Vater, daß wir nun diese zukünfftige Nacht, welche du uns zur Ruh verordnet hast, und auch die gantze Zeit unsers Lebens unter deinem göttlichen Schutz und Schirm mögen bleiben, wider alle Macht der Finsternuß und Boßheit des listigen Widersachers, der ohne Auffhören Tag und Nacht um uns her gehet, unsere Seelen zu verderben, O heiliger Vater, du wollest uns doch für seiner List und Versuchung gnädiglich behüten und bewahren, und unter denen Flügeln deiner Barmhertzigkeit bedecken.

Wir bitten dich, du heiliger Vater, lasse unsere Leiber friedsam, ohne Befleckung der Seelen und des Leibs ruhen nach deinem heiligen und göttlichen Willen: Also daß immerdar unsere Hertzen, das Gemüth und unsere Sinnen in dir wachend bleiben, und daß wir fürsichtig mögen seyn, auff die Zukunfft deines lieben Sohns: Und uns also nach deinem Göttlichen Rath mögen bereiten, und deiner herrlichen Zukunfft mit Freuden erwarten.

Wir bitten dich du heiliger und barmhertziger Vater, lasse doch das Licht deiner göttlichen Gnaden über uns leuchten, auff daß wir mit der Nacht der Finsternuß, darinnen die gantze Welt liegt, nicht überfallen werden, noch in dem Tod entschlaffen, sondern daß wir durch den Tod mögen zu dem Leben kommen: Auff daß alles möge geschehen, zu deines heiligen, hochgelobten und herrlichen

lichen

lichen Namens Lob, Ehr und Preiß, und uns
zur ewigen Seligkeit.

O heiliger Vater, wir bitten dich, laß uns das
alles in dem Namen deines lieben Sohns JEsu
Christi genieſſen und theilhafftig werden, wir bitten dich auch, O lieber GOtt und Vater, um alle vorstehende Noth deiner lieben Kindern: Auch
für alle schwache, bekümmerte und betrübte Menschen, und die da leyden um deines heiligen Worts
und Namens willen: auch für die, so uns verfolgen, dann sie wissen nicht was sie thun: O
HErr, wir bitten dich du wolleſt uns auch getreue
Arbeiter in deine Erndte senden, die uns dein heiliges Wort nach deinem Willen mögen verkündigen

Wir bitten dich auch für die Obrigkeit undRe-
genten der Länder und Städten, auch für alle bekümmerte, beängſtigte und troſtlose Hertzen.

O heiliger Vater, du weiſt, was ihnen und
uns allen vonnöthen iſt: Thue doch deine gnädige Augen über sie und uns alle auf, und stehe uns
gnädiglich bey mit deiner Kraft, laß uns deine
Creaturen und Geschöpff nicht verderben, sondern
daß wir zur ewigen Seeligkeit mögen gebracht und
erhalten werden.

Das alles bitten wir dich, O heiliger Vater,
in dem Namen deines lieben Sohns JEsu Chriſti, unsers HErrn und Heylands, der uns lehrt
in seinem Namen bitten und sagen: Unser Vater, ꝛc.

Wir befehlen uns, O heiliger Vater, mit all
denen Unserigen in deine Hände, du wolleſt uns,
O GOtt,

O GOtt, zusammen bewahren, und mit deinen
helligen Englen umlägeren, auch mit deinem heiligen und guten Geist durch das Jammerthal ge-
leiten, biß daß wir selig sterben, frölich aufferstehen, und in den Himmel auffgenommen werden:
Das bitten wir dich, du helliger Vater, durch deinen vielgeliebten Sohn, JEsum Christum, Amen.

Ein schön algemein Gebett in vie-
len Anliegen und Nöthen täg-
lich zu gebrauchen.

O HErr Allmächtiger GOtt, du helliger und
himmlischer Vater, der du einig ewig und
allein gewaltig bist, lebest und regierest von Ewigkeit zu Ewigkeit, für dir ists daß wir kommen und
erscheinen, und daß wir die Knye unsers Hertzens
biegen, von dir ists, daß wir bitten und begehren,
du wollest dich doch über uns erbarmen, unsern
Mund Zungen und Lippen, und zuforderst unsere Händ und Hertzen reinigen, auf daß wir mögen würdig werden, deinen heiligen Namen, der
da groß ist anzuruffen, zu loben und zu dancken,
dann wir bekennen, daß du bist ein allmögender
überflüßiger und genugsamer GOtt, voll alles
Guten, und daß neben dir kein anderer GOtt seye,
weder im Himmel noch auf Erden, so dir gleich
seye. Und darum daß wir wissen, daß du ein
gütiger, gnädiger und barmhertziger GOtt bist, so
wollen wir dich einmühtiglich anruffen, bitten und
sagen, wie uns dein liebes Kind JEsus Christus
gelehret

gelehret hat, mach uns tüchtig und geschickt, daß
wir im Geist und in der Warheit können sprechen und sagen: Unser Vater rc.

O heiliger Vater im Himmel! wir sollen dich
vielmehr loben und preißen, dann alle andere
geschaffene Dinge und Creaturen, dann du bist
unser GOtt und Schöpffer, und hast uns nach
deinem Bild geformiret und gemacht, und auch
vielmehr begabet als alle andere Creaturen oder
Geschöpff, dann als wir todt in unsern Sünden,
und deine Feinde waren, hast du dich unser erbarmet, und nicht verschonet deines eingebohrnen
Sohns, sondern hast ihn für uns alle dahin gegeben, in den allerschmählichsten Tod des Creutzes, der da hat sein unschuldig Blut für uns
vergossen, und ist um unser Sünde willen gestorben, uns dadurch gerecht zu machen, vom
Tod auferwecket, und gen Himmel gefahren, der
hat uns ein heilig und ewig Evangelium predigen und verkündigen lassen: und uns dadurch
zu seiner seligen Gemeinschafft beruffen, und zu
Erben deines ewigen himmlischen Reichs.

Und darum bekennen wir, daß wir schuldig
seyn vor allen andern Creaturen, dich, O heiliger
Vater! zu loben, und dir zu dancken, dich zu
preißen und zu benedeyen, von dessentwegen wir
auf unsere Knye nieder gefallen, und für dir er-
schienen sind; aber O heiliger GOtt und Vater!
wir sind darzu nicht genugsam geschickt, würdig
noch tüchtig deinem heiligen Namen zu dancken,

B   also

also wie du es wohl würdig bist, dann wir haben uns so offt und manchesmal für dir versündiget, mit Worten und mit Wercken, ja mit unserm eiteln unnützen Leben und Wandel: Aber wir kommen für dich und bekennen unsere Sünde, u. bitten dich im Namen unsers HErrn JEsu, deines lieben Sohns, du wollest dich doch über uns erbarmen. Erbarme dich unser, O GOtt! erbarme dich unser, und gehe nicht mit uns ins Gericht, und handle nicht mit uns nach unsern Wercken und Verdienen, sondern nach deiner grosen Barmhertzigkeit, so tilge aus alle unsere Uebertrettung; und nimm uns gütiglich wiederum an. Ja du heiliger Vater, thue uns an mit dem rechten wahren Glauben, mit Treu und Warheit, und mit der Erkäntnus deines h. Worts und Geists. Und biß du heiliger Vater allezeit unser Weg und Geleit, unser Schutz und Schirm, unser Trost und Kraft, und richt uns unsere Füß, Sinn, Hertz und Gemüth auf den Weg deines Göttlichen Friedens: und mach dein heiliges und Göttliches Wort, das du uns hören lässest, in unserm Hertzen lebendig und thätig, damit wir dir gefallen und dienen mögen bis ans Ende unsers Lebens.

O heiliger Vater! wir bitten dich für alle unsere geliebte Mit-Glieder, für Brüder u. Schwestern, wo sie auch unter dem Himmel und auf dem Erdboden verstreuet sind, sie seyen fern oder nahe bey uns, zu Wasser oder zu Land, ihre

Namen

Namen sind dir alle wohl bekannt, O HErr! umlägere sie mit deinen H. Engeln, dann deine Augen sehen auf die, die dich fürchten: gib ihnen zusammen samt uns gehorsame Hertzen, voll Glaubens, Weißheit und Verstand, aufdaß wir wissen, wie wir leben, wandeln und dir gefallen sollen. Erfülle unsere Hertzen auch mit Liebe, Friede und rechter brüderlicher Einigkeit, dann deine Liebe ist das rechte Band, damit du deine Auserwehlten zusamen fassest unter deinen Schutz und Schirm und Göttliche Gnad und Kraft die nicht zu überwinden ist.

O heiliger Vater! wir bitten dich, ist jemand aus Schwachheit, durch Angst und Noth, Creutz und Trübsal, oder durch den Unglauben, vom Weg der Warheit abgetretten, und aber nun wiederum begehrt deiner Gnad und deiner Gläubigen Fürbitt, so erbarme dich, O HErr! so treulich über sie, und gib ihnen eine wahre Reu u. Buß über ihre Fehler und Schuld, und nimm sie gütiglich wiederum an für deine Kinder: Angesehen, daß so viel tausend Menschen von dir geschaffen sind, und daß so wenig dich erkennen und förchten, sondern werden aufgehalten durch falsche Lehrer und betrügliche Arbeiter: So behüte uns, O heiliger Vater! vor falscher Lehr, vor falschem Glauben, vor falscher Liebe und bösem Verstand, und vor allem dem, das uns irren, hindern oder scheiden möchte von deiner Liebe und Gerechtigkeit.

B 2   O

O du heiliger Vater im Himmel! wir bitten
dich, du wollest ansehen, wie deine Erndte so groß
ist, und aber so wenig der treuen Arbeiter, so
wollest du doch erwecken und senden heilige und
getreue Männer in deine Erndte, die Gnad vor
deinen heiligen Augen gefunden haben: die uns
dein heiliges Wort mögen verkündigen ohne allen Hochmuth, unverfälscht, und ohne alle Gleißnerey, die anders nichts suchen, dann dein Lob,
deine Ehre und deinen Preiß, wie auch der Seelen Seligkeit, die dir ein gehorsam Volck bereiten, das eiffrig und zu allen guten Wercken
geschickt seye, die dein Volck, das unter vielem
Unverstand nun noch zertrennet ligt, in der Liebe, Friede und Einigkeit mögen versammlen.

O heiliger Vater im Himel! wir bitten dich,
nimm hinweg von uns allen Unverstand: ist
noch etwas bey uns, das dir mißfällt, und uns
verborgen ist, das gib uns zu erkennen, und laß
uns zu Hertzen gahn, daß wir es gern verlassen
mögen. Sollen wir auch noch wissen, was dir
gefällt, und uns verborgen ist, das gib uns auch
zu erkennen, und ein gehorsam Hertz, daß wirs
gern mögen annehmen, auf daß all unser Thun
und Lassen dir möge wohlgefallen.

O heiliger Vater im Himel! wir bitten dich
für alle, die da leiden um deines Worts und
Zeugnuß willen, die in Gefängnuß und Banden seyn, verjagt, vertrieben, verachtet, unterdruckt, und in Beraubung ihrer Güter, von al-

len

lem menschlichen Trost entseßt. O HErr! tröste sie doch mit deinem Göttlichen Trost, mach
ihnen ihr Leiden leicht, und gib ihnen neben aller harten Versuchung und Trübsahl einen gnädigen Ausgang und Beständigkeit, nach deiner unergründlichen Güte und Barmhertzigkeit,
daß sie steiff und fest für deinen Namen stehen,
und dein Kind JEsum vor den Menschen bekennen, damit sie vor dir mögen bekennet werden.

O heiliger Vater im Himmel! biß auch gnädig und barmhertzig allen denen, die dich und
uns hassen, schmähen, verachten, verfolgen, und
doch nicht wissen, was sie thun, darum rechne
ihnen unserthalben keine Schuld zu, sondern
gib ihnen zu erkennen, wie schwer sie sich vor
dir versündigen, aufdaß sie vor dir erschrecken,
sich bessern, und Buß thun.

O heiliger Vater im Himmel! wir bitten dich,
zerschlag und zerbrich all unsern Feinden ihre
Räth und Anschläg, die sie wider uns anschlagen: und errette uns, wie du von der Welt Zeit
daher errettet häst alle, die dir von Hertzen geglaubt und vertrauet haben, so wollest du dich
O heiliger Vater! über uns erbarmen, wie sich
ein barmhertziger Vater über seine Kinder erbarmet: und sende deine heilige Engel vom hohen
Himmel herab, die vor uns hergehen, und für
uns streiten gegen unsere Feinde und Widersacher, und erretten uns aus der Hand aller derer, die uns hassen, bis auf die Zeit, daß du

B 3   uns

uns, O HErr! geschickt und tugendlich erkennest, alles das zu erkiden, was du über uns
gebotten hast, aufdaß wir nicht weichen von deinem Wort, weder zur Rechten noch zur Lincken,
aufdaß wir erfunden werden treue Zeugen deines heiligen Worts, auf daß unsere Namen im Buch des ewigen Lebens erfunden werden, aufdaß wir durch deine Gnad mögen würdig werden zu entfliehen dem zukünfftigen Uebel,
und deinem grimmigen Zorn, und frölich zu
erscheinen vor deinem heiligen Angesicht: ja du
wollest uns, O HErr JEsu Christe! ein gnädiger Richter seyn, auf daß wir uns mit deinen
auserwehlten Kindern erfreuen mögen in deinem ewigen Reich, zum Lob und Preiß deines
heiligen Namens immer und ewiglich

Wir bitten dich, O heiliger Vater im Himmel! für alle Könige und Obrigkeit, und auch
fürnemlich für die, unter derer Schutz u. Schirm
wir wohnen, O HErr! gib ihnen das zu verstehen, warum sie von dir geschaffen, gemacht
und geordnet sind, daß sie können thun und vollbringen deinen Göttlichen Willen. Gib ihnen
deine Forcht in ihre Hertzen, daß sie den Gewalt, den du ihnen gegeben hast, nicht mißbrauchen, sondern den Frommen zum Schutz und
Schirm, und zur Forcht und Straff den Uebel-
thätern und Ungerechten, darzu gib du ihnen
Weisheit und Verstand, ihr Land, Leuthe und
Städte also zu regieren, daß wir unter ihnen
ein

ein stilles und Gottseliges Leben führen mögen,
O HErr! nach deinem heiligen und Göttlichen
Wohlgefallen, und so viel wir nun durch deß-
ne Göttliche Gnade solches genieſſen können, dafür ſagen wir dir billig Lob und Danck. O
HErr! gibs uns mit groſer Danckbarkeit zu
gebrauchen.

O heiliger Vater im Himel! wir bitten dich
für alle Wittwen und Waysen, für alle Alten
und Betagten, die am Verſtand haben abgenommen: Für alle Krancke, Verlaſſene u. Troſt-
loſe, ſo in Hungers-Noth und Bekümmernuß
ſind, in Verruckung ihrer Sinnen, in Ver-
zweiflung und Kleinmütigkeit: O HErr! ſie
ſind dir alle wohl bekannt, tröſte ſie mit deinem Göttlichen Troſt, und lerne ſie deine vät-
terliche Züchtigung gedultig ertragen, und deine
gnädige Hülffe zum Auskommen erwarten.

O heiliger Vater im Himel! wir bitten dich
für alle treuherzige Menſchen, die uns lieben u.
Gutes thun, und die Barmherzigkeit erweiſen
und erzeugen, mit Speiß und Tranck, mit Hauß
und Herberg: O HErr! ſo wiedergilt es ihnen
reichlich mit Gutem: und dieweil ſie dein Wort
gern hören, aber wenig Krafft haben, ſich zur
Gehorſamkeit zu begeben, ſo gib ihnen doch Kraft,
daß ſie dein Wort mögen empfahen durch deinen H. Geiſt: und mit Sanfftmuth in ſich laſſen gepflanzet werden, daß es ihre Seelen möge ſelig machen.

B 4

O heiliger Vater! wir bitten dich, du wolleſt uns doch verhüten vor Krieg und Blutvergieſſen in unſerm Land, und ſchütze und ſchirme uns vor allen ungütigen Völckern, die wider dein heiliges Wort und Warheit ſtreiten.

Nimm auch von uns hinweg alles, was uns druckt, die anklebende Sünde, die da iſt der Zorn, Widerwillen, Neid, Haß, Unkeuſchheit, die Hoffart und der Geitz, die Wurtzel alles Uebels: Nimm auch von uns hinweg das boßhafftige Hertz, ſamt aller Ungerechtigkeit, und ſchaffe uns reine Hertzen, und erneure in uns einen aufrich- tigen und willigen Geiſt, und lehre uns deine Wege, O HErr! und gib uns Gnad, daß wir darauf und darinnen wandlen können bis an das End unſers Lebens.

O heiliger Vater im Himmel! wir ſagen dir Lob und Danck, Preiß und Ehr und ewige Be- nedeyung, und daß du dich über uns erbarmeſt, und uns gegeben Speiß und Tranck, Wohnung und Decke, Kleider und Nahrung der Seel u. des Leibes. Dann alle gute Gaben kommen al- lein von dir, O HErr! gib ſie uns zu gebrau- chen nach deinem heiligen Willen.

Wir wollen uns nun alleſammen beyde Klei- ne und Groſe, Junge und Alte, in deine Hän- de befehlen, unſer Seel und Leib, mit allem, was uns zugehöret: O HErr! trage Sorg für unſer Leben, richte uns nun auf, und verſetz uns aus der Sünd in die Gerechtigkeit, und mach uns

wür-

würdig und geschickt zu thun deinen heiligen
Göttlichen Willen.

O heiliger Vater! das bitten wir dich alle
zusammen in dem Namen deines lieben Kindes
JEsu Christi, aus Krafft und Mitwürckung
des heiligen Geistes. Du seyest höchlich gelobet, geehret, gepriesen und gebenedeyet von nun
an bis in Ewigkeit, Amen, Amen.

Ein ander schön Gebett.

O Allmächtiger GOtt und himmlischer Vater! wir bitten dich, der du weist und erkennest all unsern Mangel und Kleinheit, daß
wir nichts seyn, noch vermögen ohne deine Hülf
und Gnad, so bitten wir dich, du heiliger Vater, gib uns Gnad, daß wir dich mit einander
können anruffen, und zu dir bitten und betten
im Geist und in der Warheit, daß es dir zu
deinem Lob, Ehr und Preiß dienen möge, und
uns mit einander zum Trost und zum Heil und
zum ewigen Leben, Amen.

Auf daß wir allezeit mit warhafftigen Hertzen sprechen mögen: Unser Vater ꝛc.

Ach HErr allmächtiger GOtt! und himmlischer Vater, wir bitten dich, thu uns an mit
Glauben, Liebe, Treu, Warheit, auch mit Erkanntnuß deines heiligen Worts und Geistes,
und biß allezeit unser Weg und Geleit, auch
unser Schutz und Schirm, und richte unsere
Füß.

Füß, Sinn, Hertz und Gemüth auf dem Weg
deines Göttlichen Friedens, daß wir dir dienen
köñen, als deine liebe Kinder, bis an unser End.

Wir bitten dich, du heiliger Vater, erbarm
dich über uns jetzt in dieser letzten und gefährlichen Zeit, verzeihe und vergib uns alles, was
wir wider dich gethan und gesündiget haben, es
sey von uns mit Wissen oder ohne Wissen geschehen, in Worten oder Wercken, in Sinnen
und Gedancken, O HErr! so biß uns gnädig
und barmhertzig, und mache dein heiliges Wort,
welches du uns hast lassen hören, in unsern Hertzen lebendig und kräftig, und gib es bey uns
zu wachsen und zu zu nehmen, daß du es O
HErr! mit Wucher bey uns finden mögest, daß
wir dir dienen können, als deine gehorsame Kinder, bis an das Ende.

Wir bitten dich, du heiliger Vater, für alle
unsere Mit-Glieder, geliebte Brüder und Schwestern, die auf dem gantzen weiten Erdreich sind,
sie seyen zerstreuet oder versammlet, in Creutz
und Trübsal, in Band und Gefängnuß, um
deines heiligen Namens willen, oder etwa in
schwerer Kranckheit, so stärcke und tröste sie
mit deinen Gnaden, lasse sie weder zur Rechten
noch zur lincken abweichen, erhalt sie in deinem
heiligen Wort und Warheit bis zum Ende ihres Lebens, gib ihnen Gnad und Gedult, daß
sie mit Gedult können dienen deinen Worten,
und laß uns deine Kinder nicht versucht werden

über

über unser Vermögen, sondern mache du uns
einen Weg und Fürgang neben der Versuchung
und der Trübsal, auf daß wir es erleiden und
ertragen mögen, das bitten wir dich, du heiliger Vater, in dem Namen deines lieben Sohns,
unsers HErrn und Heilands JEsu Christi.

Wir bitten dich, O du heiliger Vater! erbarme dich über uns, und verfaß uns mit einander unter deinen Schutz und Schirm, und laß
nicht Zwietracht oder Zertrennung (ist es nicht
wider deinen Göttlichen Willen geboten,) unter
uns kommen; sondern verhüte uns, O HErr!
vor falschem Glauben und vor bösem Verstand
und vor allem dem, das uns irren oder scheiden
möchte von deiner Liebe und Gerechtigkeit.

Wir bitten dich, O HErr der Erndte! siehe
an, daß deine Erndte so groß ist, und aber der
treuen Arbeiter wenig sind, so erwecke du uns
auf, O HErr! treue Hirten und Arbeiter in deiner Erndte zu arbeiten, Männer nach deinem
Hertzen, die Gnad vor deinen Augen gefunden
haben, dein heiliges Wort und Gerechtigkeit aus
zu kündigen, und zu predigen ohne allen Hochmuth, unverfälscht, und ohne Gleißnerey, auf daß
durch vieler Menschen Dancksagung dein heiliger
Name möge gelobet und gepriesen werden, und
mach deinem heiligen Wort einen Weg und Fürgang, daß wir und alle, die sich von Hertzen bekehren mögen, gewiß und gelehrt, auch gespeißt
und getränkt mögen werden, die da hungert u.

dür-

dürstet nach deiner Liebe und Gerechtigkeit.

Wir bitten dich, du heiliger Vater, für alle deine Botten und Diener, die du ausgesandt hast, dein heiliges Wort und Gerechtigkeit aus zu kündigen und zu predigen, gib ihnen auch Mund und Weißheit, Bericht und Verstand durch deinen heiligen Geist, dein heiliges Wort und Gerechtigkeit aus zu kündigen nach deinem heiligen Willen, und nach unserm Mangel und Nothdurfft.

Wir bitten dich, du heiliger Vater, für alle Menschen, über die möglich ist zu bitten, die auf dem gantzen weiten Erdreich sind, auch für die Könige und alle Obrigkeiten, insonderheit für die, wo dein Volck unter ihnen wohnet, lasse sie ihre Hände nicht ausstrecken über sie, das unschuldige Blut zu vergiessen, sondern gib du ihnen zu thun und regieren, darum du sie gesetzt und geordnest hast, das Böse zu straffen, und das Gute zu schützen und zu schirmen, auf daß wir, und alle, die deinen Namen förchten, ein ruhiges u. stilles Leben führen mögen hie auf Erden.

Wir bitten dich, du heiliger Vater, für alle unsere Feinde, die uns beleidigen, hassen, schmähen und verfolgen um deines heiligen Namens willen, du rechnest ihnen nichts zu um unsert willen, dieweil sie doch nicht wissen, was sie thun, sondern zerschlage du ihnen ihre böse Räth und Anschläg, die sie anschlagen wider dein Wort u. Gerechtigkeit, ist es nicht wider deinen Göttlichen

Wil-

Willen gebetten, so beruffe sie zur Buß, daß sie
Buße thun können über ihren Fall u. Schuld.

Wir bitten dich du heiliger Vater, für alle
gutherzige Menschen, die deiner Gnad und unserer Fürbitt begehren, auch für alle schwache, blöde, bekümmerte und betrübte Menschen, biß ihnen
gnädig und barmherzig, und verzeihe und
vergib ihnen alles was sie wider dich gethan und
gesündiget haben, es seye ihnen mit wissen oder
ohne wissen geschehen, mehre und stärcke ihnen
den Glauben, die Hoffnung, und die Liebe, daß
sie mögen auffgerichtet werden in deinem heiligen
Bund. Wir bitten dich, heiliger Vater, für
alle gutherzige Menschen, die uns die Barmherzigkeit beweisen und erzeigen mit Speiß und
Tranck, mit Hauß und Herberg, um deines heiligen Namens willen, widergilt es ihnen mit Gutem, und gib ihnen, was ihnen Noth und Mangel ist zu Seel und Leib.

Wir bitten dich, du heiliger Vater, für alle die
da trieben und träg sind von deiner Liebe und Gerechtigkeit, und von deiner Warheit irr gegangen
sind, durch Angst und Noth, auch Creutz und
Trübsal, oder etwan in einen Schlipf und Fall
kommen sind, und widerum begehren deiner Ge-
nad und unserer Fürbitt, so bitten wir dich, du
heiliger Vater, gib du ihnen widerum Reu und
Buß, über ihren Fall und Schuld, und nimm
sie gütiglich widerum an, als für deine Kinder, und alle die dich von Herzen förchten.

C   Wir

Wir bitten dich, du heiliger Vater, und sagen dir auch Lob und Danck, der du alles erschaffen hast, Himmel und Erden, das Meer und alles was darauff und darinnen ist, der du Glauben hältest ewiglich, der du Recht schaffest dem, der um Unrecht leydet, und alle die errettet hast, die dir von der Welt Zeiten her geglaubt und vertrauet haben, und in deiner Forcht blieben sind, so wollest du sie forthin auch erretten; gib uns einen standhafftigen und lebendigen Glauben, und ein steiffes Vertrauen, eine heiltge Hoffnung und eine völlige Liebe, daß wir mit gantzem Hertzen, auch mit Lust der Seelen und von allen Kräfften, dir dienen können biß zu unserem Ende, es gelte zu leben oder zu sterben, daß wir dir dienen können, und deine Gebott haben.

Wir bitten dich, du heiliger Vater, erbarme dich über uns, wie sich ein barmhertziger Vatter über seine Kinder erbarmet, und sende uns deinen Engel von oben herab zu einem Geleitsmann, daß der für uns herfahre, und für uns streite gegen unsere Feinde und Widersachern, und errette uns von der Hand aller derer so uns hassen, biß zu der Zeit, daß du uns erkennest für geschickt und tugendlich, das alles zu erleiden und zu erdulten, was du über uns gebotten und verordnet hast, auff daß wir nicht weichen von deinem heiligen Wort, weder zur Rechten noch zur Lincken, das bitten wir dich, du heiliger Vatter, in dem Namen JEsu Christi, Amen.

Wir.

Wir bitten dich, du allmächtiger GOtt und himmlischer Vater, und sagen dir Lob und Danck um alle deine väterliche Gnade und Barmherzigkeit, die du uns erzeigest und beweisest, jetzt in dieser letzten und gefährlichen Zeit, nun siehe an unsere grosse Schwachheit, und führe uns allezeit in deinem Namen, und verlaß uns mit einander unter deine gewaltige Hand Gottes, auch unter deinen väterlichen Schutz und Schirm, und unter deine göttliche Gnad und Krafft die nicht zu überwinden ist, sorge, wache, und streite du für uns allesammen, und gib uns gehorsame Hertzen zu thun deinen Willen, daß wir würdig mögen werden zu entfliehen allem dem, das da geschehen soll, daß wir uns mit einander in deinem ewigen Reich erfreuen mögen.

Wir bitten dich du heiliger Vater, bereit uns allezeit Steg und Weg, auch Statt und Platz, auch Freud und Geleit, vor allen unseren Feinden sicher zu leben und zu wandlen.

Wir bitten dich du barmhertziger Vater, für alle bekümmerte, schwache, krancke, blöde und betrübte Menschen, für Wittwen und Waysen, und für die Alten und Ubelmögenden, die etwan am Verstand abgenommen haben, so stärcke und tröste sie mit deinen Gnaden, die doch deiner Gnad und unserer Fürbitt begehren, biß ihnen gnädig und barmhertzig, verzihe und vergib ihnen alles was sie wider dich gethan und gesündiget haben, es sey ihnen mit wissen oder ohne

C 2   wissen

wissen geschehen, gib ihnen gute Sinnen und
Gedancken, mache sie gesund an Leib und Seel,
so viel nicht wider deinen göttlichen Willen gebetten ist, so theil deine Gnad und Barmhertzigkeit mit dem gantzen menschlichen Geschlecht,
und komme ihnen zu hülff, in allen ihren Nöthen.

O du allmächtiger Vater in deinem ewigen
Reich, wir sagen dir Lob und Danck, um deine
unaußsprechliche grosse Gnade und Barmhertzigkeit, und um dein ewiges Heyl deines hertzge-
liebten Sohns, unsers lieben HErrn und Heylands JEsu Christi, und um deines grossen bitteren Leydens und Sterbens und unschuldigen
Blutvergiessens willen, das du O HErr für
uns gelitten und erduldet hast, damit du uns erretten und erlösen möchtest, von der ewigen
Schmach und Pein, darum seyest du O heiliger Vater, und auch ewiger Sohn Gottes, mit
deinem heiligen und guten Geist ob allen Dingen hochgelobet, geehret, gepriesen und gebenedeyet, von nun an biß in die Ewigkeit, Amen.

Noch ein ander schön Gebett.

HErr allmächtiger GOtt, und himmlischer
Vater, der du weist und erkennest aller Menschen Hertz und Mangel, so bitte ich dich, O
du heiliger Vater im Himmel, komme mir zu
Hülff, und zu Trost in meinen grossen Nöthen: und vergib mir meine Sünd und Missethaten, die ich wider dich begangen habe, es sey
geschehen

geschehen mit Worten oder mit Wercken, Thun oder lassen, mit Erkantnuß oder Unerkantnuß.

O HErr mein GOtt, gib mir dein heiliges Wort zu erkennen, und vergib mir meine grosse Sünden und Missethaten, und rechne mir meine Sünden nicht zu, das bitte ich dich von Grund meines Hertzens.

O du heiliger Vater im Himmel, gehe nicht mit deinem Knecht ins Gericht, sondern erbarm dich über mich: Wie ein barmhertziger Vater sich über seine Kinder erbarmet, also wollest du dich über mich armen Sünder erbarmen.

O allmächtiger GOtt und himmlischer Vater, ich bitte dich von Hertzen, gib mir den rechten Glauben, die Hoffnung, und die Liebe, darinnen ich könne heil-und seelig werden. Ich bitte dich O du heiliger Vater, mache mich starck in meiner Schwachheit, und auch kräfftig in meiner Kranckheit beydes an Seel und Leib, so thue mir an O heiliger Vater den Harnisch deiner göttlichen Krafft, auff daß ich bestehen möge gegen dem listigen Anlauff des Feindes, der wider deine Warheit streitet. Gib mir auch den Schild des rechten Glaubens, zu behalten den Sieg an allem dem, was mich verhinderen möchte an deiner Liebe und Gerechtigkeit.

O du heiliger Vater im Himmel, du hast des Elias und des Paulus Gebett erhört, ich bitte dich, du wollest mein Gebett auch erhören, und mich erretten von allem Bösen und Uebel:

Du haſt den Noa in die Arch beſchloſſen, beſchlieſſe mich auch in die Arch des Neuen Teſtaments, auff daß mein Name im Buch des ewigen Lebens möge erfunden werden, das bitte ich dich du barmherßiger Vater.

O du heiliger Vater im Himmel, ſpeiß mich mit dem lebendigen Himmels-Brod deines heiligen Worts, und träncke mich mit dem lebendigen Waſſer deines H. Geiſtes, und ſiehe mit deinen heiligen Augen allezeit zu mir, daß ich mich vom Böſen abwenden möge: Behüte mich auch vor Krieg und Blutvergiſſen, vor dem grauſamen Krieg im Land, und vor allem unordentlichen Weſen, was mich irren, oder ſcheiden möchte von deiner Liebe und Gerechtigkeit.

O du heiliger Vatter im Himmel, laſſe die Fürbitt deines lieben Kinds JEſu Chriſti, und aller Glaubigen Gebett, nicht an mir verlohren werden.

O du heiliger Vatter im Himmel, ich bitte dich du wolleſt mich auch gnädiglich behüten vor denen grauſamen Laſtern, darbey das Himmelreich abgeſchlagen iſt: Als da iſt, Ehebruch, Hurerey, Unreinigkeit, Geilheit, Ehren der Bilderen, Zauberey, Feindſchafft, Hader, Eyffer, Zorn, Zanck, Zweytracht, Secten, Haß, Mord, Sauffen, Freſſen und dergleichen.

O du heiliger Vatter im Himmel, vor dieſen böſen Laſteren wolleſt du mich vätterlich und gnädiglich behüten, ledig und loß machen,

reinige

reinige und wasche mich mit dem lebendigen
Wasser, auff daß ich jetzt und allezeit wahrhafftig möge sprechen: Unser Vatter, ꝛc.

Das erste Gebett.

HERR allmächtiger, ewiger, gnädiger
GOtt, himmlischer und barmhertziger Vatter, in Christo JEsu unserem HErren, der du
am besten erkennest und weißt allen unseren grossen Mangel und Nichtigkeit, daß wir nichts
sind, und nichts haben, ja auch ohne allen deinen Heil. Segen, Beystand, Hülff und Gnad
von uns selber nichts vermögen, noch thun können, dann nur allein Böses, allerley Sünden,
Boßheiten, Schand und Laster, Untugenden,
faule eytele Sachen, und allerley böse werck der
Unheiligkeit. Dann wir sind ja wohl arme elende sündhaffte Menschen von Natur, und auch
arme, schwache, verwürffliche Erdenwürmlein,
von wegen aller unserer Sünden: O so bitten
wir dich gantz demüthiglich und von Hertzen,
O heiliger lieber Vatter im Himmel, gib uns
doch auch die Gnade, daß wir auch miteinander
dich recht anruffen und beten mögen, ja hilff
uns auch allezeit, gib uns auch deinen heiligen
gnadenreichen Segen, daß wir es auch thun
können in deiner Forcht, im Geist und in der
Warheit: auf daß du es auch um deinetwillen
annehmen und erhören mögest, und daß es dir
auch zu deinen Ehren, und zu deinem hohen

C 4　　　　　　　Ruhm,

Ruhm, Lob und Preiß dienen möge, und auch
uns allen miteinander zum Trost und Heyl,
und zum ewigen Leben behülfflich seyn möge,
und hilff uns auch, O liebreicher heiliger Vatter aller Gnaden, daß wir doch auch mit wahrem Glauben und auffrichtigem Hertzen sprechen mögen das Gebett, welches du uns selber
gelehrt hast, O liebreicher HErr JEsus Christus, und uns auch befohlen hast also zu sprechen, Unser Vatter, 2c.

Zum anderen um Christliche Tugenden.

WIr bitten dich auch ernstlich, voraus und
ab, und das von gantzem Gemüt und Hertzen, O heiliger, liebreicher, dreyeiniger GOtt
im Himmel, ach so erbaue du uns, und pflantze uns nach deinem H. Willen, bekehre uns,
und ziehe uns auch gnädiglich zu dir, und hilff
uns, daß wir dir doch gern und willig folgen,
dir zu dienen, und nachzulauffen in den Wegen deiner Gebotten: Ach so rüste du uns doch
selbsten gnädiglich zu mit wahrem Glauben, mit
guter Hoffnung, und rechter Christlicher Liebe,
mit auffrichtiger Treu und Warheit: Eya erfülle uns auch gnädiglich mit rechter geistreicher
Erkäntnuß JESU Christi, und deines Heil.
Worts und Willens, und gib uns auch eine
rechte Lust und Liebe zu allem Guten, durch deinen Heil. guten Geist, und dargegen gib uns
auch

auch einen rechten heiligen Haß, Mißgunst und
Abscheu gegen allem Bösen, daß wir hassen,
was du hassest, und gern lieben, was du liebest:
Ach sey doch gnädiglich auch unser Steg und
Weg, und allezeit unser Fried und Geleit, unser Schutz und Schirm, und richte auch allezeit unsere Hertzen und Gemüter auff den Weg
deines H. göttlichen Friedens, daß wir dir doch
willig anhangen und dienen können, als deine
lieben Kinder, Knecht und Mägd, und das auch
immerdar, biß an das Ende unsers armseligen
vergänglichen Lebens, und gib auch uns allen
den Deinigen gute Sinnen und Gedancken,
guten Verstand und heilige Erkantnuß, gute
heilige Begierden, ja gib uns auch allezeit einen heiligen Vorsatz, einen heiligen Willen, einen heiligen Christlichen Eyfer in allen guten
heiligen Dingen, so dir lieb und angenehm
sind, rc. Ja gib uns auch eine heilige Gesundheit an Seel und Leib, und auch ein heiliges
Wollen und Vollbringen, nach der Maaß deiner Gnad, wie es deiner göttlichen Weißheit
gefällig ist, ja wann es nicht wider deinen heiligen göttlichen Willen gebetten wäre, O so
theile doch gnädiglich auß deine grosse gnadenreiche Gütigkeit, dem menschlichen Geschlecht,
nach dem Wohlgefallen deines heiligen Willens,
und komme uns allen zu Hülff und zu Trost
in allen unseren Anliegen und Nothwendigkei-
ten zu Seel und Leib, das bitten wir dich o.
heiliger

heiliger Vatter, um JESU Christi willen,
Amen.

Zum dritten um Vergebung der Sünden.

WIr bitten dich auch, O du heiliger Vatter
aller Gnaden: Ach erbarme dich doch gnädiglich über uns, und das alle Zeit unsers gantzen Lebens, und sonderlich auch jetzunder in diesen letzten und sehr gefährlichen Zeiten, vergib
uns alle unsere Sünden und Missethaten, die
heimlichen und offentlichen, die wissentlichen und
die unwissentlichen. Ach verzeih und vergib
uns alles, was wir wider dich gethan und gesündiget haben, es seye uns geschehen mit Wissen, oder mit Unwissen, mit Worten und Wercken, heimlich oder offentlich, wider besser Wissen und Gewissen, wider dein Gesetz und wider
dein heiliges Evangelium. O so bitten wir
dich gantz demütiglich und von Hertzen, ach sey
uns doch gnädig und barmhertzig, O heiliger
lieber Vatter, um JESU Christi willen, Amen.

Zum vierdten/ Fürbitten für allerley Zustände der Glaubigen in der gantzen Christenheit.

WIr bitten dich auch für alle unsere Mit-
Glieder, geliebte Brüder und Schwestern,
sie seyen wer sie auch immer wollen, an allen
Enden und Orten auf der gantzen weiten Welt
sie

sie seyen versammlet oder zerstreuet, in Creutz
und Trübsalen, in Banden und Gefängnissen,
um deines-heiligen Namens willen, oder sonsten in schweren Trübsalen, und auch in Be-
kümmernüssen und schweren Kranckheiten liegen:
O so stärcke und tröste sie auch allerseits gnädiglich, mit deinen heiligen grossen Gnaden:
Erhalte sie auch gnädiglich durch deinen heiligen
und guten Geist in deinem heiligen Wort und
Evangelium, und lasse sie auch nicht abweichen
von deiner Warheit, Liebe und Gerechtigkeit,
weder zur Rechten noch zur Lincken, biß an
das End unsers armseligen Lebens: Ach gib
doch auch allen den Deinigen diese Gnade, daß
wir doch allerseits mit Geduld können deiner erwarten: und lasse uns doch über unser Vermögen nicht versucht werden, sondern verschaffe
uns doch allezeit glückliche Wege zu entrinnen
aus allen unsern Trübsalen, und Verfolgungen,
nach deinem heiligen Willen, und hilff uns auch
gnädiglich, was du uns zuschicken thust, daß
wir es doch alles mit wahrer Geduld erleiden
und ertragen mögen.

Zum Fünfften/ für allerley nothley-
dende Menschen.

AUch bitten wir dich, O barmhertziger Vater,
für alle krancke, schwache, bekümmerte Seelen, für alle mangelhaffte, blöde und preßhaffte
Menschen für alle fromme Wittwen und Waysen,

sen, für allerley übelmögende, alle Betagte die
am Verstand abgenommen haben, ja hilff auch
allen frommen Trostlosen, allen Angefochtenen,
ins Elend verjagten, Gefangenen, in Summa,
hilff allen nothleidenden, gebrechlichen und angst-
hafften Menschen, die in deine Gemeinde gehören, auff der gantzen weiten Welt, gäb in
welcherley Anliegen oder Zustand sie immer seyn:
Ja wir bitten dich auch hertzlich für allerley
Menschen, so dir angehören, ja für allerley Anliegen der Deinigen, für welche noch möglich
ist zu betten, und auch deiner Gnaden, und
unser Fürbitt hertzlich begehren, und gib uns
allen auch deine gnädige hülff-reiche Hand,
Gnad, Trost, Hoffnung, Glauben und Liebe,
ja stärcke uns alle die Deinigen insgemein, im
rechten wahren Glauben, in Hoffnung und
Gedult, in rechter Christlicher Liebe, Treu und
Einigkeit, und vereinige dich doch gnädiglich
mit uns in deinen edlen lieben Frieden, O du
liebreicher Vater im Himmel, um JEsu Christi willen, nimm uns auch gnädig auff und an,
in deinen heiligen Bund, und mach doch dein
H. Wort in uns lebendig und kräfftig, thätig
und geschäfftig, welches wir täglich hören, lesen und betrachten können, und bitten dich
auch, ach gib uns Gnad, daß es doch in uns
auch täglich wachsen und zunehmen möge, auf
daß du es auch mit Wucher und Fruchtbar-
keit bey uns finden mögest, ja hilff uns auch,

daß

daß wir dich hertzlich lieben, und dir am aller-
meisten anhangen, und mit rechter Lust und
Willen dir getreulich dienen können, als deine liebe Kinder, Knecht und Mägd, und das
auch biß an das Ende unsers armen vergänglichen Lebens.

Zum sechsten/ für uns alle insgemein.

Wir bitten dich auch, O heiliger lieber Vater, ach erbarme dich auch gnädiglich über
uns, wie sich ein liebreicher, irrdischer Vater
erbarmet über seine Kinder, und sende uns
auch allezeit deine heiligen Engel zu, als getreue
Geleitsmänner von oben herab, daß sie auch
vor uns hergehen, uns leiten und führen, und
für uns streiten mögen allezeit, wider alle böse
Verführungen, wider alle unsere Feinde und
Widersacher, und uns auch erretten von den
Händen allerley gottlosen Feinden, die uns so
sehr neiden, hassen und verfolgen, ohne alle Ursach, vor solchen bewahre uns allezeit gnädiglich,
nach deinem heiligen Willen, biß zu der Zeit,
da du uns geschickt und tugendlich wirst gemacht haben, alles mit Gedult zu überwinden,
und zu ertragen, was du über uns auch möchtest verordnet haben. Ja hilff uns auch, daß
wir doch nicht abweichen von deinem heiligen
Wort, weder zur Rechten noch zur Lincken,
ach bereite uns doch allezeit Steg und Weg,
Statt und Platz, Fried und Geleit vor allen

D   unseren

unseren Feinden sicher zu wohnen, in allen unsern Handlungen, und siehe auch gnädiglich an unsere grosse Schwachheiten, und in deinem Namen führ uns allezeit zusamen, dein heiliges Wort nützlich und fruchtbarlich anzuhören, und verlasse uns auch allezeit gnädiglich zusammen miteinander unter deine gewaltige Gnaden-Hand und auch unter deinen vätterlichen Schutz und Schirm, ja nimm uns unter deine göttliche Gnad und Krafft welche nicht zu überwinden ist: Eya, O heiliger lieber HErre GOtt, sorge doch stets für uns, wache und verhüte uns, kämpffe auch allezeit für uns, und streite auch gnädiglich für uns allesammen unser Lebenlang, und gib uns doch auch gehorsame Hertzen, Lust und Begierden, zu thun nach deinem heiligen Willen. Auch bitten wir dich, O heiliger lieber Vater, ach sey uns doch allen gnädig und barmhertzig, sonderlich auch uns allen, die du aus Gnaden in Christo JEsu erwehlet hast, und hilff uns, daß wir deiner doch mit rechtem Ernst begehren, ach vergib uns auch gnädiglich alle unsere Untugenden, Mängel und Gebrechen, nach deiner grossen liebreichen Gütigkeit. Ja hilff uns auch lieber HErre GOtt, daß wir doch auch würdig werden mögen, durch deine Gnad und heiligen Geist, zu entfliehen allem Elend das geschehen soll, an allen eiteln irrdischen gottlosen Welt-Menschen, die da müssen verlohren werden, für

welche

welche du auch selber nicht betten wilt, vor solchem Antheil behüte uns doch gnädiglich, O
heiliger Vater, und hilff uns, daß wir doch
gehören in deine Gemeind, und uns miteinander erfreuen mögen in deinem Reiche dich in
alle Ewigkeit zu loben und zu preisen, das bitten wir dich, O heiliger Vater, ach! heilige
auch alle unsere Gebett, Seuffzen und An-
ruffungen durch deinen H. guten Geist, aus
lauter Gnaden, um JEsu Christi willen, Amen.

Zum siebenden/ Bitten wider die Zertrennungen.

WEiters bitten wir dich auch, O heiliger
lieber Vatter, erbarme dich doch gnädiglich über uns alle auff der gantzen weiten Welt,
und verlasse uns doch gnädiglich miteinander
unter deinen gnadenreichen Segen, Schutz und
Schirm, und lasse doch Zweytracht u. Uneinigkeit unter uns nicht seyn: Ach lasse doch falsche
Rotten oder Zertrennungen unter uns allen
nicht gefunden werden, wann es nicht wider
deinen heiligen Willen gebetten wäre, sondern
behüte uns doch gnädiglich, O heiliger lieber
Vatter vor allerley falscher Lehr, und falschem
Leben, vor allerley Mißtrauen, und Schalckheit,
oder falschem Glauben, und allerley Lieblosig-
keit, vor allem falschen Verstand und bösen
Meynungen, ja bewahre uns doch gnädiglich
vor allem dem, so uns schaden oder verhindern

D 2　möchte

mögen an unserem Heyl und Seligkeit, und
uns auch scheiden, verirren oder versaumen könte, von deinem heiligen Wort, noch von deiner Liebe und Gerechtigkeit.

Zum achten/ für die abgerissenen oder gefallenen Menschen.

ERbarme dich auch aller deren, O lieber
HERR, die da abgerissen, hinter sich getrieben, und beträngt sind, und die da auch von
deiner Liebe und Gerechtigkeit irrgegangen, und
von deiner Warheit abgewichen sind, auch
gröblich gesündiget und gestrauchelt haben, oder
sonsten durch Treutz und Trübsal, Angst und
Noth, in einen Schlipff und Fall kommen
sind, und doch auch wiederum deiner Gnade
und unserer Fürbitt begehren möchten, ach so
gib du ihnen auch wiederum einen rechten Verstand und Erkantnuß, Reu und Leyd über ihren Fall, und nimm sie doch auch gnädiglich
wiederum auff und an, für deine Kinder,
Knecht und Mägd, und hilff ihnen auch, daß
sie dich fürohin doch herzlich lieben förchten
und ehren, und vor Augen haben, und verleyhe ihnen auch den rechten wahren Glauben,
durch JEsum unseren HErren.

Zum

Zum neunten/ um getreue Hirten/ Lehrer und Prediger.

Wir bitten dich auch, O du liebreicher HErr der Erndte, ach siehe doch an, wie die Erndte so sehr groß ist, und der getreuen Arbeitern so wenig sind, O so erwecke auch allezeit auff bey uns, O lieber HErr, getreue Lehrer, gute Arbeiter müßliche Pflantzer, und das auch an allen Orten auf der gantzen weiten Welt, ja gib uns auch allezeit, und an allen Enden und Orten solche Männer, die da seyn nach deinem Hertzen, u. die da auch Gnade finden vor deinen Augen, und recht getreulich arbeiten können, dein heiliges Wort und Gerechtigkeit außzukünden und zu predigen, und das ohne allen Hochmuth, unverfälscht, und auch ohne allen Ehrgeitz und Gleisnerey, auff daß auch durch vieler frommen Menschen Dancksagung, dein Name möge gelobet und gepriesen werden: Eya! O liebreicher HErr, ach du treuer GOtt im Himmel, mach doch deinem heiligen Wort allezeit einen sicheren Weg und Zugang, und hilff auch, daß es wachse und zunehme, und auch fortgepflantzet werde, so weit es möglich ist, daß wir alle mögen gelehrt und recht unterwiesen werden. Ja speiß und tränck auch alle die, welche da hungert und dürstet nach deinem Reich, und nach deiner Liebe und Gerechtigkeit, nach deinem heiligen

D 3 Wort

Wort und Evangelium: Ja wir bitten dich
auch, O heiliger Vater, für alle getreue Botten, Knecht und Diener, die du auch außgesandt hast, dein heiliges Wort und Gerechtigkeit außzukündigen und zu predigen, gib du ihnen auch einen heiligen Mund und heilige
Weißheit, auch guten Bericht, und einen heiligen Verstand, daß sie können heilige Händ
aufflegen, durch deinen guten Geist, auch dein
Heil. Wort und Gerechtigkeit auszusprechen,
nach deinem heiligen Willen und Wohlgefallen, und das auch alles nach unserem grossen
Mangel und Nothdurfft, auff daß solches alles
auch warhafftig dienen möge zur Ehre deines
Heil. Nameus und unserer ewigen und zeitlichen Wohlfahrt, zu Seel und Leib.

Zum zehenden/ für die Oberkeiten.

Wir bitten dich auch, O heiliger Vatter,
für allerley Menschen auf der gantzen weiten Welt, für welche noch möglich ist zu betten: Ja behüte auch sonderlich alle fromme
Oberkeiten, auff der gantzen weiten Erden und
sonderlich sey auch gnädig allen denen, unter
welchen du dein Volck hast, und lasse sie auch
ihre Hände über kein unschuldig Blut außstre-
cken, solches zu vergiessen, sondern gib ihnen
Gnad, zu regieren nach deinem heiligen Willen, darum du sie gesetzt hast, das Gute zu
pflanzen und zu schützen, und das Böse ab-
zuschaffen

zuschaffen und zu straffen/ auff daß wir uns
alle die/ so deinen Heiligen Namen förchten/
ein stilles und ruhiges Leben führen mögen
auff Erden.

Zum eilfften/ für die Feinde.

Vergib auch Allen unsern Feinden, welchen
noch zu helffen ist, und auch allen schand-
hafften und bösen Mißgönneren, die da nicht
wissen was sie thun, welche uns noch jetzunder
auch so sehr hassen und Böses wünschen, und
stets schänden und schmähen trängen und verfolgen, verlügen und betrügen, und auch unschuldig richten und verdammen etc. Solchen
allen die du noch bekehren, und zu Gnaden
auff und annehmen wilt, denen vergib auch
alle ihre Sünden und Missethaten, dieweil sie
doch eine Zeitlang nicht wissen was sie thun,
gäb was sie uns schändliches angethan haben,
oder thun möchten vor ihrer Bekehrung, um
deines heiligen Namens willen, O so rechne
du ihnen solches auch nicht zu um unsertwil-
len, sondern bekehre sie und uns zusammen,
nach deinem heiligen Willen so bald es dir
gefallen mag.

Zum zwölfften/ wider die gottlosen Ertz-Feinde.

Vor allen gottlosen Ertz-Feinden aber, welche du O GOtt nach deinem ewigen Rath-

schluß

schluß, etwa nicht bekehren wilt, und du sie zur
ewigen Verdammnuß verworffen haſt, vor ſolchen bewahre uns auch gantz gnädiglich, ver-
hindere und wehre, zerbrich und zerſtöhre all
ihr böſes Vorhaben, und mach zu ſchanden
alle ihre böſe Räth und Anſchläg, welche ſie
wider dich und dein Wort erdencken, und auch
wider deine liebe Kirchen und Gemeind an-
ſchlagen und fürnehmen, ja iſt es nicht wider
deinen Heil. Willen gebetten, ſo errette uns
doch gnädiglich vor allen gottloſen verworffe-
nen Welt=Menſchen, daß ſie uns auch nichts
ſchaden mögen, weder an Leib noch an Seel,
ja iſt es nicht wider deinen Heil. Willen gebetten, ſo laß uns auch nicht von ihnen ver-
führet werden, ſondern beruffe uns zur wahren
Buß, und errette auch alle die du begnaden
wilt, bekehre auch alle, die du bekehren wilt,
und hilff uns allen, welchen noch zu helffen
iſt, daß wir vor unſerm Hinſcheiden rechte
Buß thun können, für alle unſere Sünden
und Miſſethaten.

Zum dreyzehenden/ fü dier treuen auf-
richtigen gutherzigen Menſchen.

SEy auch gnädig O lieber Vater, allen guten frommen Seelen, allen guten, getreu-
en, auffrichtigen, gutherzigen Menſchen, die
uns auch durch deine Gnad getreue Barmherzigkeit erweiſen und erzeigen, und uns auch
allezeit

allezeit zu hülff kommen, mit Schatten und
Schirmen, und daß auch alles um deines heiligen Namens willen, ach HErr, so vergilt du
es ihnen auch mit allerley gutem Segen, und
gib ihnen auch allerseits, was ihnen mangelt
und lieb ist, in allen heiligen und guten Dingen, was zu deinen heiligen Ehren dienen mag:
verzeihe ihnen auch alle ihre Sünden und Miß-
sethaten, und gib ihnen alles das, was ihnen
nutz und nothwendig ist zu Seel und Leib.
Und gleichwie du uns noch bißher so gnädig
ist. Eya! so wollest du uns doch nicht verlassen, sondern auch fürohin unser Lebenlang
allezeit uns so gnädiglich behüten und bewahren, ernehren und erhalten, an Seel und Leib
Ach gib uns auch einen wahren standhafften
lebendigen Glauben, eine rechte Christliche Liebe
und Auffrichtigkeit, eine gute seelige Hoffnung,
zu dir O HErr, und auch ein steifes Vertrau-
en auff deine Güte und grosse Barmherzigkeit,
und hilff uns auch, daß wir von gantzem Hertzen, und Lust der Seelen es mit dir halten,
und mit deinem heiligen Wort, und auch aus
allen unseren Kräfften dich hertzlich lieben, dir
anhangen und recht dienen mögen, und das
auch biß an unser letztes Ende, es gelte zu leben oder zu sterben, O so behüte uns durch
deine Hülf und Gnad, daß wir doch nicht
mehr so schändlich von dir abweichen, wie die
armen verlohrnen Welt-Menschen, die weder
dir.

dir noch deinem Heil. Wort nicht nachfragen,
sondern hilff uns, daß wir doch dir getreulich
dienen können, und auch hertzlich begehren, dei=
ne Gebotte zu halten unser Lebenlang, so viel
uns möglich ist durch deine Gnad.

Zum vierzehenden/ schöne Danckſagung.

Auch dancken wir dir gantz demüthiglich und
von Hertzen, und sagen dir auch groß Lob
Ehr und Preiß, und vielfältigen Danck, O
liebreicher HErre GOTT, um alle deine groſ=
ſe Wohlthaten, und väterliche Treu, und um
alle deine groſſe Gaben und Barmhertzigkeit,
die du uns jederweilen auch erweiſen und er=
zeigen thuſt, und ſonderlich auch jetzunder in
dieſen letzten und betrübten Zeiten. Weiters
ſagen wir dir auch groſſen Danck, O du hei=
liger Vater aller Gnaden, der du alles erſchaf=
fen haſt, Himmel und Erden, das Meer und
alles was darinnen iſt, der du Glauben häl=
teſt ewiglich, und der du auch recht ſchaffeſt
allen denen, welche auch gemeiniglich viel Un=
recht leyden müſſen, aber alle die haſt du auch
errettet, welche dir von allen Zeiten her ange=
hanget ſind, dir geglaubet, vertrauet, und treu=
lich gedienet haben, und auch allezeit in deiner
Forcht geblieben ſind.

Zum.

Zum fünffzehenden.

EYa, O du hochgelobter Sohn GOttes, O du getreuer Heyland aller Außerwehlten in aller Welt, O du liebreicher HErr, wir dancken dir gantz demüthiglich und von Hertzen für dein gantzes Leyden und Sterben, Verdienst und Genugthuung, für alle die unaussprechliche Pein und Marter, Schmertzen und unschuldiges Blutvergiessen, Tod und Sterben, welches du auch gantz willig und mit grosser Gedult für uns außgestanden und gelitten hast, damit du uns von der ewigen Schmach und Pein erretten und erlösen möchtest, darum seyest du auch O du geduldiges Schlacht-Lämmlein, gar hochgelobet in alle Ewigkeit, Amen.

16. Endlich dancken wir dir auch, O heiliger lieber Vater in deinem Reich, ja wir sagen dir abermalen billicher Waß sehr groß Lob, Ehr und Preiß, und auch vielfältigen hohen Danck um alle deine unaussprechliche, herrliche, Gut-und Wohlthaten, ja für allen deinen Segen, geistliche und leibliche Gnaden-Gaben und Gutthaten, welche auch nicht zu erzehlen sind. Auch dancken wir dir hertzlich und gantz demüthiglich für deine heilige grosse Gnad, und liebreiche Barmhertzigkeit, und sonderlich dancken wir dir auch nochmalen, für dein ewiges Heyl, welches du uns auch geschencket hast, in Christo JEsu unserm HErren. Zum

Beschluß

Beschluß dancken wir dir auch hertzlich für alle die Zeiten und guten Gelegenheiten, darinnen wir dir dienen, und auch dich anruffen und betten können. Ach heiliger GOtt und Vater hilff daß wirs auch täglich thun können in deiner Forcht, und zu deinen heiligen Ehren. Hierüber sey dir O heiliger liebreicher dreyeiniger HErr GOtt Vater, Sohn und heiliger Geist, gar hoch Lob, Ehr und Preiß, und vielfältigen grossen Danck gesagt, und das von nun an biß in alle Ewigkeit, Amen, Amen. Unser Vater, rc.

Gebett um Reinigkeit des Hertzens.

ACh du edler, heiliger, reiner, unbefleckter HErr JEsu Christe, du Liebhaber der Reinigkeit, du Crone aller Ehre und Tugend, ich klage und bekenne dir meines Hertzens angebohrne Unreinigkeit, dadurch ich meinen Leib und Seele offt beflecket habe durch unreine Gedancken, Wort und Wercke. Ach vergib mir du reines, mildes, gütiges Hertz, diese meine grosse Sünde, und wende die schwere Straffe von mir ab, so du den Unreinen dräuest.

Denn so die selig seyn, die reines Hertzens sind, und GOtt schauen werden, so werden die ohne Zweiffel unselig seyn, die unreines Hertzens sind, und werden GOtt nicht schauen: darum schaffe in mir O GOtt ein reines Hertz, und verwirff mich nicht von deinem Heil.

Heil. Angesicht, um meiner Unreinigkeit willen.
Und weil ich erkenne, daß ich nicht anders
kan züchtig leben, du gebest mirs denn, und
solches erkennen ist auch eine grosse Gnade,
so bitte ich dich demüthiglich, heilige und reinige mein Herz durch den Glauben, durch
den Heil. Geist, durch die Busse, und durch
die neue Geburt, und stärcke mich, daß ich
den unreinen Geist in mir nicht lasse herrschen, oder mich einnehmen und besitzen, wie
ein unreines Hauß, auff daß er nicht meine
Seele beflecke, meine Gedancken vergiffte, meinen Leib verunreinige: lösche auß in mir
die Flammen der Geilheit, umgirte meine Len-
den und Nieren mit dem Gurt der Keuschheit,
du züchtiger und edler Bräutigam meiner Seelen, umfahe mein Herz mit deiner reinen Liebe,
vereinige und vermähle meine Seele mit deinem keuschen Herzen, erfülle mein Herz mit
heiligen und reinen Gedancken, daß ich an deinem Leibe ein reines und unbeflecktes Glied sey,
und allezeit bleiben möge, damit ich nicht ein
unreines Gefäß und Glied des Satans werde,
ein Gefäß der Unehren, sondern ein Gefäß der
Gnaden und Ehren, und meine Gaben, die
du in mich als ein Gefäß der Barmhertzigkeit
geleget hast, nicht verschütte und gar verlehre,
daß ich mich durch Zucht und Reinigkeit ab-
sondere von den unsaubern Geistern, den Teu-
feln, und von allen unreinen Heyden, daß ich

F   nicht

nicht außgestossen werde aus dem neuen himmlischen Jerusalem, sondern mit dir vereiniget
bleibe, und ein Geist, ein Hertz, ein Leib mit
dir sey, gleich wie du mich darzu in der Heil.
Tauffe gewaschen, geweyhet, und mit dem H.
Geist gesalbet und geheiliget hast, zu deinem
heiligen Tempel und wohnung. Ach lehre mich
bedencken, daß mein Leib ein Tempel und Wohnung sey des Heil. Geistes, daß ich GOttes
Tempel nicht zerreiße, auf daß du mich nicht
wieder zubrechest, und daß ich ein Glied Christi
sey, und aus mir kein unreich Glied mache,
und an meinem einigen Leibe sündige. O du
edler, keuscher, züchtiger Himmels-Bräutigam,
der du unter den Rosen der Reinigkeit weidest,
weide meine Seel mit deinem Erkenntniß und
reiner Liebe, und treib von mir alle böse Gedancken, daß du mit deinem heiligen Geist, in
mir mögest wohnen, und die Heil. Engel bey
mir bleiben mögen allzeit, Amen.

Ein ander Gebett.

O Allmächtiger GOTT und Himmlischer
Vatter, der du erkennest und weißt aller
Menschen Hertzen und Mangel: So bitten
wir dich O Vatter im Himmel, gib uns deine Gnad, daß wir dich mit einander können
anruffen und betten in dem Namen deines lieben Kinds JEsu unsers Heylands, auff daß
wir warhafftig sprechen mögen: Unser Vatter, c.

O

O Allmächtiger GOtt und himmlischer Vatter, wir bitten dich erbarm dich über uns, und komme uns zu Hülff und zu Trost in dieser Gefahr und letzten Zeit, O Vatter wir bitten dich, laß unser betten für dich kommen, und erhör unser Ruffen, so bitten wir dich O Vatter im Namen JEsu Christi unsers Heylands, verzeyhe und vergib uns alle unsere Sünde und Missethat, und alles das wir wider deinen Willen gethan und gesündiget haben, es seye nun geschehen mit Worten oder Wercken, Thun und Lassen, so bitten wir dich, erbarme dich nun über uns als ein barmhertziger Vatter über seine Kinder, und straff uns nicht nach unserem verdienen, sondern mach neben der Versuchung ein gnädig außkommen, daß wir es ertragen mögen, hast du uns nun viel zu leyden geben, so gib uns auch viel zu dulden: So bitten wir dich nun O Vatter, thue uns an mit dem rechten wahren Glauben, und mit deiner wahren Liebe, auch mit Treu und Warheit, und mit der Krafft deines heiligen Geists, auff daß wir von gantzem Hertzen, von Lust unserer Seelen, mit willigem Hertzen und Gemüth dich, O Vatter, ob allen Dingen ehren, förchten, und lieben, und deine Gebott halten biß ans Ende unsers Lebens, das bitten wir dich im Namen unsers HErren JEsu Christi, wir bitten dich auch O H. Vatter, du wollest an uns so gnädiglich beweisen die Fürbitt dei=

E 2   nes

nes lieben Kinds JEsu Christi, und uns ver=
wahren vor allem übel, und uns erhalten in
deiner Warheit, und auch in deinem heiligen
Namen, auff daß wir alle eins seyn, O Va=
ter, in dir und du in uns, auf daß dein Heil.
Wort in uns bleiben möge, und halten mögen
die Einigkeit deines Heil. Geistes, durch das
Band deines Friedens, das bitten wir dich in
dem Namen deines lieben Sohns JEsu Chri=
sti, so bitten wir dich, O himmlischer Vatter,
schaff deinem heiligen Wort einen Weg und
Fürgang, neben aller Trübsal her und
führe uns zusammen in deinem heiligen Na=
men, und laß uns nicht zerstreuet und verschmä=
het werden, wie die Schaaf die keinen Hirten
haben, sondern du wollest ansehen, wie die
Ernd groß ist, der Arbeiter aber wenig, so bit=
ten wir dich, O HErr der Ernd, wecke auff
Arbeiter in deine Ernd, treue Hirten und Leh=
rer, Männer nach deinem heiligen Herßen, die
Gnad vor deinen h. tigen Augen funden ha=
ben, die dein heilig Wort verkünden mögen
ohn allen Hochmuth, sondern durch die Gnad
und Krafft deines Heil. Geistes, auff daß es
möge dienen zum Lob und Preiß deines heili=
gen Namens, und zum Nuz und Heyl deiner
Gemein, so bitten wir dich O himmlischer Va=
ter, für unsere liebe Brüder und Schwestern,
die in deiner Warheit stehen, wo du sie weist,
dann du kennest die deinen O HErr, wo sie
				sind,

sind, und wirst sie sammlen zu deiner Zeit von
den vier winden her, von einem Ende des Himmels biß zum andern, so bitten wir dich O
Vater, für alle Krancke und gefangene, auch
für alle alte bekümmerte und betrübte Hertzen,
auch für Wittwen und Wenselein, gib ihnen
Gnad und Gedult, so viel ihnen Noth und
Mangel ist, zu harren auff dein Gnad und
Barmhertzigkeit biß an ein seliges End; wir
bitten dich auch du heillger gerechter Vater,
für alle guthertzigen Menschen die uns Barmhertzigkeit erzeigen, mit Speiß und Tranck,
mit Hauß und Herberg, O HErr du seyest
hochgelobet, daß du solches in ihnen zubereitest,
du O HErr wollest es ihnen vergelten hie
zeitlich und dort im ewigen Leben; wir bitten
dich auch für alle Menschen, die deinen heiligen
Namen anruffen, mit bußfertigem Hertzen, und
ihren Mangel und Presten in ihren Hertzen erkennen und bekennen, und begehren von Hertzen deiner Genaden und der Glaubigen Fürbitt,
so wollest du HErr im Himmel uns gnädig
seyn, und allen Menschen helffen, Recht schaffen, nach dem du aller Menschen Hertzen erkennest, dann du erkennest allein aller Menschen
Hertzen, Sinnen und Gedancken, und Anschläg, ja alle Heimlichkeiten sind im Liecht deines Angesichts offenbar, so gib uns nun O
HErr, Weißheit von oben herab, daß wir dich
in allen Dingen von Hertzen förchten können:

E 3 We

Wir bitten dich, O HERR aller Herren, und
König aller Königen, für die König und alle
Oberkeiten, gib ihnen deine Forcht in ihre Hertzen, daß sie den Gewalt, den du ihnen gegeben
hast, nicht mißbrauchen, sondern den Frommen
zum Schutz und Schirm, und zur Forcht und
Straff der Ubelthätern und Ungerechten, auff
daß alle die dich von Hertzen förchten, ein ruhiges und stilles Leben führen mögen in gutem
Frieden und Einigkeit; wir bitten dich auch
O HErr für den Stammen der gantzen Welt,
das ist für alle Menschen, ja ist es nicht wider
deinen göttlichen Willen gebetten, auch für unsere Feinde, die uns hassen, und doch nicht
wissen was sie thun, ist es nicht wider deinen
Willen, so gib ihnen ihre Sünden zu erkennen, daß sie können Buß thun, so bitten
wir dich O himmlischer Vater, verlaß uns alle, so in deiner Warheit stehen, zusammen in
das Band deiner Liebe, dann deine Liebe ist
das rechte Band, damit du deine Außerwählten zusammen fassest, unter deinem Schutz und
Schirm, und göttliche Gnad und Krafft, die
nicht zu übertreffen ist, so bitten wir dich O
Vater, richte unsere Füß, Hertz, Sinn und
Gemüth, auf den Weg deines göttlichen Friedens, dann du bist ein GOtt der Liebe, der
Einigkeit und des Friedens, und nicht des
Zweytrachts, so bitten wir dich O heiliger Vater, sende in unsere Hertzen deinen heiligen Geist,

in

in dem Namen deines lieben Kindes JEſu
Chriſti, zum Tröſter Pfand und Siegel des
rechten wahren Glaubens und deiner göttlichen
Liebe, der wolle uns tröſten in allen unſeren
Trübſalen, und uns leiten O Vatter in deiner
Warheit, auff daß wir nicht irr gehen, weder
zur lincken noch zur rechten Seiten, ſondern
nach dein heilig Wort das du uns zu erkennen gegeben haſt, fruchtbar in unſern Hertzen,
auf daß du es mit rechtem Wucher bey uns
finden möchteſt, auff die Zeit ſo es von uns
erfordert wird, das bitten wir dich O Vatter
in dem Namen JEſu Chriſti unſers HErrn
und Heylands, O himmliſcher Vatter, wir ſagen dir Lob und Danck um deine groſſe Gaben und Gutthaten, um Speiß und Tranck,
um Hauß und Herberg, und um alles Guts,
dann alle gute Gaben kommen allein von dir;
ſo bitten wir dich O HErr allmächtiger GOtt,
thue von uns hinweg alles was uns druckt,
die anklebende Sünde, als da iſt der Zorn,
Widerwillen, Neid, Haß, Unkeuſchheit, den
Hoffart und den Geitz, die Wurtzel alles Ubels,
nimm auch hin von uns das boßhafftige Hertz,
ſamt aller Ungerechtigkeit, und ſchaffe in uns
reine Hertzen, und erneure in uns einen auff-
rechten und willigen Geiſt, und lehre uns deine Weg, und gib uns Gnad O HErr, daß
wir darauff und darinnen wandlen können,
das bitten wir dich O HErr, der du alles er-

E 4 ſchaffen

schaffen hast, Himmel und Erden, das Meer
und alles was darinnen und darauff ist, und
den Glauben hältest ewiglich, und schaffest
Recht allen Menschen die Unrecht leiden, und
hast errettet alle die dir von Hertzen geglaubt
und vertrauet haben, du wirst sie fürohin auch
noch erretten, so gib uns die Gnad, daß wir
dir auch glauben und vertrauen können. O
Vatter gib uns Liebe von reinem Hertzen, und
ein gutes Gewissen in deinem Heil. Geist, und
einen ungefärbten Glauben; wir bitten dich O
Vater, mach uns nun starck in unserem Streit,
und kräfftig in unserer Kranckheit, es sehe an
Seel oder an Leib: so thue uns nun an, O
Vater! den Harnisch deiner göttlichen Krafft,
auf daß wir bestehen mögen gegen dem listigen
Anlauff des Feindes, der wider die Warheit
streitet, gib uns auch den Schild des rechten
Glaubens zu behalten den Sieg an allem dem,
das uns verhindern mag an deiner Gerechtigkeit, setze uns auf unser Haupt den Helm deines Heyls, daß wir uns recht förchten vor
dem Menschen-Kind, das doch ist wie Graß,
sondern daß wir dich förchten O HErr, der du
der Menschen Hertzen erforschest, und die Nieren bewährest, so gib uns nun das Schwerdt
deines Heil. Geistes, das ist dein heiliges Wort
und Geist in unsern Hertzen, daß wir mögen
standhafft stehen für deinen heiligen Namen,
und streiten für die Warheit biß an ein seliges

End,

End, auf daß wir erfunden werden treue Zeugen deines heiligen Worts, auf daß unsere Namen im Buch deines ewigen Lebens erfunden werden, auf daß wir durch deine grosse Gnad mögen würdig seyn, zu entfliehen dem zukünfftigen Ubel, und deinem grimmigen Zorn, und frölich zu erscheinen vor deinem heiligen Angesicht; ja du wollest uns O HErr JEsu Christ, ein gnädiger Richter seyn, auf daß wir uns mit deinen außerwehlten Kinder erfreuen mögen in deinem ewigen Reich, zu loben deinen Heil. Namen immer und ewiglich, das bitten wir dich O Vatter, in dem Namen deines lieben Sohns unsers HErren JEsu Christi, Amen.

O himmlischer Vatter, wir sagen dir Lob und Danck um dein unaußsprechliche grosse Gnad und um dein unergründliche grosse Liebe, die du an uns erwiesen hast, durch JEsum Christum unsern HErrn und Heyland, der du uns O HErr JEsu Christ, erkaufft und erlößt hast, mit deinem heiligen und theuren Verdienst am Stammen des Creutzes, daran du deinen heiligen Leib hast lassen zerbrechen, und dein heiliges Blut vergossen, und bist also ein rein Opffer worden, heilig und vollkommen für unsere Sünde, die wir sonst durch kein ander Opffer hätten mögen erlößt werden, dann allein durch dein bitter Leyden und Sterben, das du in deiner grossen Liebe so williglich für uns

erdulden

erduldet haſt, in Hoffnung und Glauben, du
werdeſt uns aus lauter Gnaden deiner groſſen
Barmhertzigkeit am Jüngſten Tag wieder auff=
erwecken, und für deine Kinder anſprechen,
und mit dir führen in dein ewiges Reich, O
heiliger Vatter, ſamt deinem lieben Kind JE=
SU Chriſte, und dem Heiligen Geiſt, das
iſt einiger HERR allmächtiger GOTT,
dein heiliger, hoher und allmächtiger guter
Namen ſeye hochgelobt, gerühmt geprieſen
und gebenedeyt von nun an biß in Ewigkeit.
Amen, Amen.

Ein ſchön Gebett.

O HErr allmächtiger, gütiger, barmhertziger
und himmliſcher GOTT und Vatter, und
HErr Himmels und der Erden: Wir kommen
abermalen zu dir, als deine Kinder, wir bitten
dich O heiliger Vatter, gib uns deine Gnade
von oben herab, daß wir dich können anruffen,
und anbetten, im Geiſt und in der Warheit,
im Glauben, und in der rechten reinen Liebe
GOttes, in der Weißheit, und in der Gottes=
forcht, in der Demuth und Unterträchtigkeit:
Wir bitten dich O heiliger Vatter ſo treulich,
verzeyhe uns alle unſere begangene Sünden,
die wir wider dich gethan und geſündiget ha=
ben, ſie ſeyen uns geſchehen mit Sinnen oder
Gedancken, mit Worten oder mit Wercken,
wie du es ewiger GOtt und Vatter wohl er=

köñeſt.

könnest und weißst, die sind uns von Herzen
leyd, und wir bekennen uns vor dir, daß wir
arme sündige Menschen seynd, ja daß wir nicht
werht sind, daß wir deine Kinder heissen, und
daß wir ohne deine Hülff und Gnad nicht haben guts zu gedencken, noch vielweniger zu thun.

So bitten wir dich O heiliger Vatter so
treulich: Verzeyh uns doch aus Gnaden alle
unsere begangene Sünden, ja deiner grossen
Gnad und Barmhertzigkeit wieder.

Wir bitten dich O heiliger Vater so treulich, behüte uns auch vor allen künfftigen
Sünden, und gib uns Gnad, daß wir forthin nicht mehr sündigen, ja daß wir nichts
thun, das deinem heiligen und göttlichen Wort
und Willen zu wider sey.

Wir bitten dich O heiliger Vater so treulich, gib uns auch Weißheit und Verstand
von oben herab in unsere Hertzen, unsere Sünden gnugsam zu erkennen, und darvon abzu-
stehn, daß wir können wieder umkehren und
Buß thun.

Wir bitten dich O heiliger Vater, stärcke
uns den Glauben, und mehre uns die Liebe,
und richte unsere Hertzen zu der rechten reinen
Liebe GOttes, und zu der Gedult JESU
Christi. Ja daß wir in dem Weg des Friedens, und deiner göttlichen Liebe können leben
und wandlen allezeit: Und daß wir nichts lie-
bers haben dann dich, O HErr, und dein heiliges

siges und göttliches Wort, dein Gesetz, und
deine Gerechtigkeit.

Wir bitten dich, O heiliger Vater, gib uns
die Gnad, daß wir dich können lieben vor allen
Dingen: Von gantzem Hertzen, von Lust der
Seelen, von allen Kräfften und Vermögen.

Wir bitten dich, O heiliger Vater so treulich, gib uns die Gnade, daß wir unsern Nächsten auch können lieben wie uns selber, auf
daß wie wir wollen daß uns die Leute thun sollen, daß wir ihnen auch also thun: Und was
wir wollen, das uns die Leute nicht thun sollen, daß wir dasselbige einem anderen auch
nicht thun.

Wir bitten dich O heiliger Vater so treulich, gib uns die Gnad, daß wir uns können
hüten vor aller Ungerechtigkeit, vor aller Hoffart und Hochmuth, vor allem Ehrgeitz und
Eigennutz, vor allem Hader und Eyfer, vor
allem Zorn und Zwertracht, behüte uns doch
vor allem Unfrieden, und gib uns doch die
vollkommene göttliche Liebe in unsere Hertzen,
und gib uns die Gnad, daß wir vor allen
Dingen zum ersten nach dem Reich GOttes
können trachten, und nach deiner göttlichen
Gerechtigkeit, auf daß wir mit Gedult in den
guten Wercken können von gantzem Hertzen
recht nach dem ewigen Leben trachten.

Wir bitten dich O heiliger Vater, erbarme
dich über uns, und komme uns aus Gnaden
in

zu hülff und zu Trost, und behüte uns auch
vor zeitlicher und ewiger Pein und Schmertzen:
Behüte uns auch vor aller Schmach und
Schande, zerstöhr und zerbrich doch alle böse
Räth und Anschläg, so wider dein Wort und
Willen, und wider dein Volck möchten ange-
schlagen seyn oder werden.

Wir bitten dich O heiliger Vater so treulich, bind uns doch mit deinem Band des Friedens, und deiner reinen göttlichen Liebe zusammen, daß uns davon niemand möge aufflösen
oder zerstöhren: Erbarme dich über uns, und
gehe doch nicht mit uns ins Gericht in deinem
Zorn, sondern biß uns gnädig und barmhertzig.

Wir bitten dich O heiliger Vater so treulich, schencke uns auch einen Theil in deinem
Reich, dann du hast es ja wohl zu geben:
dann bey dir ist kein Mangel, deine Schatz-
Kammern sind alle voll, Himmel und Erden
muß deiner grossen Allmacht weichen; So
nimm uns doch aus Gnaden zu dir in dein
Reich.

Wir bitten dich O heiliger Vater so treulich, behüte uns auch vor allen künfftigen Sünden, und gib uns die Gnad, daß wir alle Tag
und Stund mögen wachsen und zunehmen im
Guten, und auch darinnen können verharren
biß zum End unsers Lebens.

Wir bitten dich O heiliger Vater so treulich, laß uns doch nicht auf dem Weg erlie-

E   gen,

gen, sondern gib uns deine Gnad, daß wir in
deinem Wort und Willen mögen hindurch
kämpffen, daß wir ein guten Kampff mögen
kämpffen, und den Lauff vollenden, den Glauben behalten, nach deinem heiligen und Göttlichen Willen und Wohlgefallen, daß wir alle
Tag und Stund mögen wachsen und zunehmen im Guten, und auch darinn beharren biß
zum End unsers Lebens.

Wir bitten dich O heiliger Vater so treulich, erhöre doch unser Gebett; erhör uns auch
wie du alle Frommen erhöret hast, die dir gefallen haben, ja gleichwie du Susanna und
Judith, und den alten Eleazarus mit seinen Mitgliedern auch erhöret hast: Errette
uns auch und erlöß uns, gleichwie du den
Daniel in der Löwen=Gruben errettet und den
Jonas im Bauch des Wall-Fischs auch erlöset hast.

Wir bitten dich O heiliger Vater so treulich, erhalte uns in deinem heiligen Schutz
und Schirm, wie du die drey Gesellen Sadrach,
Mesach und Abednego im feurigen und bren-
nenden Ofen frisch und gesund erhalten hast:
du bist noch so reich, deine Brünnen lauffen
von Gnaden über, darum bitten wir dich so
treulich gib uns die Gnad, daß wir dir auch
so steiff und unabgezogen dienen und anhangen
können, und daß wir dem Unrechten gar nirgends verwilligen, und deine heilige Gebott

nicht

nicht verlassen, auf daß wir nicht darvon abweichen, weder zur rechten noch zur lincken
Seiten.

Wir bitten dich O heilliger Vater so treulich, laß uns in keine Schwachheit und Zagheit kommen: nimm alle Zagheit und Schwachheit, deren leider viel bey uns sind! von uns
hinweg: Und laß uns auch nicht über unser
Vermögen in Versuchung kommen, sondern
schaffe allezeit neben der Versuchung und Trübsal ein gnädiges Auskommen: Wilt du uns
zu leyden geben, so gib uns auch Glauben,
Gedult und Trost, und auch liebe gnug darneben: und gib uns die Gnad, daß wir können leben und wandlen, daß wir allezeit deinen
Knechten mögen gleich erfunden werden, die
auf ihren HErren warten können, auf daß
wann du auffbrechen wirst von der Hochzeit,
daß du uns O HErr alle Tag und Stund
gerüst und bereit finden mögest.

Wir bitten dich O heilliger Vater so treulich, nimm doch das Leben nicht von uns, biß
du mit uns versöhnt und zu frieden bist: Und
töde uns mit einem Tod, das dir gefällig ist,
und gib uns nun die Gnad, daß wir können
aufwachen mit denen klugen Jungfrauen: Auf
daß wir von gantzem Hertzen dessen gesinnet
seyen, was da oben ist, und nicht dessen das
auf Erden ist: Auf daß wir recht geistlich gesinnet seyn mögen: Und gleichen Muths und

Eins

Sinns können seyn, alle miteinander: Auf daß wir dich mit einmüthiger Stimm von ganzem Herzen recht können anruffen im Geist, und in der Warheit können sprechen:

Unser Vatter der du bist in dem Himmel, rc. Dieweil es nun alles in deiner Hand und Gewalt stehet: So bitten wir dich O heiliger Vatter, biß du unser Hülff und Trost, unser Schutz und Schirm, und unser Zuversicht in allen Dingen: auch unser Raht und Rahtgeber, unser Weg und Wegweiser: und weise unsere Herzen auf den Weg des Friedens, auf daß wir mit allen Menschen können Frieden haben, so weit uns möglich ist, auf daß wir unsere Feind können lieben, benedeyen wann wir vermaledeyet werden, denen Guts thun, wo man uns Uebels thut: Daß wir auch gern behausen und beherbergen, die Hungerigen speisen, die durstigen träncken, die Gäst beherbergen, die Nackenden bekleiden, und die Krancken und Gefangnen besuchen, so ferrn du es von uns forderen wirst.

Wir bitten dich O heiliger Vater so treulich, gib uns auch die Gnad, daß wir allezeit nach dem Frieden und nach der Heiligung jagen: Und auch nach der Liebe streben, ohne welches niemand den HErren sehen wird.

Wir bitten dich auch du heiliger Vatter, gib uns die Gnad, daß wir unanstössig können leben und wandlen allezeit, vor denen Juden,

und

und vor denen Helden, und auch vor der Gemein GOttes, ja auch vor der gantzen Welt.

Wir bitten dich O heiliger Vater so treulich für diß Völcklein, und auch für deine Gemein, wo sie wohnen und seyn: Und sonderlich auch für die Alten, Krancken, und für die
Gefangenen, auch für alle Traurigen und Betrübten Hertzen und Gemüther: ja für alle
Menschen die eben am Verstand abgenommen
haben, die in schweren Sinnen und Gedancken, in Schwärmut, Sorgheit und Zagheit
sind: Auch für alle so um deines heiligen und
göttlichen Worts und Namens willen beschwärt
und beladen seyn, ihnen und uns allen miteinander ein gutes Außkommen und ein seliges
Ende.

Wir bitten dich O heiliger Vater, für alle
die eben von deinem Wort und Willen, und
von der Warheit abgetretten sind: Gib ihnen
die Gnad, daß sie können wieder umkehren
und Buß thun: Ist es nicht wider deinen
heiligen und göttlichen Willen gebätten, so richte sie wiederum auf, und nimm sie gütiglich
und gnädiglich wiederum an, zum Dienst deiner Göttlichen Gerechtigkeit, ja zur Erkanntnuß deiner ewigen Warheit: Ach gib doch allen menschen Buß zu thun, die von Hertzen
begehren umzukehren: Auf daß keines sich deiner Gnad versaume.

Wir bitten dich O HErr auch für alle treu-

F 3   hertzige

herzige Menschen die auch dein Wort und
Willen erkennen, gib ihnen auch dein heiliges
Wort und Willen recht zu erkennen: Ja gib
ihnen die rechte Neu-und Wiedergeburt von
oben herab in ihre Hertzen.

Wir bitten dich O heiliger Vater, siehe doch
an das Elend dieser Welt, und wie die Ernd
so groß ist, und aber der treuen Arbeiteren so
wenig sind, mach uns doch alle zu treuen Arbeitern, und sende uns auch Männer in dein
Ernd: Hirten und Lehrer, Diener und Botten, Männer die von dir gelehrt und gesendt
sind, die du auch begnadet und erfüllet habest
mit deinem heiligen Geist: Die auch geschickt
und tugendlich seyen, dein heiliges und göttliches Wort zu verkündigen, rein, lauter, und
unverfälscht, ohne Ehrgeitz und Eigennutz, daß
noch viel Menschen durch deine Gnad, durch
sie mögen erbauet und gebessert werden:

Auff daß noch vieler Menschen Seelen der
ewigen Angst durch deine Gnad mögen entrinnen: Auf daß die Zahl der heiligen außerwehlten Kinder GOttes durch sie mögen erbauet
und gebessert werden: Und mach uns doch zu
einem heiligen Volck, zum Volck des Eigen-
thums, auf daß wir außkünden mögen die
Krafft deiner ewigen Warheit.

Wir bitten dich O heiliger Vater so treulich, auch für unsere Kinder, ja auch für aller
Menschen Kinder, für alle für die du will gebätten

hätten seyn, gib ihnen auch Weißheit und Verstand in ihre Hertzen, und gib ihnen auch dein Wort und Willen zu erkennen, auf daß sie dein Wort und Willen von gantzem Hertzen mögen lehren erkennen und halten; Ziehe sie doch mit deiner Barmhertzigkeit zur Erkantnuß deiner ewigen Warheit, oder nimm sie in ihrer Kindheit von hinnen.

Wir bitten dich O heiliger Vater, laß doch die Zahl der Ungerechtigkeit nit durch uns, oder unsere Kinder gemehret werden, sonder vielmehr gib uns die Gnad, daß wir sie können aufferziehen in rechten Christlichen Tugenden, und sie abstrafen ohne allen bitteren Eyfer, und ohne Zorn, auf daß die Zahl deiner heiligen außerwehlten Kinder GOttes auch durch sie und uns, mögen erbauet und gebessert werden.

Wir bitten dich O heiliger Vater so treulich, gib uns die Gnad, daß wir sie können aufferziehen in rechten Christlichen Tugenden: Ja daß wir ihnen mit einem guten Exempel können vorgehen, in Lehr, Leben und Wandel: Auf daß sie auch durch unser Leben und Wandel mögen erbauet werden, und die Zahl deiner heiligen außerwehlten Kinderen GOttes auch durch uns und unsere Kinder möge gemehret und erfüllt werden.

Wir bitten dich O heiliger Vater so treulich, für unsere Väter und Mütter, Brüder

und

und Schwestern, ja für alle Freund und Verwandten, auch für alle Bekannten und Unbekannten, komme ihnen doch auß Gnaden zu Hülff, wo sie es am nothwendigsten seyn, und am meinsten manglen.

Wir bitten dich, O heiliger Vater, für alle unsere Feinde, die uns hassen, beleidigen und verfolgen, rechne du ihnen, um unseret willen nicht zu zum Bösen; ist es nicht wider deinen Willen gebäten, so gib ihnen auch statt zur Buße, und Zeit der Gnaden, gib doch allen Menschen Buß zu thun, die von Hertzen begehren umzukehren, und Buße zu thun!

Wir bitten dich auch, O heiliger Vater, für alle treuhertzigen Menschen, die uns Guts reden und thun, mit speisen und träncken behausen und beherbergen; O HErr wir bitten dich, du wollest ihnen zu gutem vergelten in dieser Zeit, und noch vielmehr in dem ewigen Leben.

Wir bitten dich auch für den Stammen der gantzen Welt, für die Könige und alle Oberkeiten, und sonderlich auch für die, wo dein Volck unter ihnen wohnet; gib ihnen auch Weißheit und Verstand daß sie das Volck in Frieden können regieren, den Frommen schützen und schirmen, und auch den Bösen straffen, auf daß sie ihr Amt und Dienst mögen ausrichten worzu du sie gesetzet und verordnet hast.

Wir bitten dich O heiliger Vater, gib uns auch die Gnade, daß wir unter ihnen können

wohnen

wohnen in einem frommen Gottsförchtigen Leben und Wesen wandlen können im Wege der
Gerechtigkeit und Wahrheit; Ja, daß wir die
Freundlichkeit können lassen kundt werden gegen
allen Menschen, daß wir friedsam und zeug-
sam unter ihnen wohnen, auf daß wir können
scheinen und leuchten als ein Liecht in der
Welt, auf daß, wann sie ansehen unseren keuschen Wandel in Christo, daß sie auch ohne
Lehr, durch Leben und Wandel mögen gewon-
nen, erbauet und gebesseret werden, und daß
es deinem heiligen Göttlichen Nahmen zum
Lob und Preiß dienen möge, und uns allen
zum Trost und Heyl, und zum ewigen Leben
gerathen möge, durch JEsum Christum unseren HErren, Amen.

O HErr, Allmächtiger GOtt und himmlischer Vater, wir sagen dir so hoch und treulich Lob und Danck für alle deine grosse Treu
und Liebe, die du uns beweisest und erzeigest
alle Tage und Stunden. O HErr, du seyest und werdest gelobet von Ewigkeit zu Ewigkeit, ja wir sagen dir so höchlich und auch so
treulich Lob und Danck, O du heiliger Vater, für alle deine grose Gnade und Barmhertzigkeit, für deines geliebten Sohns bitteres
Leyden und Sterben, auch für sein heiliges
und unschuldiges Blutvergiessen, und auch für
deine väterliche Barmhertzigkeit; ja, für alle
deine hochwürdige Gaben und Gnaden, die

du

du uns bewiesen und erzeiget hast; darum sey
und werde dein heiliger Name gelobet und gepriesen von Ewigkeit zu Ewigkeit.

Wir bitten dich, O heiliger Vater, so treulich: gib uns doch auch das Wachsen und
Zunehmen: und mache dein Wort in unseren
Hertzen lebendig und kräfftig, auf daß dein
heiliges Wort in unserem Hertzen auch möge
Frucht bringen zum Lob und Preiß deines
heiligen Namens, auch zum Nutzen und Trost
unserer armen Seelen.

O du heiliger Vater! wir sagen dir auch
so hoch und treulich Lob und Danck um die
gute Gesundheit die du uns beweisest und erzeigest, und auch um den guten Statt und Platz,
und auch um Hauß und Herberg, und um
alle deine heiligen und hochwürdigen Gaben
und Gnaden, die du uns beweisest und erzeigest
alle Tage und Stunden, du seyest und werdest
gelobet von Ewigkeit zu Ewigkeit.

Wir bitten dich, O heiliger Vater! so treulich, behüte uns doch alles, was uns nutz und
gut seyn soll zu Seel und Leib.

Wir bitten dich, O heiliger Vater! so treulich: benedeye uns doch in unserem Ausgang
und Eingang, behüte uns Mund und Zungen, Hertzen und Gemüth; Und richte uns
unsere Hertzen auf den Weg deines heiligen
und Göttlichen Friedens.

Ja wir bitten dich, O heiliger Vater! so
					treulich:

treulich: behüte uns auch für Wasser und Feuer, und vor allem Ungeheuer, vor allen bösen Stunden, vor allen falschen Zungen, vor allen bösen Banden, auch vor aller Welt Laster und Schanden, ja, vor allem dem, was uns möchte Schaden seyn oder bringen an Seel und an Leib.

Wir bitten dich, O heiliger Vater! binde uns mit dem Band des Friedens und deiner reinen Göttlichen Liebe zusammen: auf daß wir allein, von ganzem Herzen, in deinem heiligen und Göttlichen Wort und Willen können leben und wandlen, und das allezeit bis zum End unsers Lebens.

Das bitten wir dich, O heiliger Vater! in dem Namen deines geliebten Sohnes JEsu Christi, unseres HErren, Amen, Amen.

Gebät und Trost der Vertriebenen und Verfolgten um der Bekandtnuß willen der Wahrheit.

ACh du Getreuer GOtt, du einige Zuflucht der Verlassenen, erhöre uns, nach deiner wunderlichen Gerechtigkeit. GOtt, unser Heil! du bist die Zuversicht aller auf Erden, und ferne am Meer. Du bist unsere Zuflucht für und für; ehe dann die Berge wurden, und die Erde und die Welt geschaffen worden, bist du, GOtt! von Ewigkeit zu Ewigkeit. Erbarme dich unsres Elendes, siehe! die Welt
will

will uns nirgend leyden; wir werden verfolget,
und haben nirgend keine bleibende Stätte,
und wird an uns erfüllet, was unser Erlöser
Christus JEsus uns zuvor gesagt hat: Siehe, Ich sende euch wie Schaafe mitten unter
die Wölffe; ihr müsset gehasset werden von
Jederman um meines Namens willen; wer
aber beharret bis ans Ende, der wird seelig.
Ach, laß uns lieber Vater, in wahrer Gedult
und Beständigkeit ausharren! Und weil uns
gesagt ist: Wann sie euch in einer Stadt
verfolgen, so fliehet in eine andere; so haben
wir diese Hoffnung und Trost: du habest uns
mit diesen Worten die Herberge bestellet, und
werdest bey uns seyn in unserer Flucht, wie
bey dem Kindlein JEsu, und bey dem Ertzva-
ter Jacob: da ihm das Heer GOttes begegne-
te. Ach HErr JEsu Christe laß dein Exempel unseren Trost seyn da du sprichst: So euch
die Welt hasset, so wisset, daß sie mich vor
euch gehasset hat, der Jünger ist nicht über
seinen Meister. Ich habe euch von der Welt
erwehlet, darum hasset euch auch die Welt.
Darum gib Gedult, weil es nicht anderst seyn
kan, und weil alle die, so in dir O Christe!
wollen gottseelig leben, Verfolgung leyden müssen, so gib Gnade, daß wir das Creutz gedultig auf uns nehmen, und bedencken die Exempel der heiligen Aposteln, wie davon St. Paulus sagt: Ich halte, GOtt habe uns Apostel
                                          für

für die Allergeringsten dargestellet, als dem Todte übergeben, dann wir sind ein Schau-Spiel
worden der Welt und den Englen und Menschen. Bis auf die Stunde leyden wir Hunger und Durst, und sind nackend und werden
geschlagen: haben nirgend keine gewisse Stätte;
mann schilt uns, so seegnen wir, mann verfolgt uns, so dulden wirs, mann lästert uns,
so flehen wir; wir sind stäts als ein Fluch der
Welt, und Feg-Opffer aller Leute. Laß, O
HErr Christe! dein Worte unser Trost seyn,
da du sprichst: Seelig sind, die um der Gerechtigkeit willen verfolget werden: dann das
Himmelreich ist ihr; Seelig seyd ihr, wann
euch die Menschen um meiner willen verschmä-
hen und verfolgen, und reden allerley Uebels
wider euch, so sie daran lügen, seyd frölich
und getrost, es wird euch im Himmel wohl be-
lohnet werden; dann, also haben sie verfolget
die Profeten, die vor euch gewesen seyn. Ach,
HErr GOtt! laß das Wort des heiligen Apostels Pauli, auch unser Trost seyn: Wir werden verfolget, aber! wir werden nicht verlassen.
Und abermal: Wir müssen durch viel Trübsahl ins Reich GOttes eingehen. Laß uns
auch an die freundlichen Worte St. Petri gedencken, da er spricht: Freuet euch, daß ihr mit
Christo leidet, auf daß ihr auch, zur Zeit der
Offenbahrung seiner Herrlichkeit, Fried und
Wonne haben möget; Seelig seyd ihr, wann

G   ihr

Ihr geschmähet werdet über dem Namen Christi, dann der Geist der Herrlichkeit GOttes ruhet auf euch; bey ihnen ist er verlästert, aber
bey euch ist er gepreiset. Ach GOtt, wie ist
allen deinen frölichen Bekenneren das ein gro-
ser Trost, da du sagst: Wer euch antastet, der
tastet meinen Augapffel an. Darum hoffen
wir alle deine Pilgrim, und die wir ins Elend
getrieben werden, du werdest uns behüten wie
einen Aug-Apffel im Auge, und beschirmen unter dem Schatten deiner Flügel, und an allen
Orten bey uns seyn, uns beleiten und versorgen, dann: die Erde ist des HErren, und was
darinnen ist; der Erdboden und was darauf
wohnet. HErr, deine Gnade gehet, so weit
der Himmel ist; und deine Wahrheit, so weit
die Wolcken gehen. Zehle unsere Flucht, fas-
se unsere Thränen in deinen Sack, ohne Zwei-
fel zehlest du sie. Wohl dem, deß Hülffe der
GOtt Jacob ist, deß Hoffnung auf den HErren seinen GOtt stehet: der den Himmel, Erden, Meer, und alles was darinnen ist, gemachet hat, der Glauben hält ewiglich; der Recht
schaffet denen, so Gewalt leyden: der die Hungerigen speiset; der HErr löset die Gefangenen,
der HErr macht die Blinden sehend, der HErr
richtet auf die niedergeschlagen sind; der HErr
liebet die Gerechten, der HErr behütet die
Fremdlingen und Waisen, und erhält die Wittwen, und kehret zurück den Weeg der Gottlosen.

sen. Der HErr ist König ewiglich, dein
GOtt, Zion, für und für, Alleluja, Amen.

Gebät um die Nachfolgung Christi.

ACH! du holdseeliger, freundlicher, liebreicher
HErr JEsu Christe du sanfftmüthiger, de-
müthiger, gedultiger HErr! wie ein schönes,
Tugend-reiches Exempel eines heiligen Lebens,
hast du uns gelassen, daß wir nachfolgen sollen
deinen Fußstapffen; du bist ein unbefleckter
Spiegel aller Tugend, ein vollkommen Exempel der Heiligkeit, eine untadelhaffte Regel der
Frommigkeit, eine gewisse Richtschnur der Gerechtigkeit. Ach! wie ungleich ist doch mein
sündliches Leben gegen deinem heiligen Leben!
ich solte in dir, als eine neue Creatur leben,
so lebe ich mehr in der alten Creatur nemlich:
in Adam, als in dir meinem lieben HErren
JEsu Christo; Ich solte nach dem Geist leben,
so lebe ich, leider! nach dem Fleisch, und weiß
doch was die Schrift sagt: Wo ihr nach dem
Fleisch lebet, so werdet ihr sterben. Ach! du
freundlicher, gedultiger langmüthiger HERR
vergib mir meine Sünden, decke zu meine Gebrechen, übersiehe meine Missethat, verbirge deine heilige zarte Augen für meiner Unreinigkeit,
verwirff mich nicht von deinem Angesicht, ver-
stoß mich nicht aus deinem Hause als einen
Unreinen und Außsätzigen, tilge aus meinem
Herzen alle Hoffart: welche ist des Teufels

G 2 Unkraut,

Unkraut, und pflantze in mich deine Demuth:
als die Wurtzel und Fundament der Tugend;
reute zu Grund aus in mir alle Rachgierigkeit
und gib mir deine edele Sanfftmuth. Ach!
du höchste Zierde aller Tugend, schmücke mein
Hertz mit reinem Glauben, mit feuriger Liebe,
mit lebendiger Hoffnung, mit heiliger Andacht,
mit kindlicher Forcht. O du meine einige Zuversicht! meine Liebe und meine Hoffnung, meine Ehre, meine Zierd, dein Leben ist ja nichts
anders gewesen dann Liebe, Sanfftmuth und
Demuth, darum laß du dein edles Leben in
mir auch seyn, dein tugendhafftes Leben sey
auch mein Leben! laß mich einen Geist, einen
Leib und eine Seel mit dir seyn: auf daß ich
in Dir, und Du in mir lebest. Lebe du in
mir, und nicht ich selbst; laß mich dir leben,
und nicht mir selbst; gib daß ich dich also erkenne und lieb habe: daß ich auch also wande-
le, gleich wie du gewandelt hast; Bist du mein
Licht, so leuchte in mir; bist du mein Leben,
so lebe in mir; bist du meine Zierde, so schmücke mich schön; bist du meine Freude, so freue
dich in mir; bin ich deine Wohnung, so besi-
tze mich allein; laß mich allein dein Werckzeug
seyn: daß mein Leib, meine Seel und mein
Geist heilig sey. Du ewiger Weeg, leite mich;
du ewige Wahrheit, lehre mich; du ewiges Leben, erquicke mich! laß mich ja nicht des bösen Geistes Werckzeug seyn: daß er nicht seine
Boß-

Boßheit, Lügen, Hoffart, Geiz, Zorn, Unsau-
berkeit durch mich, und in mir, übe und voll-
bringe; dann, das ist des Satans Bild: davon
du mich, O du schönes vollkommenes Ebenbild GOttes, erlösen wollest! Erneuere aber
meinen Leib, Geist und Seele täglich nach deinem Bilde: bis ich kommen werde. Laß mich
der Welt absterben, auf daß ich dir lebe; laß
mich mit dir auferstehen: auf daß ich mit dir
gen Himmel fahre; laß mich mit dir gecreutziget werden: auf daß ich mit dir in deine Herrlichkeit eingehen möge Amen!

Gebät um das Reich Christi.

HErr JEsu Christe, du König der ehren,
der Gnaden und der Herrlichkeit: ich klage
und bekenne dir in wahrer Reu und Leid, daß
ich leider, im Reich des Satans mit den Wercken der Finsternuß dem Fürsten dieser Welt
gedienet, ja daß der böse Feind sein Reich in
mir gehabt, und mich gefangen gehalten durch
die Sünde zu seinem Muthwillen: Ach mein
HErr JEsu, wie schrecklich ist das, daß der
starcke Gewapnete seinen Pallast in den armen
Menschen also bewohnet: Ich dancke dir aber
von Hertzen, daß du mich tüchtig gemacht hast,
zum Erbtheil der Heiligen im Licht, und hast
mich errettet von der Obrigkeit der Finsternuß,
und versetzet in dein Reich, darinnen ich hab
die Erlösung durch dein Blut, nemlich die

G 3

Ver-

Vergebung der Sünden, du haſt außgeführet
deine Gefangene auß der Gruben, darinnen
kein Waſſer iſt, durchs Blut des Bunds und
ewigen Teſtaments, und haſt einen neuen ewigen Bund mit mir gemachet, hilff daß ich darinn beſtändig bleiben möge.   Sammle auch
immer mehr und mehr zu deinem Reich, be-
ſtätige und vermehre daſſelbe, daß ihrer viel
darzu bekehret werden, ſchreibe uns als deine
Bürger in dein himmliſches Stadtbuch, ja in
deine Hände, und erhalte uns, daß wir deine
Reichsgenoſſen ewig ſeyn und bleiben mögen,
die wir dir in der Tauffe unſere Namen gegeben, in deinen Bund getretten, und dir gehul-
diget haben.   Ach komm du König der Gnaden zu mir in mein Herß, komm ſanfftmütig,
und ſänfftige mein Herß von aller Unruhe, du
biſt kommen arm, komm und mache mich geiſtlich arm und demüthig, daß ich leyd trage um
meiner Sünde willen, hungere und dürſte nach
deiner Gerechtigkeit, daß ich in dir ewig reich
werde.   Komme als ein Gerechter, zu mir
elenden Sünder, und mache mich gerecht, be-
kleide mich mit deiner Gerechtigkeit, dann du
biſt mir von GOtt gemacht zur Gerechtigkeit,
zur Heiligung, und Erlöſung: Komm du König des Friedens, gib mir ein friedſam ruhig
Gewiſſen, und richte in mir an deinen ewigen
Frieden und ewige Ruhe; mache mich ſanfft-
müthig, barmhertzig, und reines Hertzens;

Sein

Komme, du König der Gnaden, erfülle mich
hie in diesem Leben mit deiner Gnaden: auf
daß du mich dort mit deiner ewigen Herrlichkeit
erfüllen mögest. Regiere mich in diesem dei=
nem Gnaden=Reich, mit deinem Heiligen Geist;
ja, richte dein Reich in mir auf: welches ist
Gerechtigkeit, Friede und Freude im Heiligen
Geist; erleuchte mein Hertz reinige mein Leben,
heilige meine Gedancken: daß sie andächtig und
dir wohlgefällig seyn mögen. Schleuß mich
ein in deine Gnade, daß ich daraus nimmer=
mehr fallen möge. Komm zu uns, du heilige
Dreyfaltigkeit: mache uns zu deiner Wohnung
und Tempel; und zünde in uns an das Liche
deiner Erkantnuß, Glauben, Liebe, Hoffnung,
Demuth, Gedult, Gebät, Beständigkeit, Got=
tesforcht. Gib uns, daß wir mit unserem Ge=
müthe stäts im Himmel wohnen, und nach dei=
ner Herrlichkeit uns sehnen. Und weil du in
dieser Welt auch führest und liebest das Reich
deiner Göttlichen Gewalt und Allmacht, so seye
auch deines geistlichen Reichs und deiner Kir=
chen mächtiger Schutz=HErr; seye bey uns,
HErr JEsu Christe! nach deiner Verheissung,
alle Tage, bis an das Ende der Welt, laß dei=
ne Kinder und deine Kirche nicht Waisen:
dann sie hat sonst keinen Vater auf Erden.
HErr, unser Herrscher! laß deinen Namen
herrlich werden in allen Landen: daß man dir
dancke im Himmel; richte zu dein Lob aus dem

Munde der jungen Kinderen und Säuglingen,
auf daß du vertilgest den Feind und Rachgie-
rigen. Du bist, O HErr Christe! der schön-
ste unter den Menschen-kindern, holdselig sind
deine Lippen, darum seegnet dich GOtt ewiglich. Gürte dein Schwerdt an deine Seite,
du Held, und schmücke dich schön, es müsse
dir gelingen in deinem Schmuck; zeuch einher,
der Wahrheit zu gute: die Elenden bey dem
Recht zu erhalten, so wird deine rechte Hand
Wunder thun; scharff sind deine Pfeile, daß
auch Könige für dir niederfallen, mitten unter
den Feinden des Königes. GOtt! dein Stuhl
bleibet immer und ewig, das Scepter deines
Reichs ist ein gerades Scepter, du liebest Gerechtigkeit, und hassest gottlos Wesen: darum
hat dich dein GOtt gesalbet mit Freuden-Oel,
über alle deine Mit-Genossen, deine Kleider sind
eitel Myrrhen: Aloe und Casia, wann du aus
deinem Helffenbeinen Pallast herfür trittest in
deinem schönen Pracht, du bist der König der
Ehren, starck und mächtig; der HErr ist mächtig im streit, machet die Thore weit, und die
Thüren in der Welt hoch, daß der König der
Ehren einziehe. Zu dir hat GOtt gesagt: Setze dich zu meiner Rechten, bis daß ich deine
Feinde lege zum Schämel deiner Füsse. Der
HErr wird das Scepter deines Reichs senden
aus Sion: herrsche unter deinen Feinden; nach
deinem Sieg wird dir dein Volck willig opffe-
ren

ren in heilgem Schmuck; deine Kinder werden dir gebohren wie das Thau aus der Mor-
genröthe; der HErr hat geschwohren, und wird
ihn nicht gereuen: du bist ein Priester ewiglich
nach der Weise Melchisedech. Gelobet sey, der
da kommt im Namen des HErren, der HErr
GOtt, der uns erleuchtet, O HErr hilff,
O HErr laß wohl gelingen! Du hast hinweg-
genommen Sünde, Fluch und Tod, und hast
uns geseegnet mit ewigem Seegen, in himmlischen Gütern. Gib deinem Volck Krafft,
Stärcke und Sieg wider alle geistliche und leibliche Feinde. Und, weil du auch bist ein König der Herrlichkeit, so mache uns auch desselben deines Reichs der Herrlichkeit theilhafftig:
wann du kommen wirst in deiner grossen Krafft
und Herrlichkeit, und alle heilige Engel mit
dir: und wirst sizen auf dem Stuhl deiner
Herrlichkeit, so erfülle an uns das Freudenwort:
Vater, ich will, daß wo Ich bin, auch die sey-
en bey mir, die du mir gegeben hast: auf daß
sie meine Herrlichkeit sehen: kommet her, ihr
Gesegneten meines Vaters, ererbet das Reich,
das euch von Anbeginn bereitet ist! Amen.

Gebät um Trost in leiblicher Armut.

BArmherziger gnädiger GOtt, lieber Vater!
du hast mir das Creuz der leiblichen Armut aufgelegt, ohne Zweiffel mir zum Besten,
gib mir Gedult: das Creuz recht zu tragen,

und

und deinem gnädigen Willen mich gehorsam=
lich zu unterwerffen: dann es kommt alles von
dir, Glück und Unglück, Armut und Reich=
thum, Leben und Tod; du machest arm und
machest reich; du erniedrigest und erhöhest.
Zeige mir aber, du getreuer GOtt! Mittel und
Weege: wie ich mich (und die Meinen) ehr=
lich ernehren möge, und seegne meinen Beruff
und Arbeit. Du hast ja gesagt: Daß sich al=
le Armen ihrer Hände Arbeit nehren sollen, laß
diesen Seegen auch über mich kommen: laß
mich aus deiner milden Vater=Hand auch essen,
und (mit den Meinen) gespeiset werden wie die
Vögelein unter dem Himmel: die weder säen
noch erndten, und Du, himmlischer Vater!
ernehrest sie doch; du kleidest jährlich die Lilien
und Blumen auf dem Felde mit neuen Röck=
lein, ja, du gibst einem jeden jährlich seinen
neuen Leib nach seiner Art; du wirst ja meiner,
(und der Meinigen) nicht vergessen, dann du,
himmlischer Vater, weissest: daß wir deß alles
bedörffen. Darnach lehre mich zuvorderst su=
chen dein Reich und deine Gerechtigkeit; so
wirst du mir nach deiner Verheissung, auch die
zeitliche Nothdurfft zuwerffen; und weil ich auf
Erden keinen zeitlichen Trost habe [dann, des
Armen ist Niemand Freund] so sey du mein
Trost: der du der Armen und Getragen Zu=
flucht und Stärcke genennet wirst; laß mir
meine Armut nicht Anleitung geben zum Bö=
                                                         sen.

sen und zu verbottenen Mitteln, sondern zu desto stärckerem Glauben und Vertrauen auf dich:
und zu allen Christlichen Tugenden, zur De-
mut, Sanfftmut, Gedult, Gebät, Hoffnung
und Beständigkeit. Gib daß ich Niemand mit
meiner Armut beschwehrlich sey, sondern erwecke mir freywillige Wohlthäter, die du lieb hast,
und verleyhe: daß allerley Gnade bey ihnen
wohne. Ich lieber GOtt! ein Armer ist wie
ein Fremdling auf Erden: welchen Niemand
kennen will, deß sich Niemand annimt; das
ist aber mein Trost, daß du gesaget hast: Ihr
solt die Waisen und die Wittwen und die
Fremdlingen lieb haben: und ihnen Speise und
Kleider geben, und euch förchten für dem HErren euerem GOtt. So ist auch das mein
Trost daß geschrieben stehet: Der HErr hebt
den Dürfftigen aus dem Staube, und erhöhet
den Armen aus dem Koht: daß er ihn setze
unter die Fürsten, und den Stuhl der Ehren
erben lasse. Du, lieber Vater, hast es also geordnet, daß Reiche und Armen müssen unter
einander seyn; du aber, HErr, hast sie alle gemacht. Darum, lieber Vater, nimm dich auch
meiner an, und laß mir nicht Unrecht noch Gewalt geschehen: daß ich nicht unterdruckt werde.
Du sagest ja: Es ist besser ein Armer, der in
seiner Frömmigkeit gehet, dann ein Reicher, der
in verkehrten Wegen gehet. Laß mich einge-
gedenck seyn, was der alte Tobias zu seinem

Sohn

Sohn sagt: Wir seyn wohl arm; aber wir werden viel Gutes haben, so wir GOtt förchten,
die Sünde meiden und Gutes thun. Und was
David sagt: das wenige, das ein Gerechter hat,
ist besser, dann das grose Gut vieler Gottlosen
Ich bin jung gewesen, und alt worden, und habe noch nie gesehen den Gerechten verlassen, o-
der seinen Saamen nach Brod gehen. Dieser
Verheissung tröste ich mich, und lasse mich wol
begnügen, dann es ist besser wenig mit Gerechtigkeit, als viel Einkommen mit Unrecht; dañ
wir haben nichts in diese Welt bracht, werden
auch nichts mit hinaus nehmen. Darum bitte
ich um ein solch Hertz, welches sich mehr um
den ewigen Reichthum bekümmert als um zeitlich Gut; du wirst mir mein bescheiden Theil
wol geben. Laß mich folgen der schönen Lehre
des sehr weisen Hauß-Predigers, da er sagt:
Vertraue GOtt, und bleibe in deinem Beruf,
dann es ist dem HErrn gar leicht, einen Armen reich zu machen. Laß mich anschauen das
Exempel meines Erlösers JEsu Christi, da er
spricht: Die Vögel unter dem Himmel haben
ihre Nester und die Füchse ihre Löcher; aber des
Menschen Sohn hat nicht so viel, da er sein
Haupt hinlege. Du, HErr, bist mein Gut u.
mein Theil, du erhältest mein Erbtheil, du er-
freuest mein Hertz, ob jene gleich viel Wein u.
Korn haben; Ich bin arm und elend, der HErr
aber sorget für mich: ich hoffe auch, daß ich se-

hen

hen werde das Gute des HErrn im Lande der
Lebendigen. Seyd getrost und unverzagt alle,
die ihr des HErren harret.

GOtt! der du mich zu deinem Lob geschaf=
fen hast, gib mir, daß ich dich würdiglich lobe:
du bist ja der Herrlichste, der Löblichste, der Hei=
ligste, der Gerechteste, der Allerschönste, der Al=
lergütigste, der Allerfreundlichste; ja, du bist
der Allerwahrhafftigste; du bist gerecht in allen
deinen Wercken, und heilig in allen deinen
Weegen. Du bist der Allerweiseste, dir sind
alle deine Wercke von Ewigkeit her bewußt;
du bist der Allerstärckeste: dir mag Niemand
widerstehen, HErr Zebaoth ist dein Name, groß
von Raht und mächtig von That. Deine Au=
gen sehen auf alle Menschen=Kinder; du bist
allgegenwärtig, du erfüllest Himmel und Er=
den: du bist unendlich, siehest, hörest, regierest
alles, du trägest alles mit deinem kräfftigen
Wort; du bist erschrecklich, wann du das Ur=
theil lässest hören, erschrickt das Erdreich, und
wird stille. Du legest Ehre ein auf Erden,
du legest Ehre ein unter den Völckeren; du
nimmest den Fürsten den Muth, und bist er=
schröcklich unter den Königen auf Erden; du
bist erschröcklich, wann du zörnest, wer kan für
dir bestehen, wann du zornig bist. Die Hey=
den müssen verzagen und die Königreiche fallen,
das Erdreich muß vergehen, wann du dich hö=
ren lässest. Du bist auch sehr gnädig, barm=

H   hertzig,

hertzig, gedultig, von grosser Güte, und gereuet
dich bald der Strafe; du zörnest nicht ewiglich,
und gedenckest nicht der Sünden; so groß deine Allmacht ist, so groß ist auch deine Barmhertzigkeit. Deine Allmacht ist unendlich, und
deine Barmhertzigkeit hat kein Ende. O ewiges Licht! O ewiges Heil! O ewige Liebe! O
ewige Süssigkeit! laß mich dich sehen, laß mich
dich empfinden, laß mich dich schmecken, O
ewige Lieblichkeit! O ewiger Trost! O ewige
Freude! laß mich in dir ruhen, in dir finde
ich alles, was mir in diesem Elend mangler.
Du bist alle Fülle, und was du nicht bist,
das ist eitel Armuth, Jammer und Elend;
das Leben ohne dich ist der bitter Tod, deine
Güte ist besser dann Leben. Ach du überköst-
licher Schatz, du ewiges Gut, du liebliches Leben, wann werde ich vollkommlich mit dir vereiniget werden: daß ich dich in mir vollköm-
lich sehe. Heiliger GOtt, unsterblicher GOtt,
gerechter GOtt, Allweiser GOtt, du ewiger
König, Dir sey Lob, Ehre und Preiß in alle
Ewigkeit, Amen.

Gebätt eines Reisenden.

HImmlischer Vatter, Barmhertziger getreuer
GOtt, ich dancke dir hertzlich, daß du mich
bißher so gnädig behütet, und so viel gutes
mir an Leib und Seel erzeiget hast. Ich bitte dich, O HErr! seye mir armen Sünder
gnädig,

gnädig, und verzeihe mir alle meine Missethaten um JESU Christi willen. Heilige und
erneure mich auch je länger je mehr durch die
Krafft deines Heil. Geistes, damit ich mein
Leben täglich beßere, in deinen Wegen wandle,
und dir diene in Heiligkeit und Gerechtigkeit,
die dir gefällig ist. Heiliger Vatter, geleite
und führe mich ferner auff dieser Reise durch
den Schutz deiner lieben Engeln: daß ich sicher
seye für Mördern und Räubern, für gifftiger
Lufft und bösen Seuchen, für Streit und Un-
fall. Gib mir, O HErr! Nahrung und Klei-
dung, führe mich den rechten Weg: den ich
wandlen soll, und gib deinen Segen zu meinem Vorhaben: damit alles gereichen möge zu
deiner Ehre, gemeinem Besten, wie auch, zu
meiner, und der Meinigen, Wohlfahrt. Erhalte und bewahre unterdeß auch alle die Mei-
nige, und was du mir bescheret hast, und gib:
daß wir einander gesund und mit Freuden wieder sehen mögen. Sonderlich bitte ich dich,
mein GOtt: bewahre mich für aller List und
Boßheit des bösen Feindes und seiner Werck-
zeuge. Erhalte und stärcke in mir den wahren
seligmachenden Glauben, Buße, Gedult und
Hoffnung; und gib, daß ich die Wallfahrt
dieses elenden Lebens getrost, und mit unver-
letztem Gewissen verrichten, seliglich enden, und
frölich eingehen möge in das himmlische Vat-
terland. Dir O HERR! befehle ich meinen

Außgang und Eingang, von nun an biß in
Ewigkeit, durch JEsum Christum, Amen.
Unser Vatter, ꝛc.

Gebät um treue Arbeiter in die Erndte des HErren.

O Allmächtiger, barmherziger GOtt! dieweil
du das Licht deiner Gnaden vielen Hertzen
gleichwol wie an einem dunckeln Orte, zur an-
fänglichen Offenbahrung und Erkanntnuß dein,
und deines Sohns JEsu Christi, dieser Zeit
gnädiglich lässest aufgehen, (in welchem Licht
wir am ersten unsre Sünde und mancherley
Mängel beginnen zu erkennen, desgleichen: vielerley Irrthum, Angst, Kummer und Noth,
so sich beym Gewissen erregt, nun immer je
mehr erinnert werden,) so bitten wir dich demüthig: gedencke an deine vorige Barmhertzigkeit, an deine grosse Hülff und Güte, damit
du das Israelitische Volck von seinen Feinden
offt hast errettet. Und errette auch heute mit
deiner mächtigen Krafft und Stärcke den wahren Israel nach dem Geiste, das ist: alle Christ-
gläubige Auserwehlten, [welche du durch den
Tod deines eingebohrnen Sohns unsers HErren JEsu Christi dir zum Eigenthum erkaufft
hast] aus allem Irrthum, Gedrängnuß, Aeng-
sten und Nöthen.

Gib und sende viel Erndtner, Evangelisten,
Apostel und Propheten, die nach deinem Hertz
und

und Willen durch Christum, im Heiligen Geist
formiert seyn, welche auch über dem heil-ma-
chenden Wort der reinen gesunden Lehr von
der Gottseligkeit, mit dem Schwerdt des Geistes beständig und vest halten, welche aus lau-
terkeit, und alles aus GOtt vor dir, in Christo
JEsu, das Wort lehren und reden: damit
dein zerstörtes Israel, durch ihren Dienst, immer je mehr in Heiligkeit, Gerechtigkeit und
Wahrheit, werd versammlet.

Wir bitten dich auch, HErr JEsu Christe,
erlöß uns von unsern, und aus allen unsern
Nöthen: hilff uns, daß wir Kinder des Friedens, durch dein friedsames ewiges Evangelium wahrhafftig werden. Gib den Anheben-
den Gnad und Krafft, den Schwachen Stärck,
und den Starcken Beständigkeit: deinem Wort
zu folgen; und verleihe uns, daß wir uns
Nichts mehr, dann deine Herrlichkeit, darnach
auch, unser Seelen Seligkeit, gänzlich angele-
gen seyn lassen, daß wir alles Zeitlichen, Irrdischen, mit Anklebung unsers Herzens, vergessen, und allein dem, was ewig und himm-
lisch ist, für und für mit Ernst nachtrachten.
Solches gib uns, JEsu Christe, um deines
Namens willen, der du mit GOtt deinem Vatter, und dem Heiligen Geist, lebest und regierest, wahrer GOTT, nun und in ewige E-
wigkeit, Amen.

H 3 Ein

Ein Gebät aus St. Paulus Epiſtel gezogen/ um Erleuchtung des Hertzens.

ACH HErr GOtt, allmächtiger, himmliſcher, gnädiger Vatter! gib uns armen, dürffti=
gen, elenden Menſchen den Geiſt der Weißheit und der Offenbahrung zu dein ſelbſt Erkant=
nuß, und erleuchte die Augen unſers Verſtändt=
nuß, ſtärcke uns allen den Glauben zu deren Gewächs in JEſum Chriſtum, gib uns ein unzweiffeliche Hoffnung in deine Barmhertzig=
keit, wider alle Blödigkeit unſeres ſündlichen Gewiſſens, eine grundgütige rechtſchaffene Liebe zu dir, und allen Menſchen um deinet willen. Wir bitten dich, du wolleſt unſer arme und ſchwache Gewiſſen in dir ſtärcken, und uns mit der lebendigen würcklichen Krafft deines gleich allmächtigen Worts im heiligen Geiſte begaben, daß wir erkennen, behalten und bekennen mö=
gen, welche da ſey die Hoffnung unſers Be=
ruffs, und welches da ſey der Reichthum des herrlichen Erbs in deinen Heiligen, und welche da ſey die überſchwenckliche Gröſſe deiner Krafft in denen, die dir geglauber haben, nach der Würckung deiner mächtigen Stärcke, welche du gewürcket haſt in Chriſto, da du Ihn von den Todten aufferwecket haſt, und geſetzt zu deiner Rechten im himmliſchen Weſen, über alle Fürſtenthum, Gewalt, Macht, Herrſchafft, und Alles, was genennet mag werden nicht al=

tein

lein in dieser Welt, sondern auch in der zukünfftigen. Die wir dein Eigenthum seynd,
zu Lobe deiner HErrlichkeit. Darum, O himmlischer Vatter! gib uns das Alles in unser
Hertz, Muth und Sinn im heiligen Geiste,
durch JEsum Christum deinen Sohn und unsern HErren: durch welchen du uns alle Ding
verheissen hast zu geben, nach deinem Göttlichen allerbesten Willen, Amen.

Gebät um Einigkeit des Sinnes und Verstandes in Göttlichen Sachen.

Du ewiger Barmhertziger GOtt, der du
bist ein GOtt des Friedens, der Liebe und
Einigkeit, nicht aber der Zweyspalt und Man-
nigfaltigkeit, mit welcher du jetzt aus deinem
gerechten Urtheil diese Welt, darum, daß sie
dich, der du allein Einigkeit stifften und behalten kanst, verlassen, und auff eigne Weißheit
von dir gefallen ist, besonder in den Stukken,
die deine Göttliche Wahrheit, und die Seeligkeit der Seelen anlangen, hast sich lassen theilen und zutrennen. Auf daß sie mit jener ver-
meinten Weißheit in der Vielfaltigkeit zu
Schanden würde, und zu dir, O Liebhaber der
Einigkeit, wiederkehrten wie arme Sünder,
den du solches gnädiglich verliehen hast zu erkennen. Wir bitten und flehen dich: du wollest durch den heiligen Geist alles Zer-
streute zusammen bringen, das Getheilte verei-

H 4 nigen

nigen und gantz machen auch uns geben: daß
wir zu deiner Einigkeit, deine einige ewige
Wahrheit suchen, von allem Zwyspalt abweichen, daß wir eines Sinns, Willens, Gewissens, Gemüths und Verstands werden, der da
gerich: sey nach JEsu Christo unserm HErren:
damit alsdann wir in der gleichmühtigen Einigkeit, dich, himmlischer Vater unsers HErren JEsu Christi: mit einem Mund preisen
und loben mögen, durch genandten unsern HErren JEsum Christum im heiligen Geist, Amen.

Gebät zum Heiligen Geist um Hülff, Trost und Beystand.

WIr dann verlassene elende Kinder, die wir
inwendig und auswendig vieler Trübsal,
Angst und Gefährlichkeiten, von wegen unserer
Sünde sind unterworffen, ruffen Dich heut
an, O du heiliger Geist! du Geist des himmlischen Vatters, und unsers HErren JEsu
Christi, komme zu uns, und bringe uns von
Oben herab einen hellen Schein deines Göttlichen Lichts in unsere dunckele finstere Hertzen:
daß wir in deinem Licht das ewige Licht sehen,
und JEsum Christum recht erkennen.

Komm, du Vatter der elenden Waisen, du
milder Aussender aller guten Gaben, komm,
du Reinmacher aller unreinen Hertzen, und
übe dein Amt in uns, heilige uns, und lege
an das Werck, darzu dich Christus vom Vatter

ter empfangen und ausgesendet hat, bey uns
viel Armen, die wir dein von Herzen begehren; tröste und bekräfftige uns, und stehe uns
bey in unsern Nöthen und in aller Anfech-
tung, beyde der einwohnenden Sünde unsers
Fleisches, wie auch der Welt, und des bösen
Geists. Reinige unser Gemüth von aller Unreinigkeit und Boßheit; regiere unsere Glieder,
Augen, Mund, Rede, Wort und Gedancken:
daß wir in Allem GOtt wohlgefallen, daß wir
mässig, züchtig und gerecht auf dieser Welt wandlen, und als Kinder GOttes erfunden werden.

O du allerliebster Tröster der Trostlosen Herzen! du werther Gast der gläubigen Seelen,
du süsse Erquickung und einiger Auffenthalter
unserer Schwachheit! nicht ferne dich von uns,
mache GOtt dem Vatter, und dem Sohn,
samt dir, eine ewige Wohnung in uns; stärcke unsere Blödigkeit; wäsche, was unrein an
uns ist; heile, was in unserem Fleische ver-
wundet ist; mache gerad, was lahm und krum
ist; erneuere, was zu allem Guten kalt ist;
leite, bringe und führe auf richtigen Weeg,
was irre und verlohren ist.

O du allerheiligstes Licht! erleuchte mit deinem Gnaden-Glantz das Inwendige des Herzens in deinen Gläubigen, die sich Heut auffs
neue in deine Zucht, Lehr und Trost ergeben,
es ist uns ja herzlich leid: daß wir dich je
betrübet, oder deine Werck in uns, verstöret
haben. Nun

Nun wiſſen wir aber aus deiner Lehr, daß
ja nichts im Menſchen iſt, das gut, heilig,
unſchuldig und beſtändig, ohne deine Hülff,
Krafft und Würckung ſeyn kan; wir geben
uns auch ſchuldig aller unſrer Sünde und
Uebertrettung, ja, Alles damit wir deiner Lehr
je widerſtrebt haben, es ſey uns gleich offenbar
oder verborgen, es ſey gleich geſchehen mit
Sinnen, Gedancken, Willen, Worten oder
Wercken. Wir ſeynd doch arm, elend und
nichtig, vermögen ohne dich nichts aus uns
ſelber; allein des tröſten wir uns, daß ſich JE-
ſus Chriſtus der Sohn GOttes über uns hat
erbarmet, darum wir Ihm Lob und Danck ſagen, mit hertzlicher Hoffnung: daß er uns nim-
mer werde verlaſſen, wie wir denn auch glauben, daß er uns, ja alle, die ſich Ihm ergeben
haben, ohn Unterlaß, bey ſeinem himmliſchen
Vatter vertrette.

Dieweil du dann, O Heiliger Geiſt! des
HErren Chriſti Geiſt biſt, ſo laß uns auch
ſolche Treu, Liebe und Güte genieſſen: ergeuß
dich mit mächtiger Stärcke in uns, und gib
unſeren Schwachgläubigen (die ſich doch auch
jetzt mit Mund und Hertz in deine Zucht ergeben) ein neu wiedergebohren Hertz, und darein deine heilige ſiebenfältige Gaben, als: die
Gabe der Göttlichen Weißheit, einen rechten
neuen Verſtand zum Wort und Willen GOttes, die Gabe des Raths zum Lob ſeiner Herrlichkeit,

lichkeit, die Gabe der inwendigen Krafft und
Stärcke, die wahre Erkanntnuß GOttes und
Christi, die Gabe der Forcht des HErren und
aller Gottseeligkeit. Solche gnädige Geschen=
cke theile uns Armen verlaßnen mit um dei=
ner unaussprechlichen Liebe und Güte willen,
ja, um deß willen, der sie uns mit seinem theu=
ren Blut hat erworben. O komm bald vom
Himmel herab, und verzeuch nicht GOtt hei=
liger Geist; nicht siehe an unsere manntgfalti=
ge Sünde: dieweil wir ihr ja gern loß und
ledig wären, reinige uns aber darvon immer
je mehr, und erbarm dich unser.

Nimm unser Hertz gefangen mit deiner Lie=
be=Krafft, und erfüll es mit himmlischem Trost
und Freude: daß wir allezeit in GOtt wohl
getröst, in allem Anliegen wohl gemuth und
zu frieden seyn, und als Kinder GOttes, die=
se arge böse Welt überwinden mögen. Dir
sey Lob, Du heiliger Geist, mit GOtt dem
Vatter und dem Sohn in Ewigkeit, Amen.

Erinnerung etlicher Stück/ darum wir billich zu GOtt seufzen und bäten sollen.

1. DAß GOtt der HErr alle betrüb=
te Gewissen, alle elende, geängstete,
gefangene Menschen, auß der Noth erretten,
uns und sie trösten wolle.

2. Daß er allen Irrthum, beyde alten und
neuen,

neuen, samt allem falschen Schein, durchs
Licht seiner Gnaden wolle entdecken und of-
fenbaren.

3. Daß er die wahre Gerechtigkeit des Hertzens, und sein heilig Evangelium, das in der
Krafft im heiligen Geist und in vielen Ge-
wissenschafft ist, für und für besser wolle her-
fürbringen.

4. Daß er darzu viel fromme und treue
Diener erwecke und herfür bringe, die nach seinem Hertzen gerichtet seyen, die das Gewissen
erbauen, und sein Volck versammlen im heiligen Geiste.

5. Daß er aller deren Rathschläge und Fürnehmen zerstören wolle, welche seinen heiligen
Wegen wehren, welche die wahre Erkanntnuß
GOttes und Christi verstören, welche die Gei-
ster außlöschen, den heiligen Geist betrüben, und
den Auffgang der wahren Buß und Gottseeligkeit verhindren.

6. Daß er in uns Lust und Liebe, ja auch
einen Hunger und Durst erwecke nach seiner
Göttlichen Erkanntnuß und Willen.

7. Daß wir ernsthafftig werden, beständig
den Alten Menschen außziehen, und den Neu-
en anziehen.

8. Daß uns GOtt der HErr vom Himmel seinen heiligen Geist um Christi JESU
willen senden wolle: der uns in alle Wahrheit
führe, daß wir durch Ihn, ein Hertz, eine
　　　　　　　　　　　　　　　　　Seele,

Seele, einen Muth, einen Sinn erlangen, und in Christo JEsu wahrhafftig gantz Eins werden.

9. Daß wir in Lehre und Leben, in Wandel und Wesen, allweg auf den einigen Meister, Christum JEsum, sehen; daß wir ohne Unterlaß GOtt vor Augen haben; immer in seiner Forcht wandlen, und auch aller Dinge wohl gebrauchen lernen.

10. Für alle unsere Brüder und Schwestern, die mit uns eines rechten Glaubens, einer Hoffnung, einer Liebe GOttes, und eines HErren Christi, in aller Gedult verharren, Trost, Friede, und Freude in unserm Hertzen erlangen, Amen.

Gebät Manasse/ des Königes.

JCh hab gesündiget, und meine Sünd ist grösser denn der Sand an dem Meer; Und bin gebunden in eiserne Band, und hab kein Ruh, darum: daß ich, O GOtt! deinen Zorn erweckt hab, und grosses Uebel vor dir gethan hab; darum daß ich so viel Greulichkeit und Aergernuß angerichtet hab, darum biege ich die Knie meines Hertzens, und bitte dich HErr um Gnad. Ach HErr ich hab gesündiget, ja, gesündiget hab ich, und bekenne meine Missethat; so bitte ich nun, und begehre feuriglich: vergib das mir, O HErr, vergib das mir! und laß mich nicht in meinen Sünden verderben, und laß die Straff nicht ewig auf mir bleiben,

J   aber

aber wolleſt mir doch helffen nach deiner groſſen Barmhertzigkeit; ſo will ich dich allezeit loben mein Lebenlang.

Das Gebät Daniels/ im 9 Cap.

ACH HErr, ein groſſer und erſchröcklicher
GOtt! der du denen, die dich lieb haben,
und deine Gebott halten, deinen Bund und
Barmhertzigkeit hälteſt; wir haben geſündiget,
wir haben mißhandelt, wir ſind gottloß geweſen und abgefallen; ja, wir ſind von allen deinen Gebotten und Gerichten abgetretten. So
haben wir auch den Profeten deinen Knechten,
die zu unſeren Königen und Fürſten, unſeren
Vor-Vätteren und dem gantzen Land-Volck, in
deinem Namem, geredt haben, nie wollen folgen: darum hat der HErr diß Unglück über
uns geſendt. Dann der HErr, unſer GOtt,
iſt in allen ſeinen Wercken die Er thut, gerecht; wir aber wolten ſeiner Stimm nie gehorchen. Ach HErr unſer GOtt, der du dein
Volck mit ſtarcker Hand aus Egypten geführet
haſt, damit du dir einen Namen gemacht, der
noch heutigs Tags bliebe, wir haben geſündiget und gottloß gehandlet wider alle deine Gerechtigkeit, dann, um unſer Sünde, und um
unſerer Väteren Miſſethaten willen, iſt Jeru-
ſalem, und dein Volck, von allen die um uns
her liegen, verſchmähet worden. Aber O HErr!
laß ab von deinem grimmigen Zorn über die

Stadt

Stadt Jerusalem und deinen heiligen Berg, und erhöre das Gebät deines Knechtes, und laß dein Angesicht über dein Heiligthum leuchten. O mein GOtt! neig dein Ohr und höre! thu deine Augen auf und siehe unsere Verwüstung, und der Stadt: über welche dein Name angerufft ist. Ach HErr, erhöre uns Ach HErr, verzeih uns; Ich HErr werck auf unser Gebätt! dann wir bätten nicht von wegen unserer Frommigkeit, sondern von wegen deiner grosen Barmhertzigkeit; Hilff uns, und verziehe es nicht!

ENDE.

J 2   Register

Register über die Gebätter dieses Büchleins.

E N D E.

Christliches Gemüths=Gespräch

Von dem

Geistlichen und seligmachenden

Glauben,

Und

Erkäntnuß der Warheit,

so zu der Gottseligkeit führet in
der Hoffnung des ewigen
Lebens, Tit. 1, 1.

Ans Licht gegeben

In Frag und Antwort für die ankommende Jugend, wodurch dieselbe zu einer heilsamen Le-
bens-Uebung möchte gereitzt und gebracht
werden.

Der Warheit zum Besten/

EPHRATA: Typis Societatis
Anno M D C C L X X.

Pſalm XXXIV.

Komm her, ihr Kinder, ich will euch die Forcht des HErrn lehren.

1. Tim. IV.

Die leibliche Uebung iſt wehnig nuß; aber Gottſeligkeit iſt zu allen Dingen nuß, und hat die Verheiſſung dieſes und auch des zukünfftigen Lebens.

Anweisung zu der wahren Gottseligkeit,
lehr-und Lebens-Ubung.

Erste Frage.

Muß ein Mensch ohne die nöthigen
Sorgen so zur Leibes-Nothdurfft
gehören, auch mehr beobachten oder betrachten, dadurch er möge sein Gemüth in
guter Ruhe behalten?

Antwort.

JA freylich, weilen er sonsten als ein Vieh
in der Welt leben würde, derhalben er dann
als ein verständiger Mensch solches wohl betrachten soll, und seinen Standt gegen andern Geschöpffen (so neben ihm leben, und ihre Nahrung auch von dem Erdboden haben) halten
muß, wodurch er dann befinden wird, daß er
nicht allein in der Erkanntnüß (die Creaturen)
in vielen Stücken wird übertreffen, sondern daß
auch viel ein höherer Geist bey ihm seye, als
bey den Creaturen.

2. Frage.

Solten auch wohl Menschen seyn, die keinen
höhern Geist bey sich selbst, als bey dem Vieh zu
seyn befinden, und doch darfür halten, daß sie in

J 4   diesem

diesem Leben ihr Gemüth in guter Ruh vermögen zu erhalten?

Antwort.

Solcher Menschen sind mehr als zu viel in
dieser Welt, welche nicht allein mit Worten,
sondern auch mit Wercken, Handel, Wandel
und Gebrechen erzeigen, daß sie von ihrer Seelen Heyl nichts wissen, viel weniger sich darum
bekümmern, ja weder sich selbst noch ihren
Stand erkennen, und ärger leben als das Viehe,
wann aber einige oder andere von diesen Menschen eines andern und bessern Sinnes werden,
und in andere Betrachtung kommen (welches
aber ohne GOttes Zuschickung nicht geschehen
kan) und in solcher Betrachtung fortfahren,
werden sie nicht allein zu der Beschaffenheit ihres Standes, sondern auch zu einer grössern
Erkantnüß ihrer selbst, und ihres höhern Geistes kommen, gleich wie viel weisse Heyden zu
einer so grossen Erkantnüß kommen seynd, wodurch sie andere Menschen, [welche auß Unachtsamkeit ihrer selbst vergessen, und mehr viehisch als menschlich gelebt] mit ihren Sinn-
reichen Sprüchen gesucht haben in ein bessere
und höhere Erkantnüß zu bringen, unter welchen Sinn-sprüchen der nützlichste und beste geachtet wird: Erkenne dich selbst.

3. Frage.

Solten auch wohl Menschen seyn, die sich selbst
als Menschen nicht erkennen?   Ant-

Antwort.

Solches haben nicht allein die weissen Heyden durch Untersuchung befunden, sondern die Erfahrung lehret uns täglich, daß dergleichen Menschen sind, die als blinde Heyden keine Erkäntnuß ihrer selbst haben, sondern mehr viehisch als menschlich leben, worauß offenbahr zu ersehen, daß sie weder sich selbst, noch ihr Geschöpff, noch den Geist, so in ihnen ist, erkennen.

4. Frage.

Worin bestehet dann eines Menschen wahrhafftige und rechte Erkäntnuß seiner selbst?

Antwort.

Dieselbige bestehet in 2. Stücken. 1. Zu erkennen daß er auß, und von ihm selber, so wohl in eusserlichem als geistlichem nichts vermöge oder bestehe. 2. Zu erkennen seinen nichtigen und beschwerlichen Lebens-Stand.

5. Frage.

Haben dann die kluge Heyden solches auß ihnen selbst können erkennen, daß sie andere durch ihre Sinn-Sprüche gelehret haben?

Antwort.

Die kluge Heyden haben durch das Liebt der Natur und fleißiger Betrachtung ihres Geistes, wie auch durch Ansehung des eusserlichen Wesens, gegen andern lebendigen Geschöpffen, die Erkäntnuß ihrer selbst bekommen, zu deme das herrliche Geschöpff der Himmels-Veste, und deren

ren in allen Geschöpffen offenbahre sehende,
und würckende Krafft betrachtet, wodurch sie
dann noch zu einer höherer Erkantnüß kommen
sind, nemlich daß nichts auß sich selbsten, sondern ein Ursprung, Haupt und Wesen seyn
muß, worinnen und wodurch alle Ding sind,
und durch dessen Würckung alles in seinem
Stand und Wesen erhalten wird.

Der erste Glaubens-Articul von GOtt.
6. Frage.

Was für ein Ursprung ist es dann, worin,
worvon, und wordurch wir und alle Ding
sind, und auch im Wesen erhalten werden?

Antwort.

Dieser Ursprung ist der grosse und unbe-
greifliche GOtt, so oben im Himmel alle Dinge, wie auch auf Erden und in den Wassern
alles erschaffen, ja ein Schöpffer und Erhalter
aller Dingen ist, und alles mit seinem kräfftigen Wort erhaltet, von welchem GOtt, der
Mensch einen viel höhern Geist als andere Ge-
schöpffe empfangen hat, weilen er nach dessen
Ebenbild erschaffen, Gen. 1. v. 27. Und auch
von GOtt als ein HErr über alle Dinge gesetzt worden.

7. Frage.

Sind auch der klugen Heyden Sinn-Sprüche
vor uns gnug, zu dieser hoher Erkantnüß
GOttes zu kommen?   Ant-

Antwort.

Die Sinn-Sprüche der klugen Heyden sind uns darzu nicht gnug, ob wir gleich etwas darauß bemercken können, sondern die Heil. Schrifft lehrt uns das mit viel mehrer Klarheit, und sehr vielen Umständen.

8. Frage.

Was ist dann die Heil. Schrifft für eine Schrifft über andere Schrifften?

Antwort.

Die Heil: Schrifft ist eine Schrifft von GOtt gegeben, als den Menschen nutzlich zur Lehr, zur Straff, zur Besserung, und zur Unterweisung in der Gerechtigkeit, 2. Tim. 2. v. 6. Durch Hocherleuchtete, ja Heilige, und über andere mit GOttes Geist begabte Menschen, herfür gebracht, welche solche Schrifft geredet haben, durch Eingebung GOttes, und getrieben durch den Heil. Geist, 2. Sam. 23. v. 2. 2. Petr. 1. v. 21. Daher sie die Heil. Schrifft genennet wird.

9. Frage.

Lehret dann auch die Heil. Schrifft, daß man zu seiner selbst Erkäntnüß kommen muß?

Antwort.

Davon hat man so viel Nachricht in Heiliger Schrifft, daß es überflüßig wäre dieselben anzuziehen, wie dann auch die Heil. Männer GOttes [worunter der König und Prophet

David

David auch einer ware] gesehen daß viel Menschen ihrer selbst vergessen, und die Herrlichkeit
ihres Schöpffers nicht erkant, als er sagt Psalm.
100. Erkennet doch daß der HErr GOtt ist,
dann er hat uns gemacht, und nicht wir selbst.
Und abermal Psalm. 39. v. 7. Wie gar
nichts sind alle Menschen, die doch so sicher leben, sie gehen daher wie ein Schatten, und
machen ihnen viel vergebliche Unruhe, so aber
sich jemand laßt düncken er seye etwas (verstehe aus ihm selber) so er doch nichts ist, der
betrügt sich selbst, lehrt Paulus Gal. 6. v. 3.
und weiter 1. Cor. 4. v. 7. Was hastu
Mensch, das du nicht empfangen hast, so du
es aber empfangen hast, was rühmest du dich
dann als hättestu es nicht empfangen?

10. Frage.

Ist es dann für den Menschen genug, zu der
Erkantnüß GOttes und seiner selbst zu kommen, damit er dadurch in diesem Leben ein
geruhig Gemüth und Gewissen haben möge?

Antwort.

Das ist allein nicht genug, sondern er muß
mit seiner Erkantnüß weiter gehen, um noch
mehr Erkantnüß von dem grossen GOtt zu erlangen, durch welchen und von welchem er
selbst und alles ist, wie dann die Heil. Schrifft
von GOtt zeuget, daß er auch der seye, der
alles durch das Wort seiner Krafft erhalte,
Hebr. 1. v. 3.   I I.

11. Frage.

Sind dann diejenigen, so die Heil. Schrifft
nicht gehabt, durch Betrachtung ihres Stands,
und Anschauung der geschaffenen Dingen, nicht
zu der rechten Erkantnüß GOttes kommen?

Antwort.

Es ist weder die erste noch die andere Erkantnüß genug gewesen, dann dieweil sie auß
denen erschaffenen Dingen gesehen, und gewußt,
daß ein GOtt seyn muß, und ist, der solche
Ding geschaffen, denselben aber nicht geehret
als einen GOtt, noch ihme gedancket, sondern in ihrem Dichten und Trachten eytel worden, und ihr unverständiges Hertz verfinstert
ist, so sind sie zu Narren worden, da sie sich
selbst für weiß hielten, Röm. 1. v. 21, 22.
Ephes. 4. v. 18. Dann alles was man von
GOtt erkennen kan, hat ihnen GOtt geoffen-
baret, Röm. 1. v. 19. Und wohin sie ferner
verfallen sind, wird in diesem Capitel beygefü-
get, oder erkläret, also, gleich wie sie nicht geachtet haben, daß sie GOtt im Gewissen tru-
gen, so hat sie auch GOtt dahin gegeben in
einen verkehrten Sinn, zu thun was untüchtig ist, Röm. 1. v. 28.

12. Frage.

Ist es auch genug, daß man schlechter Dings
glaube und darvor halte, daß ein GOtt
seye, der den Himmel, die Erde, und das

K   Wasser

Waſſer nebenſt allem was auff-und in den-
ſelben iſt, erſchaffen und gemacht hat?

Antwort.

Es iſt gewißlich damit nicht genug, daß man
ſchlechter Dings glaube, und darvor halte, daß
ein GOTT ſeye, und ihme alſo allein einen
GOtt laſſe bleiben, wie und- was er an ihme
ſelber iſt, ohne ſich nach ihme und ſeinem Heiligen Wort zu richten, ſondern es iſt geſchrieben,
der Gerechte werde ſeines Glaubens leben, dann
GOttes Zorn vom Himmel wird offenbahret
über alles gottloſes Weſen und Unrecht der
Menſchen, die die Warheit in Ungerechtigkeit
und Lügen verkehren, Röm. 1. v. 17, 18.
Gleich wie von ſolchen Erkennern auch gezeuget
wird, ſie ſagen ſie erkennen GOtt, aber mit ihren Wercken verleugnen ſie ihn, ſintemal ſie
ſind an welchen GOtt einen Greuel hat, wellen ſie ſeinem Wort nicht gehorchen, und zu
allen guten Wercken untüchtig und ungeſchickt
ſind, Tit. 1. v. 16.

13. Frage.

Was muß dann bey den Menſchen mehr auß
dem Glauben und der Erkantnüß GOttes
beobachtet und gethan werden, damit er ein
geruhiges Gemüth, und in dieſem Leben
Hoffnung zu GOtt haben möge?

Antwort.

Der Menſch muß ſich durch den Glauben

dem

dem grossen GOtt gantz und gar unterwerffen
und ergeben, und sich in allen Dingen demselben gehorsamlich erzeigen, ja auch ehren, prei-
ser, dienen und förchten, wie solches in Heiliger Schrifft vielfältig von uns gefordert wird,
in welcher sich GOtt der HErr, den Menschen
als einen HErrn, ja als einen Vatter vorstellet,
da er sagt: Ein Sohn soll seinen Vatter ehren, und ein Knecht seinen Herren förchten,
bin ich nun euer Vatter, wo ist meine Ehre,
bin ich euer HErr, wo förcht man mich?
Spricht der HErr Zebaoth, Mal. 1. v. 6.
Also lehret auch Moses die Kinder Israels ihren GOtt, der sie aus Egyptenland geführet,
zu erkennen mit diesen Worten, nun Israel
was erfordert der HErr dein GOtt von dir
anders, als daß du ihn von gantzem Hertzen,
und auß gantzer Seelen, und mit allen Kräfften liebest, ehrest und ihn förchtest, und dienest
Ihm, und in seinen Wegen wandelst, auf daß
es dir wohl gehe, und deinen Kindern ewiglich,
Deut. 5. v. 29. Cap. 10. v. 12.

14. Frage.

Wird uns dann in Heiliger Schrifft der wohlgefällige und vollkommene Wille GOttes,
wie wir nemlich vor ihm wohlgefällig leben
und wandeln sollen, genugsam bekant gemacht?

Antwort.

Dieses ist unwiedersprechlich, daß uns der

voll-

vollkommene und wohlgefällige Wille GOttes
;in und aus heiliger Schrifft genugsam bekant
gemacht werde, dieweil dieselbe das Wort der
Warheit, und die Erkantnuß der Warheit, so
zur Gottseligkeit weiset, in der Hoffnung des
ewigen Lebens, Tit. 1. v. 1. genennet ist.
Und wohin die Menschen durch Esaiam gewiesen werden, da er spricht: Suchet in dem
Buch des HErrn, und leset es, es wird nicht
an einigem derselben fehlen, man ermangelt
auch nicht dieses oder jenes, dann er ist es
auch, der meinem Mund gebeut, und sein Geist
ist es, der es zusammen bringet, Esa. 34. v.
16. Dann alle Schrifften von GOtt einge-
geben sind nutz zur Lehre, zur Straff, zur Besserung, zur Züchtigung, in der Gerechtigkeit,
daß ein Mensch GOttes seye vollkommen und
zu allen guten Wercken geschickt, 2. Tim. 3.
v. 16, 17.

15. Frage.

Welches ist das Hauptstück alle desjenigen so
uns zu mercken und zu betrachten in Heil.
Schrifft gelehrt wird, worauß man zu GOtt
hoffet das ewige Leben zu haben?

Antwort.

Solches Hauptstück ist wie hier schon zum
Theil gesagt worden, der Glaube an GOtt und
sein Heiliges Wort, mit einer reinen und feurigen Liebe vergesellschafftet, also wann der

Glaub

Glaub vollkommen mit der Lieb beysammen ist,
dann wo der wahre Glaub an GOtt ist, da
ist die Liebe des Glaubens Gesellin oder Gesell-
schafft, und wird also die Hoffnung zu GOtt
in den Menschen gleichsam gebohren, daß also
das ein auß dem andern entspringet, dann ohne Glauben ist es ohnmüglich GOtt zu gefallen, Hebr. 11. v. 6. Dann als der HErr
JEsus einsmals gefragt ward, welches das
gröste und vornehmste Gebott seye, hat er dem
Fragenden geantwortet: Du solt lieben GOtt
deinen HErrn von gantzem Hertzen, von gantzer Seelen, von gantzem Gemüth, das andere
aber wäre diesem gleich, du solt lieben deinen
Nechsten als dich selbst, in diesen zweyen Gebotten hanget das gantze Gesetz und alle Propheten, Matth. 22. v. 37. biß 40. Darum
sagt auch Paulus, 1. Tim. 1. v. 5. Die
Haupt-Summ der Gebotten GOttes seye Liebe auß reinem Hertzen, und guten Gewissen,
und ungefärbtem Glauben, dann in Christo
JEsu gilt weder Beschneidung noch Vorhaut
etwas, sondern der Glaube der durch die Liebe
thätig ist, Gal. 5. v. 6. Und wann diese
beyde fest stehen, so bleibt Glaube, Hoffnung
und Liebe, worunter die Liebe das gröste ist,
1. Cor. 13. v. 13.

16. Frage.

Sind dann die 2 Stück, nemlich die Hoffnung und Liebe, mit dem Glauben solcher

K 3   gestalt

gestalt verbunden, daß man ohne dieselben
keine Hoffnung zu GOtt und dem ewigen
Leben haben kan?

Antwort.

Ja freylich ist es der Glaube, auß welchem
die wahre Liebe ihren Ursprung hat, und wodurch die Hoffnung gestärcket wird, ja wie wir
kurtz hiervon auß Hebr. 11. v. 6. gesagt haben, eine so nothwendige Sache, daß es ohne
Glauben unmüglich GOtt zugefallen, dann wer
nicht glaubt soll verdamt werden, spricht Christus, Matth. 16. v. 16.

17. Frage.

Was ist dann der Glaube eigentlich vor eine
Sache an ihm selbsten?

Antwort.

Der Glaube ist, daß man dasjenige vor die
Warheit auff-und annimt, so uns von glaub-
würdigen gottseligen Menschen auß Heil. Göttlicher Schrifft wird fürgetragen, welches wir
für so unfehlbar halten und glauben sollen, als
ob wir es selber gesehen, erfunden oder auß
dem Munde GOttes gehöret hätten, dergleichen Beschaffenheit es dann auch mit dem hat,
so uns in der Heil. Schrifft von Paulo bezeuget wird, Hebr. 11. v. 1. Da er spricht:
Dann der Glaube ist eine gewisse Zuversicht,
dessen das man hoffet, und nicht zweiffelt an
dem das man nicht siehet, gleich wie von Mo-

se

se im selben Capitel gelesen wird, durch den
Glauben verließ er Egypten, und förchtete nicht
des Königs Grimm, dann er hielte sich an
den, den er nicht sahe, als sehe er ihn, v. 27.
Wovon daselbst mit mehrerm gesagt wird.

18. Frage.

Was und wie muß man dann eigentlich und
hauptsächlich, an und von GOtt glauben,
und in demselben recht und wohl bestehen,
weilen es offtmals der seligmachende Glaube
genennet wird, diesem nach die selige Hoffnung zu haben?

Antwort.

Hauptsächlich muß man neben dem Glauben
an GOtt, wie schon gesagt ist, auch dem Zeugnüß des Heil. Evangelii, an und von JEsu
Christo des lebendigen Sohns GOttes glauben,
dann das ist das ewige Leben, daß sie dich,
daß du allein wahrer GOtt bist, und den du
gesandt hast JEsum Christum erkennen, Joh.
17. v. 3. So sagt auch Paulus, Röm. 10.
v. 9, 10. So du mit deinem Mund bekennest JEsum, daß er der HErr seye, und glaubst
in deinem Herzen, daß ihn GOtt von den
Todten aufferwecket hat, so wirstu selig. Dann
so man von Herzen glaubt, so wird man gerecht, und so man mit dem Mund bekent, so
wird man selig.

19. Frage.

Worauff muß der seligmachende Glaube

K 4   gegründet

gegründet oder gebauet seyn?
Antwort.

Nicht auf menschliche Weißheit, oder vernünftige wolgezierte Worte, so auß ihrem eigenen Herzen hergebracht werden, sondern allein auf das unfehlbare Wort GOttes, worzu uns die Heil. Schrifft Alten und Neuen Testaments dienet, und von heiligen Männern durch den Heil. Geist getrieben, gestelt, 2. Petr. 1. v. 21. und herfür ist gebracht worden, auch mit Zeichen und Wunder bestättiget, gleich wie Paulus seinen Glauben darauf gegründet, da er sagt, ich glaube allem dem, was geschrieben stehet in dem Gesetz, und in den Propheten, Act. 24. v. 14. Weilen das Evangelium damals noch nicht beschrieben gewesen. Hierauf weiset auch Christus selbst, da er sagt, wer an mich glaubt, wie die Schrifft sagt, von desselbe werden fliessen Flüß und Ströhme des lebendigen Wassers, Joh. 7. v. 38.

20. Frage.

Ist die allgemeine Glaubens-Beschreibung, welches man das Symbolum Apostolorum oder den Apostolischen Glauben nennet, oder Glaubens-Bekantnuß nicht das rechte Formular des Christlichen Glaubens, und wer dasselbige also bekennet, nicht die rechte Bekantnuß des Christlichen Glaubens?

Antwort.

Das

Das so genante Symbolum Apostolorum
enthaltet zwar die Hauptstück des Christlichen
Glaubens, und mag in so weit wohl für ein
Bekanntnüß des Glaubens erkant oder gehalten
werden, indem es mit den Schrifften der Aposteln überein komt, es ist aber nicht vor die
Warheit anzunehmen, daß es wie einige Menschen vorgeben, durch die zwölf Aposteln also
in Ordnung gebracht sey, und ein jeglicher Apostel ein Articul davon aufgesetzt habe, es ist
aber darum an ihm selbst nicht verwerflich,
aber der seligmachende und Evangelische Glaub
erfordert noch mehrere Umstände zu einer fer-
nern Glaubens-Unterweisung.

21. Frage.

Ist dann dieser Glaubens-Spruch, wann man
ihn nach den enthaltenen Worten außspricht,
nicht die rechte Bekanntnüß des Christlichen
Glaubens, als von einem Christen erfordert
wird, und zu der Seligkeit nothwendig
seyn muß?

Antwort.

Der seligmachende Glaube bestehet nicht in
Vorbringung eines so abgefaßten Spruchs, so
mit dem Gedächtnüß gefasset, und mit dem
Mund vorgebracht wird, sonsten müsten auch
die Schul-Kinder schon den seligmachenden
Glauben haben, weilen sie diesen Spruch fertig
außzusprechen wissen, sondern der rechte völlige
Glaube zur Seligkeit muß durch lesen, und
Hören

Hören des Göttlichen Worts in dem Hertzen,
und Gemüth der Menschen gepflantzet und gefasset werden, und wann es in dem Menschen
gewurtzelt hat, so erwecket es durch seine würc-
ckende Kraffte in dem gantzen Menschen Früchte
des Glaubens, welche von andern gesehen werden, wie schon vorhin in der 15 Frage und
Antwort gesagt, und auß 1. Timoth. 1. v. 5.
Gal. 5. v. 6. bewiesen ist. Dann daß der
wahre Glaube zur Seligkeit nicht allein in den
Hertzen ruhen, sondern auch darauß vermehret,
und hervor gebracht werden muß, ist auch
Röm. 10. v. 10. bewiesen. Daß, so man
von Hertzen glaube gerecht, und mit dem Mund
bekenne, selig werde, dahero Philippus den
Kämmerling fragt, da er sagt, glaubestu von
gantzem Hertzen, Act. 8. v. 37. Und daß
der Glaub auß Anhörung des göttlichen Worts,
oder lesen, und Uberwegung desselben in des
Menschen Hertze kommet, das siehet man nicht
allein auß diesem Exempel des Kämmerlings,
und in selben Capitel an denen von Samaria,
sondern auch bey Außsendung der Aposteln um
das Evangelium zu predigen, Act. 8. v. 11.
und 11, 17. Wie auch bey Marc. 16. v.
15, 16. Derohalben der Apostel sagt Röm.
10. v. 15. **Wie sollen sie glauben von
dem sie nichts gehöret haben.** Und letzt-
lich sagt er, darum so komt der Glaube durch
das Gehör, das Gehör aber auß dem Wort
GOttes.   22.

22. Frage.

Hat dann der erforderte Glaube auch gewisse
Kennzeichen, woran der seligmachende Glaube kan erkant werden, gleich wie ein guter
Baum an Herfürbringung seiner Früchten
erkant wird?

Antwort.

Wo keine Früchten des Glaubens gezeiget
oder gesehen werden, da ist der völlige und wahre Glaube an den grossen und wahren GOtt
nicht, wodurch die versprochene Seligkeit auß
Gnaden erworben wird, dann also wird vom
Glauben bezeuget, Habac. 2. v. 4. Der Gerechte lebet seines Glaubens. Und Hebr.
10. v. 38. Der Gerechte wird seines
Glaubens leben/ wer aber weichen wird/
spricht GOtt/ an deme wird meine Seele kein Gefallen haben. Worauff die
Worte Petri gegründet sind, da er spricht 2.
Pet. 1. v. 5. bis 9. So wendet nun allen euren Fleiß daran/ und erzeiget in
eurem Glauben die Christlichen Tugen-
den/ in solchen Tugenden Bescheiden-
heit/ in der Bescheidenheit Mäßigkeit/
in der Mäßigkeit Gedult/ in der Gedult GOttes Huld/ und in der GOttes
Huld eine brüderliche Liebe/ und in der
brüderlichen Liebe/ auch eine gemeine
Liebe. Dann wo solches reichlich bey euch

ist,

ist, wird es euch nicht faul noch unfruchtbar
seyn lassen, in der Erkantnüß unsers HErrn
JEsu Christi; Welcher aber solches nicht in
Bereitschaft hat, der ist blind, und tappet mit
der Hand nach dem Wege, dann gleich wie
der Leib ohne Geist todt ist, also auch der
Glaub der ohne Werck ist, Jac. 2. v. 26.
So mit den Worten Christi übereinstimt, da
er sagt, Matth. 5. v. 16. Lasset euer
Licht leuchten vor den Menschen/ auf
daß sie eure guten Werck sehen.

23 Frage.

Ist das nicht ein vollkommener Glaube, wann
man an den grossen GOtt des Himmels
glaubet, der darinnen mit Macht und Herrlichkeit über alles was im Himmel und auf
Erden ist, herrschet, gleich wie ein Käyser
und König in seinem Reich?

Antwort.

Der grosse GOtt des Himmels und der Erden, wird uns wohl in dem Himmel zu seyn
bezeuget, gleich wie er auch im Himmel ist,
und uns in Absicht, daß wir nur allein auf
der Erden sind, also bedeutet wird. Es wird
GOtt der HErr, der das Erdreich, ob er wohl
dasselbe erschaffen, und doch nicht bedarff, darum in Unterscheidung von uns in dem Himmel zu seyn bekent, gleich wie auch im Gebeth
des HERRN Matth. 6. gelehret wird: Unser Vatter der du bist in dem Himmel.
Wir

Wir müssen aber darum nicht meynen, daß
GOtt der HErr in einem so verschlossenen Himmel, von der Erden, da wir sind, abgeschieden
seye, gleich wie ein König sich in seiner Resi-
denz, von seinen andern Städten, Ländern und
Unterthanen abgesondert, aufhaltet: Sondern
GOtt der HErr ist ein GOtt überal, wie dann
David in dem 139 Psälm, mit vielen Umständen von ihm bezeuget, und der HErr selbst
durch Esaiam spricht, der Himmel ist mein
Stuhl und die Erde ein Schämel meiner Füs-
sen, Esa. 66. v. 1. Wie der weisse König
Salomon, den grossen GOtt auch verehret, da
er den Tempel einweyhete, in deme er also sagte: Der Himmel und aller Himmeln Himmel,
mögen dich nicht einschliessen, 1. Reg. 8. v.
27. Dann ob wohl GOtt viel mal in dem
Himmel zu seyn bezeuget wird, so ist er doch
nicht fern von einem jeglichen unter uns, sagt
der Apostel Paulus, Act. 17. v. 27.

Der erste Articul von den Göttlichen
Eigenschafften.

24. Frage.

Ist dann GOtt der HErr so wohl bey uns
Menschen hier auf der Erden, als bey den
Engeln im Himmel?

Antwort.

Gewißlich ist GOtt der HErr so wohl bey

uns

nes auf Erden, als bey den Engeln im Himmel, und wir Menschen auf Erden, so wohl
in seiner Gegenwart als die Engel vor seiner
Gegenwart im Himmel, dann also spricht der
HErr durch Jeremiam 23. v. 23, 24. Bin
ich nicht ein GOtt der nahe ist, und nicht ein
GOtt der ferne seye, bin ich es nicht der Himmel und Erden erfüllet? Und durch Esaiam
57. v. 15. Also spricht der Hohe und Für-
treffentliche, der die Ewigkeit einwohnet, deß
Namen heilig ist, ich wohne in der Höhe und
ein Heiligthum, und auch bey dem der eines
zerschlagenen Hertzens, und demüthiges Geistes
ist. Solches bekennet auch der König und
Prophet David, Psalm. 139. v. 7, 8. da er
spricht: Wo soll ich hingehen vor deinem Geist,
und wo soll ich hinfliehen vor deinem Angesicht?
Fliehe ich gen Himmel so bistu da, bette ich mir
in die Hölle, siehe so bistu auch da, und so
ferner fort.

Der zweyte Articul von den Göttli-
chen Eigenschafften.

25. Frage.

Ist dann von GOtt noch mehr zu glauben
und zu bekennen, als daß er so wohl auf
Erden als im Himmel, und also überal gegenwärtig seye?

Antwort.

Es sind noch mehr unterschiedliche Eigenschafften,

schafften, von, und in GOtt, der ein GOTT
des Himmels und der Erden ist, zu glauben
und zu bekennen, als diese, daß er neulich ein
grosser HErr, ja ein HErr aller Herren, und
ein König aller Königen seye, der nicht allein
Himmel und Erde, daß Wasser und alles was
auf-und in denselbigen ist, erschaffen, sondern
ihme auch alles zugehöret, dann also wird davon bezeuget, Psalm. 24. v. 1. Die Erde
ist des HErrn, und was darinnen ist, auch
der Erdboden und was darauf wohnet. Und
weiter Psalm. 95. v. 4, 5. Dann der HErr
ist ein grosser GOtt, und ein grosser König
über alle Götter, in seiner Hand ist was die
Erde bringet, und die Höhe der Bergen ist
auch sein, sein ist das Meer, dann er hat es
gemacht, und seine Hände haben das Trocken
bereitet.

Der dritte Articul von den Göttli-
chen Eigenschafften.

26. Frage.

Haltet der seligmachende Glaube noch einige be-
sondere göttliche Eigenschafften in sich, wann
es ein vollkommener Evangelischer Glaube
seyn soll?

Antwort.

Um recht wohl und vollkommen in dem
Glauben an GOtt zu bestehen, muß unser

ʒ 2

Glaub

Glaub folgends der Heil. Schrifft, auch die
Erkantnüß der göttlichen Eigenschafften, so uns
in Heil. Schrifft von ihm bekant gemacht worden, enthalten, und in sich haben; Und daß
man so wohl glaube, daß GOtt der HErr ein
GOtt solcher Eigenschafften seye, als daß man
glaube, daß er ein GOtt sey, dieweil auß solchem Glauben, wie auch auß der Erkantnüß
der göttlichen Eigenschafften, allein der gehorsam, und die Forcht GOttes folget, in welchen Eigenschafften GOtt der HErr vortrefflich
ist, wie Jeremias davon zeuget, Cap. 10. v.
6, 7. Da er spricht: Der HErr ist niemand
gleich, du bist groß, und dein Name ist groß,
dann du kanst es mit der That beweisen, wer
solte dich nicht förchten? Du König der Heyden, dir soll man ja gehorchen. Seine grös-
se und Macht truckt David mit solchen Worten auß, Psalm. 50. v. 3, 4, 5. da er sagt:
Unser GOtt komt und schweiget nicht, ein
fressend Feuer geht vor ihm her, und um ihn
her ein groß Wetter, er rufft Himmel und
Erde, daß er sein Volck richte, versammelt mir
meine Heiligen, die den Bund mehr achten
dann Opffer. Diese Erkantnüß hat David
bewogen zu sagen, ich förchte mich vor dir,
daß mir die Haut schauret, und entsetze mich
vor deinen Rechten.

27. Frage.

Was sind das für göttliche Eigenschafften, so
uns

uns die Heilige Schrifft offenbahret, welche
man so nothwendig, mit, von, und in GOtt
glauben muß, als daß man glauben muß
daß ein GOtt seye?

Antwort.

Die göttlichen Eigenschafften so uns in heiliger Schrifft bekant, und von uns festiglich
geglaubet werden sollen, sind folgende, daß nemlich, GOtt der HErr ein einiger GOtt, der
da ewig, allmächtig, warhafftig, gerecht und
heilig, ja ein allwissender GOtt ist, worin er
so wohl von ihm selbst, als über alle Menschen
bestehet, und er zeiget Barmhertzigkeit über alle
die ihn förchten, und ihm gehorchen, als einen
gnädigen, barmhertzigen, langmüthigen und
sanfftmüthigen GOtt, der Barmhertzigkeit thut
an viel Tausenden, die ihn lieben und seine
Gebott halten, Exod. 20. v. 6. Die ersten
sieben geistlichen Eigenschafften aber die den
Frommen zur Vorsichtigkeit in ihrer Pilger-
schafft dieser Welt dienen, gereichen den Boß-
hafftigen, Ungehorsamen, und Gottlosen zum
Schrecken, Angst und Forcht, indeme sie die
gütigkeit GOttes mißbrauchen und verachten,
und häuffen also durch ihre verstockte und un-
bußfertige Hertzen auf sich selbst den Zorn GOttes, auf den Tag des Zorns, und der Offenbahrung des gerechten gerichts GOttes, in welchem vergolten wird einem jeglichen nach seinen
Wercken, Röm. 2. v. 5. Dagegen aber die
gütigkeit des HErrn allezeit über die ist, so ihn

B 3   förch-

förchten und ihn lieben, und sich mit David
trösten, daß der HErr kenne was für ein gemächt wir sind, und gedencke daran, daß
wir Staub sind, Psalm. 130. v. 14.

28. Frage.

Warum ist es so nothwendig zu glauben, daß
GOTT der HERR ein GOTT von so-
thanen göttlichen Eigenschafften seye?

Antwort.

Darum ist es so nothwendig zu glauben,
dieweil es zu mehrer Heiligung, Hochachtung,
und Verehrung seiner herrlichen göttlichen Majestät, bey und unter den Menschen dienet, und
daß es den Auffmerckenden, eine bewegende Ursach zu der Forcht GOttes ist, dann wann solche göttliche Eigenschafften im glauben nicht
verfasset wären, so solten die Menschen leichtlich wieder zu dem Heydnischen Irrthum verfallen, so allerhand unbewegliche todte Bilder
hatten, und die für ihre götter hielten, denen
zwar Händ, Füß, Augen, Ohren und Mäuler
angemacht waren, aber damit weder greiffen,
gehen, sehen, hören, noch reden konten, Psalm
115: v. 5, 6, 7. Und hielte also ein jeder
durch seine Einbildung seinen GOtt für grösser als des andern, gleich wie sie auch von
dem GOtt des Himmels, den Paulus predigte, urtheilten, Act. 19. v. 28. und man bey
der Schiffarth Jonä 1. v. 6. sehen kan, daß
ein jeder seinen GOtt angeruffen habe, unser

GOtt

GOtt aber ist ein GOtt über alles, hoch ge=
lobt in Ewigkeit, Röm. 9. v. 5.

29. Frage.

Was haben wir für Zeugnüß in Heil. Schrifft,
daß GOtt der HErr ein GOtt solcher gött=
lichen Eigenschafften seye, und worzu dienet
uns dasselbe?

Antwort.

Wir haben darum in Heil. Schrifft über=
flüßig viel Zeugnüssen, unter welchen Moses
der erste gewesen, mit deme GOtt der HErr
geredt hat von Angesicht zu Angesicht, Exod.
33. v. 11. Welcher die ersten Wort GOt=
tes in steinern Tafeln empfangen, und den
Menschen weiter übergeben, Exod. 31. v. 15.
Der auch Deut. 6. v. 5. von der Einigkeit
GOttes also zeuget: Höre Israel der HErr
unser GOtt ist ein einiger GOtt. Und aber=
mal Deut. 4. v. 34, 35. Ihr habt es alles
mit euren Augen gesehen, was der HErr eu=
er GOtt vor euch gethan hat in Egyptenland,
auf daß ihr wisset, daß der HErr allein GOtt
ist, und sonst keiner mehr. Und durch den
Prophet Esaiam zeuget GOtt von sich selb=
sten, da er sagt: Ich bin der HErr, und
sonst keiner mehr, kein GOtt ist ohne ich,
dann ich bin GOtt und keiner mehr, ein
GOtt desgleichen nirgends ist, Esa. 45. v.
5. 46, 9. Auf daß alle Völcker auf Erden
erkennen, daß ich der HErr GOtt bin, und

§ 4   keiner

keiner mehr, fagt Salomon in dem Schluß,
in feinem gethanen gebeth, daß es das ganz
Ifrael anhörete, 1. Buch der König. 8. v. 60.

30. Frage.

Worzu kan uns die Erkantnuß dienen, daß
GOtt der HErr ein einiger GOtt ift?

Antwort.

Solches kan uns in vielen Stücken dienlich
feyn, erftlich, wann wir etwan bey gelegenheit,
in fremde länder unter Heynifche Völcker kommen möchten, allwo man fremde götter, oder
Sonn, Mond, oder Sternen anbethete, und
uns darzu nöthigen wolten, daß wir alsdann
an die lehr Chrifti follen dencken, da er fagt:
Du folt anbethen GOtt deinen HErrn, und
ihm allein dienen, Matth. 4 v. 10. Gleich
wie der Engel zu Johanne fagt, bethe GOtt
an, Apoc. 2. v. 9. Dann ob wir gleich an
dem Ende der Welt, in Afia, Africa, oder
America wären, fo haben wir doch dafelbft un-
fern GOtt, der ein einiger GOtt Himmels
und der Erden ift, fo wohl als hier anzubethen,
gleich wie Daniel in der Löwengruben, die drey
Jünglinge im feurigen Ofen; Ob fie fchon in
fremden ländern unter Heydnifchen Völckern
waren, haben fie doch den GOtt des Himmels angebethet, und find erhöret worden, als
zu fehen ift bey Daniel am 3. und 6. Capitel.
wie auch Jonas in des Wahlfifchs Bauch,
Jon. 2. v. 1. Dann er ift ein GOtt der
nahe und ferne ift, Jer. 23.   31.

31. Frage.

Wie, und wo wird uns bezeugt oder bewiesen,
daß GOtt der HErr ein einiger GOtt seye?

Antwort..

Dieses wird uns zum ersten bezeugt und bewiesen in den Wercken der Schöpffung, daß
GOtt der HErr schon gewesen, ehe alle sichtbahre und unsichtbahre Ding erschaffen worden, und wann schon dasselbe alles, als nemlich
Himmel und Erde, und alles was sichtbahr ist,
vergehet, so bleibet er derselbe GOTT, wie er
zuvor auch ware, wie dann der fromme König
David von ihme durch den Geist GOttes zeuget, Psalm 90. v. 1, 2. HErr GOtt du
bist unser Zuflucht, für und für, ehe dann die
Berge waren, und die Welt geschaffen worden,
bistu GOtt von Ewigkeit zu Ewigkeit Und
abermal Psalm 102. v. 26, 27. Du hast
von Anfang die Erde gegründet, und die Himmeln sind deiner Hände Werck, sie werden vergehen, aber du bleibest, sie werden veralten wie ein
Kleid, du aber bleibest wie du bist, und deine
Jahre nehmen kein Ende. Dieses hat auch
Abraham erkant, welcher zu Bersaba Bäum
pflantzete, und den Namen des ewigen GOttes anbethete, Gen. 21. v. 33.

32. Frage.

Worzu, und worin kan, und muß uns diese
Erkanntnüß von der Ewigkeit GOttes dienen?

Antwort.   In

In vielen Stücken dienet solche den Frommen zum Trost und zur Stärckung des glaubens, insonderheit zum Trost, für sie und ihre
Kinder, daß sie GOtt dem HErrn, auch in
ihrer Lebens-Zeit, eben so wohl vor-und über
ihnen haben, gleich wie er von Anfang, bey-
und über allen frommen Altvättern, zu Erleuchtung ihres Verstands, Hülffe und Beschützung
gewesen ist, wann sie nur in seiner Forcht gewandelt, und in dem seligmachenden glauben
verharret sind, wie dann die Altvätter gethan
haben, wovon Esaias 40. v. 28, 29. zeuget,
da er sagt: Weistu es nicht, oder hastu es
nie gehöret, daß der ewige GOtt, der HErr
der alle Winckel der Erden erschaffen hat, nicht
müde noch- matt, und seine Weißheit nicht
erforschet wird, der den Müden Krafft, und
den Unvermögenden Stärcke giebt. Also haben die Frommen nicht allein über sich einen
solchen gütigen GOtt bey Leibes leben, sondern,
dem sie auch bey ihrem Absterben getrost ihre
Kinder mit gleicher Versicherung auftragen,
und anbefehlen, so sie nur GOtt förchten,
wie dann der alte Tobias mit solchem Trost
seinen Sohn anredete, Tob. 4. Und man zum
Exempel die Kinder Jonadab des Sohns Re-
hab nehmen kan, Jer. 35. Gleich wie auch
David versicherte, dann nach dem er von der
Ewigkeit GOttes geredet, sagt er, die Kinder
deiner Knechten werden bleiben, und ihr Saa-

men

men wird vor dir gedeyen, Psalm 102. v.
29. und Psalm 115: sagt er; Daß der HErr
über die Frommen allezeit ewiglich bleiben wolle, und alle die den HErrn förchten, hoffen auf
den HErrn, der auch ihr Hülff und Schild
ist, nicht allein in diesem Leben, sondern dero
Geist und Seele auch, gleich wie sie von dem
ewigen GOtt ist, also auch ewig bleiben soll,
Psalm 125. v. 1. Apoc. 22. v. 6.

33. Frage.

Woran, und wobey erkennen, und wissen wir,
daß GOtt der HErr ein allmächtiger GOtt
ist, und wir solches so festiglich können
glauben?

Antwort.

GOttes Allmacht kan man fürnemlich erkennen an den grossen unbegreiflichen Wercken
der Schöpffung, und Erhaltung aller sichtbahren Dingen, die nun schon viel hundert Jahr
im Stand ihrer Würckung gewesen, da solches
durch das Wort seiner Krafft erhalten wird,
wie der fromme König David dasselbe auch
erkennet, Psalm 33. v. 9. da er sagt: So
er spricht, so geschiehets, und so er gebeut, so
stehet es da. So sprach auch GOtt zu Abraham, ich bin der allmächtige GOtt, wandle
vor mir und sey fromm, Gen. 17. v. 1.

34. Frage.

Worzu kan uns die Erkanntnüß im Glauben
dienen, daß GOtt der HErr ein allmächtiger GOtt ist?   Ant-

Antwort.

In vielen Dingen kan es den Menschen
zum guten dienen; Wann man nemlich erkennet und glaubet, daß GOtt alles vermöge,
und macht über alles habe, zu thun und zu
vollführen, was er in seinem Wort versprochen, ja auch in allem dem, was den Frommen in dieser Zeit für Widerwärtigkeiten möchten zu Handen kommen. Und zwar dienet es
erstlich den Menschen zur Erinnerung des schul-
digen gehorsams, in Frommkeit und in gerechtigkeit zu leben, wie vor gesagt, daß GOtt
zu Abraham sprach, Gen. 17. v. 1. Wandle vor mir und sey fromm. Und Petrus,
1. Petr. 5. v. 6. So demüthiget euch nun
unter die gewaltige Hand GOttes, auf daß
er euch erhöhe zu seiner Zeit. 2. Dienet es
allen Frommen und gottsförchtigen zu einem
grossen und sichern Trost, in allen ihren Nöthen und Trübsalen, daß GOtt mächtig seye
sie zu bewahren, zu helffen, und zu erlösen,
wie also David von des HErrn Wegen spricht,
Psalm 50. v. 15. Ruffe mich an in der
Zeit der Noth, so will ich dich erretten, und
du solt mich preisen. GOtt der HErr selbst
spricht durch Esaiam 43. So du durch das
Wasser gehest, so will ich bey dir seyn, daß
dich die Ströhme nicht ersäuffen, und so du
ins Feuer gehest, soltu nicht brennen, und die
Flamme soll dich nicht anzünden. Dessen al-

les

les wir dann an den Kindern Jsraels im ro-
then Meer, an dem Propheten Jona, an den
drey Jünglingen im Feuer-Ofen, an Daniel
in der Löwengrub, Joseph in Egypten, und an
David in der Verfolgung Sauls, gnugsam
Exempel und Beweißthüme haben, welche alle
GOttes Allmacht in ihren Nöthen empfunden,
und erfahren haben, wie in dem 50. Psalm
v. 15. zu sehen ist.

35. Frage.

Nützet oder dienet dann diese Erkantnüß von
GOttes Allmacht, auch andern Menschen
die nicht fromm leben?

Antwort.

So vortreflich und heylsam es für die glaubigen und Frommen ist, so erschrecklich ist es
für die Ruchlosen, und denen die ungehorsamlich in ihren Sünden so sicher dahin leben, also daß sie darob erschrecken, zittern und beben,
wann sie GOttes Straffen und Treuungen
über solch ihr gottloses Leben hören werden,
und wie GOtt seine Macht in Außführung
seiner Straff-Urtheilen erwiesen, als solches an
Sodoma, Gomora, an Pharao und an seiner
Macht oder Heer, an Corah, Dathan und Abi-
ram, Jesabel, an Absalon, und an Jerusalem
offenbahr und klar genug ist, welches auch Manasse in seinem Buß-gebeth befindet und entdecket, da er sagt: Jedermann muß vor dir O
GOtt erschrecken, und sich förchten vor deine

M   grossen

groſſen Macht, dann unerträglich iſt dein Zorn/
den du den Sündern treueſt, Geb. Manaſſe v.
9. Wie auch GOtt der HErr ſelbſt von der
Außführung ſeiner Straffen über die gottloſen
ſpricht: Wehe den gottloſen, dann ſie ſind boßhafftig, und es wird ihnen vergolten werden,
wie ſie es verdienen, Eſa. 1. Hieher gehöret
auch zu beſehen, Apoc. 6. v. 15, 16. 17.

36. Frage.

Iſt es auch nothwendig, daß man glaube und
bekenne, daß GOtt warhafftig ſey?

Antwort.

Es iſt nothwendig zu glauben daß GOtt
warhafftig ſeye, nicht allein um der Warheit
willen, daß ein GOtt iſt, ſondern daß auch
GOTT ſelbſten die Warheit iſt, und alles was
ſeine Knechte die Propheten und Apoſteln von
ihme vorgebracht, eine feſte, verſicherte, und
unfehlbare Warheit ſeye, wie Paulus bezeuget,
GOtt iſt warhafftig, und alle Menſchen lügen-
hafftig, Röm. 3. v. 4. Wie auch Moſes
ſagt, Num. 23. v. 19. GOtt iſt nicht ein
Menſch daß er liege, noch eines Menſchen
Kind daß ihn etwas gereue, ſolte er etwas reden und nicht halten. Durch welches urtheil
der Jüngling Zorobabel den Preiß vor ſeinen
geſellen erwarb, da er ſeine Rede beſchloß, daß
die Warheit alles überwinde, da er ſagt, groß
iſt der GOtt der Warheit, hoch gelobt in E-
wigkeit, 3. Buch Eſdra: 4. v. 40.

37.

37. Frage.

Worzu foll es dann ſonderlich dienen zu glauben, daß GOtt der HERR ein warhaffter GOtt ſey?

Antwort.

Es dienet nicht allein den Frommen zu einem beſondern Troſt, ſondern auch den Sündern, wann ſie das Wort GOttes zur Bekehrung und Beſſerung ihres ſündlichen Lebens vortragen hören; Abſonderlich aber den Frommen zu einem Troſt in allen begebenden Zufällen, daß ſie ſich feſtiglich auf GOttes Wort und Zuſage verlaſſen mögen, was ihnen, ſo wohl in dieſem, als in jenem Leben zu geben verſprochen worden, derohalben ſie ihre Hoffnung und Vertrauen feſtiglich darauf ſetzen können, wie David ſpricht, Pſalm. 33. v. 4. Des HErren Wort iſt warhafftig, und was er ſagt, das hält er gewiß, dann alle GOttes Verheiſſungen ſind Ja in ihm, und ſind Amen in ihm, GOtt zu Lob, 2. Cor. 1. v. 20. Und ſeine Warheit iſt ein Schirm und Schild allen denen die auf ihn vertrauen, Pſ. 91. v. 4.

38. Frage.

Dienet es auch noch irgends anderswo zu, wann man glaubt, daß GOtt in ſeinem Wort warhafftig iſt?

Antwort.

Es iſt ſchon oben erklärt, daß ſolcher glaube den Frommen ein groſſer Troſt ſeye. Gleich

M 2

wie es nun den Frommen zum Trost dienet,
also ist es herwiederum den gottlosen, muthwilligen, und unbußfertigen Sündern eine gewisse Versicherung ihrer Straff; Wann sie in
ihrem sündhafftigen Leben fortfahren, und darinnen verharren; Dann es ist zu wissen, daß
was GOtt in seinem Wort über solche außspricht, gewißlich auch über sie kommen werde,
wie Paulus sagt: Weistu nicht daß dich GOttes güte zur Buße leitet, du aber nach deinem
verstockten und unbußfertigen Herzen sammlest
dir selbst den Zorn auf den Tag des Zorns,
und der Offenbahrung des gerechten gerichts
GOttes, welcher vergelten wird einem jeglichen
nach seinen Wercken, Röm. 2. v. 5. Darum
dienet es also den Sündern zur Forcht und
Schrecken, wie Salomon sagt, der gottlose
fleucht, und niemand jaget ihn, Prov. 28. v. 1.

39. Frage.

Woher haben wir zu glauben daß GOtt der
HERR ein heiliger GOTT sey?

Antwort.

Solches wird uns nicht allein auß seinem
Wort bekant gemacht, sondern wann wir seine
göttliche Volkommenheit und Majestät in unsern gedancken erwegen, so werden wir seine
Heiligkeit auch wohl darauß verstehen und abnehmen können; Dann dörffte Paulus von
dem, so noch menschlich ist sagen, ist die Wur-
zel heilig, so sind auch die Zweige heilig, ist

das

das Meel heilig, so ist auch der Teig heilig,
Röm. 11. v. 16. Ist nun dasjenige heilig
gewesen, so nach dem gesetz dem HErrn geopffert war, so folget, daß auch der heilig seyn
muß, dem solche Opffer geschahen, welches
GOtt war, der neben seinen Engeln heilig ist,
wie auch Christus dieselben nennet, Matth. 25.
v. 31. Wie viel mehr aber ist GOtt heilig
der sie geschaffen hat, daß also mit Recht durch
die Engel außgeruffen wird: Heilig, heilig,
heilig ist GOtt, der HErr Zebaoth, alle Land
sind seiner Ehren voll, Esa. 6. v. 3. Und
dieses spricht auch GOtt der HErr von sich
selbst durch Mosen: Ihr solt heilig seyn, dann
ich bin heilig, der HErr euer GOtt, Levit.
11. v. 45. 19, 2. 1. Petr. 1. v. 16.

40. Frage.

Worzu dienet diese Erkantnüß, wann wir glauben, daß GOtt der HERR ein heiliger
GOtt sey?

Antwort.

Dieses dienet alle frommen und wahren Christen aufzuwecken, und anzutreiben zu einem heiligen Leben und Wandel, damit sie sich erzeigen Kinder ihres himmlischen Vatters zu seyn,
und durch den glauben an JEsum Christum
zu der Kindschafft GOttes gehören, und
im gebeth ihn ihren Vatter nennen, Matth. 6.
v. 9. Weil Petrus sagt, daß diß ihr Beruff
seye; Gleich wie der so euch beruffen hat, hei-

lig iſt, alſo ſolt ihr auch heilig ſeyn in all euerem Wandel, 1. Petr. 1. v. 15. Und Paulus ſchreibet auch, Chriſtus hat euch verſöhnet
mit dem Leibe ſeines Fleiſches, durch den Tod,
auf daß er euch darſtellete heilig und unſträflich,
und ohne Tadel vor ihm ſelbſt, Col. 1. v. 22.
Gleich wie der fromme Zacharias weiſſagete;
Auf daß wir erlöſet würden auß der Hand unſerer Feinden, und GOtt dieneten ohne Forcht
unſer Lebenlang, in Heiligkeit und gerechtigkeit,
die ihm gefällig iſt Luc. 1. v. 74, 75.

41. Frage.

Worbey können wir wiſſen, daß wir glauben
ſollen, daß GOTT der HERR ein gerechter GOTT ſey?

Antwort.

Das müſſen wir ebenfalls auß ſeiner groſſen
göttlichen Majeſtät, und Vollkommenheit verſtehen, und abnehmen, ohne daß es uns auch
in ſeinem Heil. Wort bezeuget wird, däß er
gerecht ſeye in ſeinem Urtheil, über alles Thun
der Menſchen, es ſeye gut oder böß. 1. In
dieſem Leben. 2. Nach dieſem Leben am Jüngſten Tage, wie David beydes bezeuget, da er
ſagt: Der HErr iſt gerecht, und hat Gerechtigkeit lieb, und haſſet alles gottloſe Weſen,
Pſalm 11. v. 7. GOtt iſt ein gerechter Richter und ein GOtt der täglich dräuet. Will
man ſich nicht bekehren, ſo hat er ſein Schwerdt
gewetzet, und ſeinen Bogen geſpannet, ſeine

Pfeil

Pfeil hat er zugericht zum Verderben, Psalm.
7. v. 13. So spricht auch GOtt der HErr
selbsten: Ich gebe einem jeglichen nach seinem
Thun, nach den Früchten seiner Werken, Jer.
17. v. 10. Und wie GOtt der HErr in dieser Zeit über des Menschen Thun gerecht ist,
also wird er auch nach seiner gerechtigkeit am
Jüngsten Tage den Kreiß des Erdbodens richten, Act. 17. v. 31. Wie solches auch bey
Mal. 3. v. 1, 2, 3. Und bey Matth.. 25.
v. 34, 42. bezeuget wird.

42. Frage.

Worzu kan uns diese Erkantnüß dienen, daß
GOTT der HERR ein gerechter GOTT ist?

Antwort.

Es dienet zwar allen Menschen in vielen
Dingen zum Besten, wann sie nur allezeit daran gedächten, und es dafür hielten, daß GOtt
ein gerechter GOtt ist. Nun aber dienet es
erstlich den Frommen zur Fürsichtigkeit, um
in allem ihrem Thun, Handel und Wandel,
Nahrung und getrieb, Recht und gerechtigkeit
zu handhaben, und daß niemand auf einigerley
Weiß seinen Bruder unterdrucke, vervortheile
noch betriege, dann der HErr ist Rächer über
das alles, sagt Paulus, 1. Thess. 4. v. 6.
Levit. 25. v. 17. Der HErr ist gerecht, und
hat gerechtigkeit lieb, und hasset alles gottlose
Wesen, Psal 11. v. 8. Wie dann GOtt
selbst durch Zachariam spricht, Cap. 8 v. 16.

M 4   Das

Das ist aber das ihr thun solt, ein jeder rede
mit dem andern die Warheit, und richtet recht;
Dann wer nicht recht thut, der ist nicht von
GOtt, 1. Joh. 3. v. 10. Zum andern kan
es dem Frommen zu einem besonderen Trost
dienen, wann er in Recht und gerechtigkeit
seinen Beruf thut, dannoch aber in und um
seiner Frommigkeit willen gedruckt, verfolget,
unrecht gethan, gelästert und verspottet wird,
wie Joseph von seinen Brüdern 1. Mos. 39.
Susanna von den alten gottlosen Richtern
Susanna v. 42. 43. Und wie der HErr
derer Sach ausführete, dann die Unschuld wird
die Frommen leiten und führen, sagt Salomon, Prov. 11. v. 3 So können und solten auch die Frommen zur Zeit ihrer Verfolgung in GOtt getrost seyn, dieweil sie wissen,
daß GOtt ein anders wisse, und von ihnen
halte, als die Menschen selbst von den Frommen urtheilen, dann die Unschuldigen werden
sich setzen wider die Heuchler, und der Gerechte
wird seinen Weg behalten, Job 17. v. 8.
Dessen man ein Exempel an David in Sauls
Verfolgung hat, 1. Sam. 6. 23.

43. Frage.

Dienet die Erkantnüß von GOttes gerechtigkeit, auch den Sündern irgendswo zu?

Antwort.

Denen ruchlosen und muthwilligen Sündern
kan die Erwegung von GOttes gerechtigkeit

M

zur Forcht und Schrecken dienen, daß solche
dem Frommen zum Trost gereichet, wann sie
GOttes gerechte angedräuete Straffe hören,
deren GOtt gedencket, Esa. 3. v. 10. Wehe
den gottlosen, dann sie sind boßhafftig, und es
wird ihnen vergolten werden, wie sie es verdienen. Und über welche GOtt selbst das schwere Wehe-Urtheil fället, darbey wird es bleiben;
Dann GOttes Zorn vom Himmel wird geoffenbahret werden, über alles gottlose Wesen
und Unrecht der Menschen, welche die Warheit in lügen verkehren, Röm. 1. v. 18.
Wann nun solche Sünder GOttes gerechtigkeit in Abstraffung der Sünden erkennen, kan
es bey ihnen eine Reu und Leyd-Wesen über
die Sünden, und eine Besserung des Lebens
erwecken, wie man an denen sehen kan, so auf
den Pfingstag zu der Bekehrung kamen, Act.
2. Dann wann bey den Sündern erst GOttes Wort, GOttes Allwissenheit, Allmacht und
gerechtigkeit erkant wird, so ist die Reu über
ihre Sünden nicht weit, und erwecket eine in-
nerliche Reu und Forcht, wie David spricht:
Ich förchte mich vor dir, daß mir die Haut
schauret, und entsetze mich vor deinen Rechten,
Psalm 119, 120.

44. Frage.

Ist dann GOtt HErr auch ein allwissender
GOtt, dem alles, was die Menschen thun,
bekant ist?

Ant.

Antwort.

Daß GOtt der HErr ein allwiſſender GOtt
ſeye, muß auß ſeiner Allmacht folgen, ob es
uns ſchon in Heil. Schrifft nicht bekant gemacht, oder geoffenbahret worden wäre; Dann
der das Ohr gepflanzet hat, ſolte der nicht hören, und der das Aug gemachet hat, ſolte der
nicht ſehen, Pſalm. 104. v. 9. Meyneſtu
daß ſich jemand ſo heimlich verbergen köte,
daß ich ihn nicht ſehe, ſpricht der HErr, Jerem.
23. v. 24. Und Paulus bezeuget davon, da
er ſagt, es iſt keine Creatur vor ihm unſicht-
bar, es iſt aber alles bloß und entdecket vor
ſeinen Augen.

45. Frage.

Worzu kan uns dieſe Erkantnuß der Allwiſſenheit GOttes dienen, zu glauben und zu
bekennen?

Antwort.

Dieſe Erkäntnuß von der Allwiſſenheit GOttes zu haben und zu glauben, iſt ein Haupt-
Artieul Chriſtlichen Glaubens, dieweil der Menſch
dadurch zu dem gehorſam gegen GOtt, Unter-
laſſung des Böſen, und zur Beſſerung des Lebens bewogen und angetrieben wird; Dann
wann GOtt nur ein allmächtiger, gerechter,
und nicht auch ein allwiſſender GOtt wäre, ſo
wäre es damit als mit einem groſen Potenta-
ten beſchaffen, der ſeine Macht und Urtheilen
nicht ausführen köte, weilen vor ihm verborgen

gen bleiben kan, was seine Unterthanen miß-
handeln. Dieweil wir dann wissen, daß·GOtt
der HErr allwissend ist, müssen wir stets mit
David bekennen: HErr, du erforschest mich,
und erkennest mich, ich sitze nieder, oder stehe
auf, so weist du es, du verstehest meine gedancken von ferne, Psalm 139. v. 2. Und, das
ist die Allwissenheit GOttes, daß der Frommen
gebät, ob sie es schon in der Stille thun, ein
seglicher nach seinem Anliegen, dem HErrn bekant ist, und er sie erhöret, wie: David abermal sagt: Du verstehest meine gedancken von
ferne, und es ist kein Wort auf meiner Zungen, das du HErr nicht alles weissest, Psalm.
139. v. 2, 4. Und dieses war des frommen
Ezechias Trost, da er meynte, daß er sterben
solte, daß dem HErrn all sein Thun, ja auch
sein Hertz bekant sey, da er sagt: gedencke doch
HErr, wie ich vor dir gewandelt habe in der
Warheit und mit vollkommenem Hertzen, und
habe gethan, was dir wolgefällt, Esa. 38. v. 3.

46 Frage.

Dienet diese Erkänntniß der Allwissenheit GOttes auch den ruchlosen Sündern irgendswo zu?

Antwort.

So lang ein solcher ruchloser Sünder im
Unglauben dahin lebt, und mit allen Gottlosen
in seinem Hertzen spricht: es ist kein GOtt,
und in allem seinem Tuhn GOtt für nichts
hält, Psalm 10. v. 4. So ist ihm solche Er-

känntnüß

käntnuß kein nuß, so er aber im Unglauben
noch nicht gar verfallen, sein Thun auch heimlich zu halten vermeynt, und alsdann an die
Allwissenheit GOttes zu gedencken komt, kan
es ihm dann zu einem Anfang dienen, von seinem bösen und sündlichen Leben auf zu hören,
und ab zu lassen, sonsten er sich für GOttes
träuender Strafe zu förchten und zu erschrecken
hat, wie Esa. 29. v. 15. sagt: Wehe denen,
die verborgen seyn wollen vor dem HErrn, ihr
Vornehmen zu verhehlen, und ihr Thun im
Finstern zu halten, und sprechen; Wer siehet
uns, und wer kennet uns? Und David bekennet das auch vor dem HErrn, wann er sagt:
nehme ich mir dann für, die Finsternuß wird
mich vielleicht bedecken, so wird meine Nacht
zum Tag, siehe so ist die Finsternuß nicht so
finster, daß du nicht dadurch sehest, ja auch die
Nacht leuchtet wie der Tag, Finsternuß und Licht
sind gleich vor dir, Psalm 139. v. 11, 12.

47. Frage.

Sind auch einige göttliche Eigenschafften bey
GOtt dem HErrn die absonderlich statt haben, über diejenigen so ihn förchten?

Antwort.

Freylich ja. Gleich wie wir schon vorhin
gesagt haben, und an vielen Orten in der Heil.
Schrifft bezeuget wird, daß GOtt der HERR
auch ein gnädiger, barmhertziger, langmüthiger,
sanfftmüthiger GOtt seye, über alle frommen
und

und gottsförchtigen Menschen, die ihn ehren
ihm dienen, und lieb haben, gleich wie man
solches in Heil. Schrifft hin und wieder sehen
und lesen kan, daß er Barmhertzigkeit thue an
vielen Tausenden, die ihn lieben und seine Ge=
bott halten, Exod. 20. v. 6. Wie auch Mo=
ses von dem HErrn außrufft, da er vor ihm
fürüber gieng, mit diesen Worten: HErr,
HErr GOtt, barmhertzig, gnädig und gedult=
müthig, von grosser Gnad und Treu, der da
beweiset Gnad in tausend Glied, vergiebst die
Missethat, Ubertrettung und Sünden, vor de=
me doch niemand unschuldig ist, Exod. 34. v.
6, 7. Dieses bezeuget auch David, da er
sagt: Barmhertzig und gnädig ist der HErr,
gedultig und von grosser Güte, er wird nicht
immer hadern, noch ewiglich zörnen, er handelt
nicht mit uns nach unsern Sünden, und ver=
gilt uns nicht nach unserer Missethat, dann so
hoch der Himmel über der Erden ist, also lässet
er seine gnade walten über die so ihn förchten,
so weit der Morgen vom Abend, so lässet er
unsere Ubertrettung von uns seyn, wie sich ein
Vatter über seine Kinder erbarmet, so erbar=
met sich der HErr über die so ihn förchten,
Psalm 103. v. 10, 13

48. Frage.

Mögen dann die Frommen auch noch auf GOt=
tes gnade sündigen, dieweil sie wissen, daß
sie einen so gnädigen GOtt über ihnen haben?

N   Ant=

Antwort.

Nein. Dieweil sie auf solche Weise GOttes gnade mißbraucheten, und auf Muthwillen ziehen thäten, wie Juda sagt v. 4. Und Paulus solches von der grosen gnade GOttes bestätiget; Was wollen wir hierzu sagen, sollen wir dann in der Sünde beharren, auf daß die gnade überhand nehme, das sey ferne, wie solten wir in der Sünde wollen leben, deren wir abgestorben sind, Röm. 6. 1, 2.

49. Frage.

Wie müssen wir dann die gnade, barmhertzigkeit und güte verstehen, daß sie den Frommen und gottsfürchtigen zu nütze kommen?

Antwort.

Für den Frommen und gottsfürchtigen ist die gnade und barmhertzigkeit GOttes das Hauptwerck, darein sie ihren Trost in ihrer Pilgrimschafft und geistlichen Streit setzen können und mögen, dann dadurch werden sie unterstützet, wann sie in ihrem guten Fürnehmen etwa irren und strauchlen, ohne welches sie sonsten verzagen und verzweifflen müsten, wann sie betrachten das grose Begehren, so GOtt an sie und alle Menschen gethan hat, nemlich seyd heilig, dann ich bin heilig, der HErr euer GOtt, Levit. 11. v. 44. Seyd vollkommen, gleichwie euer Vater im Himmel auch vollkommen ist, Matth. 5. v. 48.

50. Frage.

Worauff

Worauff beruhet der Frommen Trost, zu und in der Barmhertzigkeit und gnade GOttes?

Antwort.

Auf der unaußsprechlichen und unergründlichen Liebe, damit er uns, ja die gantze Welt geliebet hat, Joh. 3. v. 16. Und dieweil GOtt reich ist von Barmhertzigkeit, durch seine grosse Liebe, damit er uns geliebet hat, Ephes. 2. v. 4. Die Frommen aber so ihr Unvollkommenheit spüren, seufftzen zu ihrem GOtt, dann er kennet und weiß was für ein gemächt wir sind, und gedencket daran daß wir Staub sind, Psalm 103. v. 14. Insonderheit trösten sie sich mit dem Wort Petri, daß der HErr langmüthig über uns seye, und will nicht daß jemand verlohren werde, sondern daß sich Jedermann zur Buß bekehre, 2. Petr. 3. v. 9. Und dieses erwecket dann in den Frommen die Hoffnung zu GOttes Erbarmung in ihren Schmertzen über ihre Misethat, daß sie seufftzen und sagen, ich hoffe darauf daß du so gnädig bist, und mein Hertz freuet sich daß du so gern hilffest, Psalm 13. v. 6. Und David spricht darum in seinem Hertzen, hertzlich lieb hab ich dich O HErr, meine Stärcke, HErr mein Felß, mein Burg, mein Erretter, mein GOtt, mein Hort, auf den ich traue, Psalm. 18. v. 2. Uber dieses beruhe des HErrn Zusage und Versicherung durch Esaiam gethan, daß er den Müden Krafft gebe, und

Stärcke

Stärcke genug den Unvermögenden, und daß
die so auf den HErrn trauen, neue Krafft erlangen, Esa. 40. 29, 31.

51. Frage.

Dienet dann dieser glaube, und Erkantnuß von
der gnade, Sanfftmuth, Langmuth, und
Barmhertzigkeit GOttes nicht weiter als allen vor die, so den HErrn in gehorsam zu
dienen und zu förchten suchen?

Antwort.

Nicht allein für diese, sondern auch für diejenige Menschen, welche mit dem verlohrnen
Sohn ihren elendigen und gefährlichen Stand,
darin sie vor GOtt der Seelen nach, stehen,
erkennen, wie sie nemlich Gottes gnade und
güte mißbraucht und zu Muthwillen gezogen
haben, Luc. 15. v. 17, 18. Ep. Jud. v. 4.
Und also den Last der Sünden fühlen und empfinden, auch mit David seufzen und sprechen;
Meine Sünden gehen über mein Haupt, wie
ein schwere Last sind sie mir zu schwer worden,
meine Wunden stincken und eytern von wegen
meiner Thorheit, Psalm 38. v. 5, 6. Ja
auch mit einem geängstigten und zerschlagenen
Hertzen zu GOtt tretten, und sprechen; GOtt
sey mir gnädig nach deiner grossen güte, und
tilge auß meine Sünde nach deiner grossen
Barmhertzigkeit, wasche mich wohl von meiner
Missethat, und reinige mich von meiner Sünde, dann ich erkenne mein Missethat, und mei-

ne

ne Sünde ist immer vor mir, an dir allein
hab ich gesündiget, und übel vor dir gethan,
Psalm 51. v. 3, 6. Laß mich nicht in meinen Sünden verderben, sondern vergib mir sie
O HErr, Gebeth Manasse v. 12. Die sich
also zu GOtt nahen, zu denen nahet sich der
HErr Jac. 4. v. 8. Insonderheit wann sie
dem Rath Gottes folgen, so er durch Esaiam
gegeben, da er sagt, Esa. 1. v. 16, 17. Wa-
schet euch, reiniget euch, thut euer böses Wesen vor meinen Augen hinweg, lasset ab von
dem Bösen, lernet gutes thun. Alsdann komt
derjenige ihnen entgegen, der von GOtt dem
Vatter gesandt ist, die Sünder zur Busse zu
bekehren, und stehet mit außgestreckten offenen
Armen da, ruffet und saget, komt her zu mir,
alle die ihr mühselig und beladen seyd, ich will
euch erquicken, Matth. 11. v. 28. Wann
dann der Sünder mit solchem Leydwesen, wie
auch zerschlagenem und zerknirschtem gemüth
zu seinem GOtt tritt, in Besserung seines Lebens, so ist es die rechte göttliche Traurigkeit,
die da würcket zur Seligkeit eine Reue die niemand gereuet, demselben stehet alsdann die gna-
den-thür offen, wie an dem verlohrnen Sohn
nach allen Umständen zu sehen, Luc. 15. Und
dessen Sünden sollen nicht mehr gedacht werden, Jer. 31. v. 34. Ezech. 33. v. 16.

52. Frage.

Ist dann GOTT der HERR nicht auch

barm-

barmhertzig über den unbußfertigen Sünder?
Antwort.

So lang die Menschen in ihrem ruchlosen,
fleischlichen bösen Leben und Wesen, ohne alle
Forcht Gottes fortfahren, und verharren, so
haben sich dieselben, der Sanfftmuth, gnade
und Barmhertzigkeit Gottes nichts zu getrösten,
dann die gottlosen haben kein Friede, spricht
GOTT durch Esaiam 48. v. 22. 57, 21.
Sondern der Zorn Gottes vom Himmel wird
offenbahret über alles gottloses Wesen und Unrecht der Menschen, die die Warheit in Ungerechtigkeit auffhalten, oder in Lügen verkehren,
Röm. 1. v. 18. Und dieses Urtheil stehet
über die gottlosen fest. Wehe den gottlosen,
dann sie sind boßhafftig, und es wird ihnen
vergolten werden wie sie es verdienen, Esa. 3. v. 2.

53. Frage.
Werden dann solche Menschen gottloß genennet, dieweil GOtt nicht mit ihnen, und sie
nichts mit GOtt zu thun haben, und also loß von GOTT sind?

Antwort.
Sie werden darum nicht gottloß genennt,
um daß sie von GOtt loß sind, oder GOtt
nichts mit ihnen zu thun hat, sondern darum,
daß sie wider den Rath und Willen Gottes,
das Joch des HErrn von sich werffen, und sich
daran nicht verbinden wollen, wie man Jerem.
2. v. 17. lesen kan, sondern ihrem Eigenen

wider

wider Gottes Willen, folgen, und mit allerley
listigen Practicken ihre Sachen ohne alle Forcht
Gottes fortsetzen wie in dem 10. Pfalmen zu
sehen, allwo David sagt: Der gottlose ist so
stolz und zornig, daß er nach niemand fraget,
in allen seinen Tücken hält er GOtt für nichts,
Psalm. 10. v. 4. Der gottlose rühmet sich
seines Muthwillens, v. 3. Die gottlosen sind
wie ein ungestüm Meer, das nicht still seyn
kan, dessen Wellen Koth und Unflath außwerf-
fen, Esa. 57. v. 20. Darum spricht David
recht von ihnen, es ist von grund meines Hertzens von der gottlosen Wesen gesprochen, daß
keine Gottes-forcht bey ihnen ist, Psalm 36.
v. 2. Dann sie wenden sich selbst von GOtt
und seinen gebotten ab, als wann gar kein
GOtt wär.

54. Frage.

Ist dann für solche Menschen keine Hoffnung
zur Seligkeit mehr, müssen sie dann darum
von Gottes Angesicht verstossen bleiben?

Antwort.

So lang sie in ihrer gottlosigkeit, und Boßheit verharren, und Gottes Rath wider sich
selbst verachten, kan für solche Menschen keine
Hoffnung zur Seligkeit seyn, dann ob sie gleich
Gottes gerechtigkeit wissen, daß die so solches
thun, des Tods würdig sind, thun sie es nicht
allein, sondern haben auch gefallen an denen
die solches thun, und sind solche Menschen,

an

an welchen GOtt einen greuel hat, sie gehorchen der gerechtigkeit Gottes nicht, und sind zu
allen guten Wercken untüchtig, ungehorsam,
Tit. 1. v. 16. Darum sagt die Schrifft zu
ihnen, nach deinem verstockten und unbußfertigen Hertzen, häuffest du dir selbst den Zorn,
auf den Tag des Zorns, und der offenbahrung
des gerechten gerichts Gottes, welcher geben
wird einem jeglichen nach seinen Wercken,
Röm. 2. v. 5. 6. Dann wie der Baum fält,
so wird er liegen, Pred. Sal. 11. v. 3.

55. Frage.

Wann wir dann in dem glauben zu der Erkantnuß aller dieser göttlichen Eigenschafften
kommen sind, müssen wir dann nicht auch
wissen, daß man GOtt in der Beschaffenheit seiner göttlichen Majestät erkennen muß?

Antwort.

GOtt der HErr hat uns, um ihn desto mehr
zu ehren, zu lieben, zu förchten, zu dienen, nebenst der offenbahrung seines wohlgefälligen
Willens, auch [wie bereits gesagt und erwiesen
worden] seine göttliche Eigenschafft geoffenbahret, um ihn darin zu erkennen, wie er über
uns Menschen stehe, nicht aber, wie er für sich
selbsten in seinem göttlichen Wesen bestehe,
dann dieweil uns solches zu der Beförderung
unserer Seligkeit nicht dienen kan, so hat es
ihm auch nicht gefallen, uns etwas davon zu
offenbahren, auf daß wir nicht etwan durch für-

witzige

witziges Nachforschen und Suchen, seine eigentliche Beschaffenheit zu erkennen und zu wissen;
sündigen möchten; Und weil wir sein geschöpff
sind, wie wollen wir unsern Schöpffer begreiffen? Dann wann eines Menschen Werck seines Meisters Beschaffenheit nicht kan erkennen,
wie solten wir dann die Beschaffenheit dieses
grossen Schöpffers verstehen und erkennen mögen, sintemal der Himmel so viel höher ist dann
die Erde, also sind auch seine Wege so viel höher, als unsere Wege, und seine gedancken so
viel höher als unsere gedancken, Esa. 55. v. 9.
Dahero dann, als Moses einesmals Gottes
Herrlichkeit zu sehen verlangte, bekame er zur
Antwort, mein Angesicht kanst du nicht sehen,
dann kein Mensch wird leben, der mich siehet,
Exod. 33. v. 20. verstehe in seiner göttlichen
Beschaffenheit, dann ob wohl in Heil. Schrifft
von Gottes Angesicht gedacht oder geredt wird,
so müssen wir uns solches nicht also natürlich einbilden, und von GOtt auf Menschliche Weise
verstehen, sondern es vielmehr in einem geistlichen Sinn und Verstand von Gottes Würckung, gegen und in uns, ansehen, welches also gesagt wird, um unserer Schwachheit einiger massen zu Hülffe zu kommen, und also die
Würckung unsers Gottes fürzubilden, und an-
zuzeigen, nicht aber die eigentliche Beschaffenheit, sintemal gantz kein Bildnüß darauß erson-
nen werden kan, als zu sehen ist, Esa. 40. v.

18.

18. 25. Wem wollet ihr dann GOtt nachbilden, oder wem wolt ihr ihn vergleichen, oder
was gleichnüß wollet ihr ihm auffrichten? Oder
wem wolt ihr mich nachbilden dem ich gleich
seye, spricht der Heilige. So ist und bleibt diesem nach GOtt der HErr vor uns Menschen,
in der Beschaffenheit des göttlichen Wesens,
ein unbegreiflicher GOtt, und ob wir wohl Gottes Würckung oft in vielen Dingen sehen, so
ist es doch für uns gar unbegreiflich, wie er regiere, Psalm 147. v. 5. Und müssen wohl
mit Paulo sagen: O welch eine Tieffe des
Reichthums, beyde der Weißheit und Erkantnüß Gottes, wie gar unbegreiflich sind seine gerichte, und unerforschlich seine Wege, Röm.
11. v. 33. Sind uns nun Gottes gerichte
und Wege unbegreiflich, wie viel mehr sein
göttliches Wesen selbst.

Der vierdte Articul von der Einig-
keit GOttes.
56. Frage.

Es ist nun so viel von GOtt geredt, ja auch
wie daß er ein einiger GOtt seye, woher,
und warum wird dann von so vielen, ja
auch an so vielen Orten geredt und gesagt,
GOtt der Vatter, GOtt der Sohn, und
GOtt der Heilige Geist, ist dann nach solcher Außsprechung, der Sohn ein GOtt und
der Heil. Geist ein GOtt, gleich wie der
Vatter

Vatter ein GOtt ist? Warum haben dann
die Juden so groß Unrecht, wann sie sagen,
daß die Christen drey götter anbethen, und
bekennen, da sonst bezeuget wird, daß nur
ein GOTT seye?

Antwort.

Wir haben gesagt und auch bekennt, daß
nicht nur GOtt der HErr, sondern auch seine
Urtheile, über und in uns Menschen unbegreiflich sind, darum kan auch so menschlich von
dem göttlichen Wesen des Vatters, des Sohns
Gottes, und des Heil. Geistes, oder Gottes
Geist, wie die für sich selbst bestehen, von keinem Menschen begriffen, noch mit Worten
außgesprochen werden, dann ob wohl von einigen Menschen will gesagt werden, daß in der
gottheit drey selbstständige Personen oder Wesen
seyen, und daher ferner sagen, GOtt der Vatter, GOtt der Sohn, GOtt der Heil. Geist,
so finden wir doch solche Redens-Art in Heil.
Schrifft nicht, wohl aber, daß auch der Sohn
und der Heil. Geist in dem göttlichen Wesen
vereinigt gehalten werden, und ihnen die gottheit zugleich zugeeignet wird, wie Christus eigene Wort davon lauten oder melden, Joh. 14.
v. 9. Wer mich siehet, der siehet den Vatter,
und Joh. 10. v. 30. Ich und der Vatter
sind eins.

57. Frage.

So aber GOtt der HErr sich selbst zu Mose
kennet,

nenner, den GOtt Abrahams, den GOtt
Isaacs, und den GOtt Jacobs, und daß
solches sein Name sein solt ewiglich, Exod.
3. v. 15. Geschehen dann hiemit nicht drey
Benamungen?

Antwort.

GOtt der HErr bekennet sich zwar wohl in
dieser Benennung der drey Personen ihr GOtt
gewesen zu seyn, aber nicht daß er von seiner
Seiten in drey Personen bestünde, sondern daß
er Israels GOtt seye, und darzu derselbe GOtt,
so auch ihrer Vätter, als nemlich, Abrahams,
Isaacs, und Jacobs GOtt gewesen ist, welcher
Moses zu ihnen gesandt, und nun weiter auch
ihr GOtt seye, dieser GOtt aber, ist nicht allein ein GOtt Abrahams, Isaacs und Jacobs,
sondern auch aller Welt GOtt, Esa. 54. v. 5.
Nicht allein der Juden, sondern auch der Heyden GOtt, Röm. 3. v. 29.

58. Frage.

Wie müssen dann diese drey Namen verstanden werden die man lieset, Matth. 28. v.
19 tauffet sie in dem Namen des Vatters,
des Sohns, und des Heil. Geistes?

Antwort.

Hieraus muß nicht verstanden werden, daß
drey Wesen drey Personen, viel weniger drey
Götter im Himmel sind, sondern diese Namen
werden also mit Unterscheid, in Betrachtung
des Wercks der Erlösung, und Seligmachung

des

des menschlichen geschlechts, außgesprochen, als
der Vatter der Ursprung, der Sohn das Mittel der Erlösung, der Heil. Geist die Heiligung,
und Befestigung zur Seeligkeit, welches uns
alles aus der Vollkommenheit des grossen Gottes, Schöpffer Himmels und der Erden, also
fürkommt, wie Paulus sagt, GOtt ist es, der
uns samt euch in Christo JEsu befestiget, und
uns gesalbet, und versigelt, und uns das Pfand
den Geist gegeben hat, 1. Cor. 1. v. 22.
Dann ob wohl bey den Menschen unterschiedliche Personen sind, daß man sagt, Vatter, Mutter, Sohn, so müssen wir doch so auf menschliche Weise von GOtt nicht reden oder urtheilen, dann wir haben erwiesen daß er ein
unbegreifflich Gott seye, sondern viel mehr,
mit und unter solchen Benamungen ein einigen GOtt verstehen, wie davon Johannes zeuget, 1. Joh. 5. v. 8. Drey sind die da zeugen im Himmel, der Vatter, das Wort, und
der Heil. Geist, und die drey sind eins. Von
welcher Einigkeit wir Joh. 1. v. 1. sehen können, da er sagt: Im Anfang war das Wort,
und das Wort war bey GOtt, und GOtt war
das Wort. Gleich wie auch alsobald in der
Schöpffung von GOtt, dem Wort, und dem
Geist Gottes gelesen wird, daß der Geist Gottes auf dem Wasser schwebete, Gen. 1. v. 26.
Worauf dann David auch gesehen, da er spricht:
Der Himmel ist durch das Wort des HErrn

D   gemacht,

gemacht, und all sein Heer durch den Geist seines Mundes, Psalm 33. v. 6.

59. Frage.

Wie kan es seyn, daß diese drey, nemlich GOtt der Vatter, GOtt der Sohn, und GOtt der Heil. Geist ein GOtt ist, so doch so klärlich bey Matth. 3. v. 16, 17. geschrieben stehet, daß, da JEsus von Johanne getaufft wurde, der Geist Gottes vom Himmel, in der gestalt einer Tauben, herab über den Sohn kame, den Johannes gesehen, und eine Stimme vom Himmel sprach, diß ist mein lieber Sohn, an welchem ich ein Wohlgefallen habe, allwo dann der Sohn getaufft, der Heil. Geist gesehen, und des Vatters Stimme vom Himmel gehöret worden, ist dann auß solchem nicht zu schliessen oder zu halten, daß drey Götter im Himmel sind?

Antwort.

So man dieses nach menschlicher Weise ansehen und betrachten wolte, würde man drey Wesen oder Personen beschliessen, und urtheilen, aber dieses grosse göttliche Werck, so GOtt durch seine grosse Liebe, und göttliche Krafft, und nach seinem Versprechen, übernatürlich vollführet hat, kan und muß von uns nicht nach dem natürlichen geurtheilt, verstanden oder betrachtet werden, sondern vielmehr für ein unbegreiflich Werck angesehen, geglaubt, und mit

einer

einer hohen Verwunderung, an GOtt und seiner grossen allmächtigen, und unbegreiflichen
Weißheit betrachtet werden, allein die Person
JEsu Christi war damals in seiner Menschheit,
im Fleisch zu sehen und zu fühlen, dannoch wie
Paulus sagt, GOtt war in Christo, und versöhnet die Welt mit ihm selbst, 2. Cor. 5. v.
19. Müssen also mit Paulo ferner bekennen,
daß dieses gottselige geheimniß groß seye, dieweil GOtt im Fleisch geoffenbahret ist, 1. Tim.
5. v. 16. Bleibt also der menschlichen Vernunfft unbegreiflich, gleich wie ein Vatter, der
einen Sohn hat, nicht der Sohn ist, sondern
der Vatter, also ist auch der Sohn nicht der
Vatter, sondern der Sohn des Vatters, und
dieweil der Heil. Geist ein Geist Gottes und
Christi ist, so ist er weder der Vatter noch der
Sohn, sondern der Heil. Geist, dieweil wir
aber nur natürliche Menschen sind, dieses aber
übernatürlich, und ein göttlich Werck ist, so
müssen wir es auch als ein göttlich geheimniß ansehen, und im glauben annehmen, das
übrige aber, sollen wir, ein jedes in seiner Beschaffenheit, das uns unbegreiflich ist, nicht begehren zu erforschen, wie wir vorhin auß Röm.
11. v. 33. gesagt haben, O welch ein Tieffe
des Reichthums, der Weißheit und Erkantnuß
Gottes, wie gar unbegreiflich sind seine gerichte, und unerforschlich seine Wege.

60. Frage.

Haben

Haben dann die Juden im Alten Testament
davon kein Zeugnuß und Beweiß, dieweil
es ihnen so frembd fürkomt, daß die Christen im göttlichen Wesen bekennen Vatter,
Sohn und Heil. Geist, wodurch dieselbigen
sich von dem Christenthum desto abwendi-
ger machen?

Antwort.

Es scheinet daß so lange sie so fest an Mose
hangen, und die Decke ihnen auch noch vor
ihren Herzen und Augen hangen bleibet, daß
sie dieses nicht sehen noch verstehen können,
sonst gebühret es ihnen nicht so frembd zu seyn,
vielweniger so lästerlich davon zu reden, dieweil
so viel mal in dem Alten Testament, von dem
Heiligen Geist, von des HErrn Geist, von dem
Geist Gottes ist geredt worden, wie in dem
Anfang der Schöpffung zu sehen, wie geschrieben stehet, der Geist Gottes schwebet auf dem
Wasser, Gen. 1. v. 2, 3 Und David sagt,
der Geist des HErrn hat durch mich geredt,
und seine Rede ist durch meine Zunge geschehen, 2. Sam. 23. v. 2. Und deinen Heil.
Geist nimm nicht von mir, bittet David, Psal.
51. v. 13. Und wie Esaias über Israel klaget, sie erbitterten und entrüsteten seinen Heil.
Geist, wo ist der, der seinen Heil. Geist unter
sie gab, Esa. 64. v. 10. 11. In gleichem
Joel 2. v. 28. Esa. 44. v. 3, 4. Ich will
meinen Geist ausgiessen über alles Fleisch.

61.

61. Frage.

Lieset man in dem Alten Testament auch nichts
von dem Sohn Gottes, dieweil es den Juden so fremd ist, daß wir Christen, Christum für den Sohn Gottes ehren, welchen
sie für den Messiam nicht annehmen wollen?

Antwort.

Darum daß sie noch einen natürlichen Messias, wie Moses und Elias gewesen, auch noch
ein Irrdisch Königreich, wie Davids und Sa-
lamons gewesen, erwarten, bleiben sie noch im
Unglauben an den Sohn Gottes JEsum Christum, sonsten finden sie von dem Sohn Gottes
im Alten Testament genugsam Zeugniß, als
da sind die Sprüche des weissen Salomons;
Wer fähret hinauf gen Himmel und wieder
herab? Wer fasset den Wind in seine Hände?
Wer bindet die Wasser in ein Kleid? Wer
hat alle Ende der Welt gestellet? Wie heisset
er, und wie heisset sein Sohn, weistu das?
Prov. 30. v. 4. Von diesem Sohn zeuget
David in der Person Gottes; Du bist mein
Sohn, heut hab ich dich gezeuget, heische von
mir so will ich dir die Heyden zum Erbe geben,
und der Welt Ende zum Eigenthum, Psalm.
11. v. 7, 8. Item, küsset den Sohn daß er
nicht zörne, und ihr umkommet auf dem Wege, dann sein Zorn wird bald anbrennen, aber
wohl allen denen die auf ihn trauen, v. 12.
Von der Einigkeit mit dem Vatter weissaget

D 3   der

der Prophet: Ein Kind ist uns gebohren, ein
Sohn ist uns gegeben, deſſen Herrſchafft iſt
auf ſeiner Schulter, und er heißt Wunderbahr,
Rath, Krafft, Held, ewiger Vatter, Friede-
Fürſt, Eſa. 9. v. 6.

Fünffter Articul von der Menſch-
werdung Chriſti.

62. Frage.

Den Sohn Gottes den HErrn JEſum Chriſtum betreffend iſt derſelbe vor ſeiner geburth,
von Maria, ſchon ein Sohn Gottes, bey-
und mit dem Vatter geweſen?

Antwort.

Freylich iſt er vor der geburth von Maria
ſchon bey-und mit dem Vatter geweſen, wie wir
ſolches jetzt auß Eſa. 9. v. 5. erwieſen haben,
als der zuvor verſehen iſt, ehe der Welt grund
geleget war, 1. Petr. 1. v. 20. nicht allein
vor erſehen, ſondern von Ewigkeit geweſen, wie
Mich. 5. v. 1. bezeuget, deſſen Außgang von
Anfang, und von Ewigkeit her geweſen iſt.
Dahero ſpricht Chriſtus ſelbſt, Johan. 17. v.
5. Vatter verkläre mich mit der Klarheit die
ich bey dir hatte, ehe die Welt war. Paulus
aber ſchreibet von dem Sohne ſo viel umſtänd-
licher, da er ſagt, welcher iſt das Ebenbild des
unſichtbahren Gottes, der erſtgebohrne vor allen
Creaturen, dann durch ihn iſt alles geſchaffen
was im Himmel und auf Erden iſt, das Sicht-

bahre

bahre und Unſichtbahre, beyde die Thronen und
Herrſchafften, und Fürſtenthümen, und Ober=
keiten; Es iſt alles durch ihn und in ihm er=
ſchaffen, Col. 1. v. 15, 16. Worauß ſeine
Ewigkeit genugſam erkläret iſt.

63. Frage.

Wann dann dieſes von dem Sohn Gottes ſo
gewiß und warhafftig iſt, wie dann der Vat=
ter von ihme bezeuget, diß iſt mein lieber
Sohn, warum nennet ſich dann Chriſtus
ſelbſt ſo offt des Menſchen Sohn?

Antwort.

Dieſes iſt eine Sach von groſſer geheim=
nüß, die alle menſchliche Vernunfft übertrifft,
und nicht wohl mag begriffen werden, wie ſol=
ches werden könne, und auch geſchehen iſt, daß
der groſſe GOtt ſeinen einigen Sohn, den er
von Ewigkeit gezeuget, einen wahren Menſchen
von einer Jungfrauen hat laſſen gebohren wer=
den, und dannoch Gottes Sohn geblieben iſt,
welches Paulus ein gottſeliges geheimnüß ge=
nennet, 1. Tim. 3. v. 16.

64. Frage.

Iſt dann der Sohn Gottes durch ſeine An=
kunfft in dieſe Welt das worden, was er
vorhin nicht geweſen?

Antwort.

Es hat GOtt alſo beliebet, das menſchliche
geſchlecht mit ihm ſelber, in=und durch ſeinen
Sohn wieder zu verſöhnen, und alſo die Sün=

de außzutilgen, und zu vernichten in dem Fleisch
durch die Sünde, dann er hat den der von
keiner Sünde wuste, für uns zur Sünde gemacht, auf daß wir würden in ihme die gerechtigkeit die vor GOtt gilt, 2. Cor. 5. v. 21.
Und also ist er das worden, was er vorhin
nicht gewesen war, dann das Wort ward Fleisch
und wohnet unter uns, und wir sahen seine
Herrlichkeit, eine Herrlichkeit als des eingebohrnen Sohns vom Vatter voller gnad und Warheit, Joh. 1. v. 14. Gebohren von dem Saamen Davids nach dem Fleisch, und kräfftiglich
erweiset ein Sohn Gottes nach dem Geist, der
da heiliget, Röm. 1. v. 34. Daß wir gesehen haben mit unsern Augen, daß wir beschau-
et haben, daß unsere Hände betastet haben von
dem Wort des Lebens, 1. Joh. 1. v. 1. Welcher, ob er wohl in göttlicher gestalt war, hat
er es nicht für einen Raub geachtet GOtt gleich
zu seyn, sondern eußert sich selbst, und nahme
Knechts gestalt an, war gleichwie ein andrer Mensch
und an geberden als ein Mensch erfunden,
Phil. 2. v. 6, 7. Uns in allem gleich, doch
ohne Sünde, Hebr. 4. v. 15. Und deßwegen nennet sich der Sohn Gottes auch einen
Sohn des Menschen.

Der sechste Articul vom Fall des menschlichen Geschlechts.
65. Frage.

Warum

Warum ist dann der Sohn Gottes in die
Welt kommen?

Antwort.

Weil der erste Mensch Adam, der von GOtt
und nach Gottes Ebenbilde gut und vollkommen geschaffen war, Gen. 1. v. 27. den Befehl Gottes ungehorsamlich übertretten, und also von GOtt abgewichen, so ist er in Gottes
Zorn und Verdammnüß verfallen, und zwar
nicht allein er, sondern wir alle, die von ihme
herkommen sind, Gen. 3. v. 1, 7. Und ist
also die Sünde durch einen Menschen (Adam)
in die Welt kommen, und durch die Sünde
der Tod, verstehe der ewige Tod, und der ist
also über alle Menschen kommen, auch über die
so nicht gesündiget haben, mit gleicher Ubertretung, wie Adam, Röm. 5. v. 12, 14.
Worvon niemand seinen Bruder erlösen konte,
ja auch seine eigene Seele nicht, sondern man
hätte es müssen lassen anstehen ewiglich, Psalm
49. v. 8, 9. Dann das Urtheil ist kommen
aus einer Sünde zur Verdammnüß, Röm. 5.
v. 16. Also daß wohl alle Nachkommenen
von Adam her, mit dem frommen Esra mögen
sagen; O du Adam, was hastu gethan, dann
da du so gesündiget hast, gerieth nicht allein
der Fall über dich, sondern auch über uns alle,
die wir von dir herkommen, 4. Esra 7. v. 48.

66. Frage.

Ist dann der Sohn Gottes JEsus Christus

darum

darum in die Welt kommen, daß er den
Zorn Gottes wiederum wolte stillen, hinweg
nehmen, versöhnen und befriedigen?

Antwort.

Es war also der wolgefällige Wille des grossen Gottes, nach seiner unergründlichen Liebe
und Barmherzigkeit, daß er seinen liebsten und
eingebohrnen Sohn, nach dem Fleisch in diese
Welt gesandt hat, das verfallene Menschen-ge-
schlecht wieder aufzurichten, mit demselben sich
zu befriedigen, und zu versöhnen, darum wird
er auch in der Weissagung ein Friede-Fürst genennet, Esa. 9. v. 6. Dann ob wohl das
gesetz Mosis die Verheissung hatte, daß, welcher
dasselbe hielte und thäte, darin leben solte, Levit.
18. v. 5. So war doch solches mit einem
Fluch beschlossen, also daß wer nur ein gebott
übertratte an allem schuldig war, Deut. 27.
v. 26. Dieweil dann um der Schwachheit
willen des Fleisches, keiner das gesetz vollkommen halten konte, so sind sie alle unter dem
Fluch und Zorn Gottes verfallen gewesen, Gal.
3. v. 10, 11. Was aber dem gesetz unmüglich war, sintemal es durch das Fleisch ge-
schwächt war, das thäte GOtt, und sandte seinen Sohn in der gestalt des sündlichen Fleisches, und verdammte die Sünde im Fleisch
durch Sünde, Röm. 8. v. 3. Und wie durch
eines Menschen Ungehorsam viel Sünder worden sind, also werden auch durch eines gehor-

sam

sam viel gerechte, Röm. 5. v. 19. Auf daß,
gleich wie die Sünde geherrschet hat zum Tod,
also auch herrsche die gnade, durch die gerechtigkeit zum ewigen Leben, durch JEsum Christum,
Röm. 5. v. 21. Gleichwie sie in Adam alle sterben, also werden sie in Christo alle lebendig gemacht, sagt Paulus, 1. Cor. 15. v. 22.
Dann er ist kommen und hat verkündiget im
Evangelio den Frieden, euch die ihr ferne wa-
ret, und denen die nahe waren, Ephes. 2. v.
17. Luc. 2. v. 10. Act. 10. v. 36. Also ist
Christus kommen, zu suchen und selig zu machen das da verlohren war, Luc. 19. v. 10.
Dann also hat GOtt die Welt geliebet, daß er
seinen eingebohrnen Sohn gab, auf daß alle
die an ihn glauben, nicht verlohren,
sondern das ewige Leben haben, Joh.

67. Frage.

Wird dann das Werck unserer Seligkeit und
Erlösung dem Sohn, unserm HErrn JEsu
Christo, darum allein zugeeignet, dieweil sein
Name mehrentheils gedacht, er auch deßwe-
gen unser Seligmacher genennet wird?

Antwort.

Es war also der ewige Rath Gottes, daß er
durch denselben, und zwar auf eine solche Weise das Werck der Erlösung vollbringen, und
seinen einigen Sohn zu einem Mittel der Menschen Seligkeit stellen wolte, wie aus dem zu
sehen ist, daß darum die Engel die Bottschafften

ten an Maria, und Joseph befehlen müsten,
ihme den Namen JEsus zu geben, Matth. 1.
v. 24. Luc. 1. v. 27. Darum daß er sein
Volck von ihren Sünden solte sellg machen.
Jedoch aber ist diese Sellgkeit nicht auser dem
Vatter, sondern mit dem Vatter geschehen, wie
aus 2. Cor. 5. v. 19. zu sehen, da Paulus
sagt; GOtt war in Christo, und versöhnet die
Welt mit ihm selber, und rechnet ihnen ihre
Sünden nicht zu. Dann er ist uns gemacht
von GOtt, zur Weißheit, zur gerechtigkeit, zur
Heiligung und zur Erlösung, 1. Cor. 1. v.
29. Durch unsers Gottes herzliche Barmher=
tzigkeit, durch welche uns besuchet hat der Auff=
gang auß der Höhe, Luc. 1. v. 78. Dann
GOtt der da reich ist von Barmhertzigkeit durch
seine grosse Liebe, damit er uns geliebet hat,
da wir todt waren in unsern Sünden, hat er
uns samt Christo lebendig gemacht, Ephes. 2.
v. 4, 5. besiehe Joh. 3. v. 16. und 1. Joh.
4. v. 9, 10. Und ob wohl das Werck selbst
durch den Sohn vollbracht ist, daß er darum
der Vollender genennet wird, Hebr. 12. v. 2.
So muß doch der Vatter nicht davon außge=
schlossen, sondern ihme auch die Ehr darfür ge=
geben, wie auch Lob und Danck gesagt werden.
Gleich wie uns die Englische Herrscharen bey
der geburth Christi zu solcher Ehre anweisen,
und auch selbst thaten, sagende: Ehre sey GOtt
in der Höhe, Luc 2. v. 14. Und Paulus

sagt

saget auch) Danck dem Vatter, der uns tüchtig gemacht hat zu dem Erbtheil der Heiligen
im Licht, welcher uns errettet hat von der Oberkeit und Macht des Finsternuß, und hat uns
gesetzet in das Reich seines geliebten Sohns,
durch welchen wir haben die Erlösung durch
sein Blut, nemlich die Vergebung der Sünden, Col. 1. v. 12, 14.

68. Frage.

Muß dann von uns, in dem seligmachenden
glauben, da man glaubet daß ein GOtt ist,
auch geglaubet werden, daß JEsus Christus
der Sohn Gottes, unser Heyland, Erlöser
und Seligmacher seye?

Antwort.

Das muß ohnfehlbahr auß dem seligmachenden glauben an GOtt, der ein Schöpffer Himmels und der Erden ist, folgen. Gleich wie
wir vorher, eine Einigkeit mit dem Vatter erwiesen haben, und er selbst spricht; Glaubet
ihr an GOtt, so glaubet ihr auch an mich,
Joh. 14. v. 1. Wer an den Sohn glaubet
der hat das ewige Leben, wer an den Sohn
nicht glaubt, der wird das Leben nicht sehen,
sondern der Zorn Gottes bleibet ob ihm, Joh.
3. v. 36. Dann in keinem andern ist das
Heyl, ist auch kein anderer Name den Menschen gegeben, darinnen wir sollen selig werden,
Act. 4. v. 12. Und dieses ist der grund des
Evangelii, der Anfang und das Ende desselben.

P   Dieses

Dieses ist geschrieben daß ihr glaubet, JEsus
seye Christ der Sohn Gottes, und daß ihr
durch den glauben das Leben habet in seinem
Namen, Joh. 20. v. 31. Wie dann Petrus
seine Zuhörer in seiner Predigt auch darauf
weiset, Act. 2. v. 36. Philippus die von Samaria, Act. 8. v. 12. den Kämmerling v. 34.
Petrus den Cornelium und alle die Seinigen,
Act. 10. v. 36. Ingleichem Paulus und Si-
las zu dem Kerckermeister sagten, glaube an
den HErrn JEsum, so wirstu und dein Hauß
selig Act. 16. v. 31.

69. Frage.

Ist dann der glaube an GOtt und an seinen
Sohn JEsum Christum genug zur Seligkeit?

Antwort.

Dieses ist zwar wohl das Hauptstück des
wahren glaubens zur Seligkeit, wann er recht
und wohl nach der Schrifft in den Hertzen gegründet ist, und dadurch in den gantzen Menschen würcket; Dann so man von Hertzen
glaubt so wird man gerecht, und so man mit dem
Mund bekennet, so wird man selig, Röm. 10.
v. 10. Dieweil aber hier gar mercklich gefragt
wird, ob solches zu glauben allein genug seye
zur Seligkeit, so müssen wir nochmals sagen,
daß eine mündliche Bekanntnuß, einen solchen
glauben zu haben, nicht genug zur Seligkeit
seye, sondern vielmehr ein solcher glaub, worauß und wodurch der gehorsam bewiesen wird,

willig.

williglich sich unter das Joch Christi zu begeben, und dabey auß den Früchten des glaubens
bey solchen Menschen gesehen wird, daß man
ein solchen glauben habe, der durch die liebe
thätig ist, Gal. 5. v. 6. Und daß man auch
allen Fleiß anwende, daß man in seinem glauben die Christlichen Tugenden, in solchen Tugenden aber Bescheidenheit, in der Bescheidenheit Mäßigkeit, in der Mäßigkeit gedult, und
in der gedult Gottes Huld, in Gottes Huld ein
brüderliche Liebe, und in der brüderlichen Liebe
auch ein gemeine Liebe zeige, 2. Petr. 1. v.
5, 6, 7. Wann wir nun dieses nicht bey-
und in dem glauben haben, sondern nur eine
mündliche Bekantnüß von GOtt und Christo
thun, so kan solcher Mund-glaube zur Seligkeit nichts helffen, und wer diese Ding bey ihm
(verstehe im glauben) nicht hat, der ist noch
blind, und tappet mit der Hand, 2. Petr. 1.
v. 9. Wovon auch Jacobus spricht; Du
unnützer Mensch, wilt du wissen daß der glaube ohne Werck todt seye, ist nicht Abraham
unser Vatter durch die Werck gerecht worden,
da er seinen Sohn Isaac auf dem Altar opf-
fert? Da siehestu daß der glaube mit gewürcket hat an seinen Wercken, und durch die
Werck ist der glaube vollführt worden, Jac. 2.
v. 20, 21. 22. Und gleich wie der Leib ohne Geist todt ist, also ist auch der glaube ohne
Werck todt, v. 26. Dann der glaube ist nicht

P 2   ohne

ohne Werck, neinlich, die GOtt gefällig sind,
wie solches Abraham in der That bewiesen.
Dahero Jacobus mit Petro wohl sagen mag,
so sehet ihr nun daß der Mensch durch die
Werck gerecht wird, und nicht durch den glauben allein.

Der siebende Articul von den guten Wercken.
70. Frage.

Dieweil dann die guten Werck bey dem glauben so nöthig sind, also daß der glaube ohne
die guten Werck nichts befördert, verdienet
dann der Mensch durch die guten Wercke
etwas bey GOtt zur Seligkeit?

Antwort.

Gleich wie der glaube fest und beständig seyn
muß, so man GOtt gefallen will, Hebr. 11.
v. 6. So müssen auch darbey die Christlichen Tugenden, und guten Wercke in der Liebe fest und gewiß seyn, wann man hoffen will
selig zu werden; Wie wir vorhin auß 2. Petr.
1. v. 9. erwiesen haben, und bey Matthäo
25. v. 42, 43. klärlich zu ersehen, daß die
Werck mit dem glauben zur Seligkeit würcken,
da Christus sagt; Kommet her ihr gebenedey-
ten meines Vatters, und allwo er dann einem
jeden nach seinen Wercken die Belohnung nam-
haffte machet, v. 34, 41. Und bey Johan. 5.
v. 29. spricht er; Die da Guts gethan haben,

ben, werden herfür gehen zur Aufferstehung
des Lebens; Wie auch zu finden Phil. 2. v.
12. 1. Cor. 15. v. 58. Daß aber gefraget
wird, ob die Menschen bey GOtt etwas zu th=
rer Seligkeit verdienen, so ist solches ferne, die=
weil wir also GOtt zu unserm Schuldner ma=
chen würden. Dann ob wohl an unterschied=
lichen Orten in der Heil. Schrifft auf gute
Werck die Seligkeit verheissen wird, so hat
solches sein Absehen auf solche Werck die auß
dem glauben, Liebe und gehorsam hervor ge=
bracht sind, und vorgebracht werden, nicht aber
darum eigentlich den Himmel zu verdienen;
Dann es heißt: Wann ihr alles gethan habt,
was euch zu thun befohlen ist, so sprechet, wir
sind unnütze Knechte, wir haben gethan was
wir zu thun schuldig waren, Luc. 18. v. 10.

71. Frage.

Muß und mag man dann mit Verlangen und
Trachtung nach der ewigen Seligkeit keine
Christliche Tugenden und Werck thun, so
doch Paulus Röm. 2. v. 7. denselben das
ewige Leben verheisset, die mit gedult in gu=
ten Wercken darnach trachten?

Antwort.

In der Ubung und Erweisung unsers glau=
bens muß unser Sinn und Trachtung allezeit
darnach stehen, und auf das ewige Leben ge=
richtet und gesetzt seyn, gleich wie der Zeiger
auf dem Compaß allezeit auf Mitternach zeiget,

wis

wie Christus spricht? Ringet darnach daß ihr
durch die enge Pforte eingehet, Luc. 13. v. 24.
Und das von dem Anfang biß an das Ende
des glaubens und Lebens; Welches dann Paulus auch klärlich anzeiget, da er spricht: Wisset ihr nicht, daß alle die in den Schrancken, oder
nach dem Ziel lauffen, die lauffen alle, aber einer
erlanget das Kleinod, so lauffet nun also daß ihr es
ergreiffet, 1. Cor. 9. v. 24. und 15, 58.
Dieses ist nun das Kleinod so uns fürgehalten
wird, nemlich die himmlische Beruffung Gottes von Oben herab, in Christo JEsu, Phil.
3. v. 14. So sagt auch Paulus, Preiß Ehr,
und ein unvergängliches Wesen, allen denen
die mit gedult in guten Wercken trachten nach
dem ewigen Leben. Also ist dieses das Erste
und Letzte, und die Lehr und Predigt des Evangelii, schaffet daß ihr selig werdet mit Forcht
und Zittern, Phil. 2. v. 12. Und gemäß
den Worten Christi, wer beharret biß ans Ende, der wird selig werden, Matth. 10. v. 22.
So bezeuget auch Paulus, daß dieses in seinem gantzen Lebens-Lauff sein Absehen gewesen,
dieweil er sagt, hinfür ist mir beygelegt die Cron
der gerechtigkeit, die mir der gerechte Richter
an jenem Tag geben wird, nicht aber mir allein, sondern auch allen denen die seine Erschei-
nung lieb haben, 2. Tim. 4. v. 8. Daß also der gottselige Wandel eines Christen, wohl
mit Trachtung nach dem ewigen Leben seyn

mag,

mag, ja auch gethan, und geschehen muß, 2.
Petr. 1. v. 11. Dann wir sind sein, nemlich Gottes Werck, geschaffen in JEsu Christo
zu guten Wercken, zu welchen uns GOtt zuvor bereitet hat daß wir darinnen wandeln sollen, Ephe. 2. v. 9. Worzu die Worte Christi sich auch fügen, da er spricht, meine schaafe
hören meine Stimme, und ich gebe ihnen das
ewige Leben, Joh. 10. v. 27, 28.

Der achte Articul vom neuen Bund oder Testament.

72. Frage.

Müssen dann alle glaubigen, so da hoffen selig zu werden der Stimme Christi gehorsam
seyn, als ihrem Gesetz-geber, und ihme darin
nach seiner Lehr und Fürgang folgen?

Antwort.

Solches müssen wir von gantzem Hertzen
thun, und nicht nur obenhin mit dem Munde,
wie solches auß vielen Zeugnüssen der Heil.
Schrifft, so wohl Alten als Neuen Testaments,
wie auch auß denen Verheissungen und derselben Erfüllungen klärlich zu sehen ist. Wie
dann der Prophet Moses sprach: Einen Propheten wird euch GOTT der HErr erwecken,
auß euren Brüdern, denselben sollet ihr hören,
Deut. 18. v. 15. Act. 3. v. 23. Ich habe
ihn den Menschen zum Zeugen gestellet, zum
Fürsten und gebieter den Völckern Esa. 55. v.

4.

4. Dann nach dem GOtt vor Zeiten manchmal und auf mancherley Weise zu den Vättern geredet hat durch die Propheten, so hat er
auch am letzten in diesen Tagen zu uns geredt,
durch den Sohn, Hebr. 1. v. 1. Nicht allein aber durch ihn, sondern auch von ihm,
auß dem Himmel gesprochen, dieses ist mein
lieber Sohn, an welchem ich ein Wohlgefallen habe, den solt ihr hören, Matth. 3. v.
17. 17, 5. 2. Petr. 1. v. 7.

73. Frage.

Dienet uns dann nun das Alte Testament
nicht mehr zu einer Lehr, dieweil der Sohn
Gottes unser HErr JEsus Christus kommen ist, und uns befohlen worden denselben
hinführo zu hören und ihme zu folgen?

Antwort.

Das eusserliche Wesen der Jüdischen Gesetzen von Mose gegeben, worinnen sie allerley
Ceremonien hatten, welche ihnen zu ihrem gottesdienst zu halten gebotten waren, dienet den
Christen nun nicht mehr zu beobachten, dann
es sind Schatten, Figuren und Fürbilder auf
Christi Opffer, und dessen Königliches Priesterthum gewesen, worinnen uns die Verheissung Gottes, von der Zukunfft Christi, Erlösung des Menschlichen geschlechts, und was die
Propheten davon geweissaget haben, bezeuget
wird, uns zur Versicherung und Stärckung
des glaubens an den Sohn Gottes gegeben,

welcher

welcher durch seine Zukunfft und Opffer des
Gesetzes Ende worden ist, Röm. 10. v. 4.
Dann in und durch sein Leyden, Sterben, und
Auffopfferung sind alle Ceremonien des gesetzes
zu Ende gelauffen, gleichwie er an dem Ende seines Leydens sprach, es ist alles vollbracht, Joh.
19. v. 28, 30. Nemlich alles, was den Vättern verheissen, in den Ceremonien des gesetzes
vorgebildet und durch die Propheten geweissaget
war; Zu folg der Worten Christi, Luc. 18.
v. 31. und 24, 26, 43. 1. Cor. 15. v. 3, 4.

74. Frage.

Gehet uns dann das Ceremonialische gesetz,
oder die Sitten noch an, die im Alten Testament gebotten und gelehret worden, um
uns so viel darnach zu richten, als nach der
Lehr Christi und seiner Aposteln?

Antwort.

Ja. Dann alles was die heiligen Menschen
Gottes zur Lehre gesprochen, ist durch den Heil.
Geist vorgebracht, und uns zur Lehr geschrieben, 2. Petr. 1. v. 21. so wohl als das, was
die Aposteln geschrieben haben, dann Christus
spricht: Ihr solt nicht wehnen daß ich kommen bin das Gesetz oder die Propheten auffzulösen, ich bin nicht kommen auffzulösen, sondern zu erfüllen, Matth. 5. v. 17. Und alles was die zwo Tafeln oder Zehen gebott, wie
auch die Lehr der Propheten inhalten, bleibet
auch das Haupt-Werck in dem Neuen Testament,

ment, nemlich das Gesetz von der Liebe Gottes,
und der Liebe des Nechsten, dann in diesen
zweyen gebotten, sagt Christus, hanget das gan-
ge gesetz und alle Propheten, Matth. 22. v.
38. Worauf der Apostel Paulus seine Lehr
für alle Christen gründet, da er spricht, die
Haupt-Summ der Gebotten Gottes oder des
Gesetzes, ist liebe von reinem Hertzen, und gutem Gewissen, und ungefärbtem Glauben, 1.
Tim. 1. v. 5.

Der neundte Articul von der Christ-lichen Kirche oder Gemeinde.
75. Frage.

Weilen dann nun das gesetz mit dem Ceremo-
nialischen gottesdienst von den Heyden das
Judenthum unterscheidete, das damals Gottes Volck, gleich wie der Tempel zu Jerusalem das Hauß seiner Wöhnung, und also
seine gemeinde war, worin bestehet dann nun
die gemeinde Gottes, daß die so darzu gehören, als Gottes Volck, und Kinder Gottes
angesehen, gelten und genennet werden mögen?
Antwort.

Davon hat der HErr selbst durch Jeremiam, wie auch durch Ezechiel gesprochen, ich
will mit ihnen einen Bund des Friedens machen, und das soll ein ewiger Bund mit ihnen
seyn, und will sie erhalten, und mehren, und
mein Heiligthum soll unter ihnen seyn ewiglich,
Ezech.

Ezech. 37. v. 26. Und das soll der Bund
seyn, den ich mit dem Hauß Israel machen
will, nach dieser Zeit, ich will meinen Geist in
ihr Hertz geben, und in ihren Sinn schreiben,
und sie sollen mein Volck seyn, Jer. 31. v.
33. Dieser neue Bund aber ist nun das Evangelium von GOtt dem Vatter durch seinen einigen geliebten Sohn, wie auch dessen Jünger
verkündiget worden; Dann nachdem GOtt
vor Zeiten manchmal und auf mancherley Weise zu den Vättern durch die Propheten geredt,
hat er am letzten in diesen Tagen zu uns durch
den Sohn geredt, Hebr. 1. v. 1. Und also
lieb hat GOtt die Welt, verstehe das gantze
menschliche geschlecht, gehabt, daß er ihnen seinen eingebohrnen Sohn gab, auf daß alle die
an ihn glauben nicht verlohren werden, sondern
das ewige Leben haben, Joh. 3. v. 16. So
daß nunmehr gesagt wird, die Zeit ist erfüllet,
und das Reich Gottes ist herbey kommen, thut
Buß und glaubet dem Evangelio, Marc. 1.
v. 15. Wie solches durch Esaiam 49. v. 6.
vorhin geweissaget war; Ich habe dich zum
Licht der Heyden gesetzt, daß du mein Heyl seyest biß an der Welt Ende. Ist also der Sohn
Gottes ein Ursach worden der Seligkeit, allen
denen die an ihn glauben, Hebr. 5. v. 9.
Durch solchen glauben werden dann die glaubigen Gottes Volck, und Kinder Gottes, in der
gemeinde und Kirche Christi, Gal. 3. v. 26.

Röm.

Röm. 8. v. 16. Und dieser Sohn Gottes
ist von dem Vatter gesetzt zu einem Haupt über
die gemeinde nach den Worten Pauli, Eph.
1. v. 22. Col. 1. v. 18. 19. und Esa. 55. v. 4.,

76. Frage.

Will dann der HErr JEsus, als das Haupt
der Evangelischen Kirche oder gemeinde, dieselbe allein regieren, beschützen, vorstehen und
führen, wie das Haupt mit den gliedern des
Leibs thut, oder wie der Mann das Haupt
über sein Weib und Kinder ist?

Antwort.

Nachdem der Sohn Gottes von seinem Vatter
darzu erwehlet, verordnet und bestättiget war,
Matth. 28. v. 18. So hat er sich nicht allein als ein Haupt und Herrscher über seine
glieder erwiesen, sondern ist auch als ein Füh-
rer vor ihnen hergangen, mit Vorbild seines
Lebens, Unterweisung seiner Lehr, ihnen gebott
und Verbott gegeben, nebst der Leitung seines
Geistes in der heiligen Warheit zu ihrer Erhaltung zum ewigen Leben; Wie er selbsten
spricht, Johan. 10. v. 27. Meine Schaafe
hören meine Stimme, und ich kenne sie und
sie folgen mir, und ich gebe ihnen das ewige
Leben. Und Matth. 11. nehmet auff euch
mein Joch, und lernet von mir, dann ich bin
sanfftmüthig und von Herzen demüthig, so
werdet ihr Ruh finden für eure Seelen, dann
mein Joch ist sanfft und meine Last ist leicht;

Ferner

Ferner Matth. 28. v. 20. Lehret sie halten
alles was ich euch befohlen habe.

Der zehende Articul von den Vor-
stehern und Dienern der Christli-
chen Kirche oder Gemeinde.

77. Frage.

Hat dann der Sohn Gottes der HErr Christus auch noch andere in seiner Kirche und
über seine gemeinde zu auffsehern, Fürstehern-
und Lehrern bestellet?

Antwort.

Ja er hat unterschiedliche zu Vorstehern bestellet, die gemeinde und Kirche in seinem leiblichen Abwesen zu bedienen, seinen gliedern seine hinterlassene Lehre, gebotten, und Ordnungen zu lehren, wie auch das Evangelium zu
predigen, worzu er dann in den Tagen seines
Fleisches selbst etliche außerwehlt, welche er Apostel nennete, Luc. 6. v. 13, 14, 15. Matth.
10. v. 1, 2, 3. Und dieselben außgesandt
das Evangelium zu verkündigen, wie solches
auch bey seiner Himmelfahrt geschehen, mit Be-
zeugung seiner Macht und gewalt, so er darzu
habe, da er sprach; Mir ist gegeben alle Gewalt im Himmel und auf Erden, darum gehet
hin in die gantze Welt, prediget das Evangelium allen Creaturen, und lehret alle Völcker,
Matth. 28. v. 18, 19. Marc. 16. v. 15.
Und also hat GOtt der Vatter neben dem

Q   Sohne,

Sohne, zu Erbauung und Besserung der gemeinde, nach Paulus Zeugnuß etliche gesetzt zu Aposteln, etliche aber zu Propheten, etliche aber zu Evangelisten, etliche zu Hirten und Lehrern, auff daß durch derselben Dienste der Leib Christi erbauet werde, 1. Cor. 12. v. 28. Ephes. 4. v. 11, 12. Welcher Leib ist die gemeinde Christi.

78. Frage.

Wird dieses noch also von dem Vatter, und Christo dem Sohn, ohne Mittel, oder Mit-Würckung der Menschen, außgerichtet?

Antwort.

Gleich wie GOtt der HErr allezeit neben seinem Geist und Wort, der Menschen Heyl, durch eusserliche Mittel und Mit-Würckung der Menschen gewürcket hat, und im ersten Buch der Königen, 19. v. 16. dem Elias befohlen wird, den Elisa an seine statt zum Propheten zu salben; Also beliebet es GOtt auch noch unter dem Evangelio zu thun, wie solches aus Christi eigenen Worten zu ersehen ist, da er spricht, die Erndte ist groß, aber wenig der Arbeitern, darum bittet den HErrn der Erndte, daß er Arbeiter in seine Erndte sende, Matth. 9. v. 37, 38. Luc. 16. v. 2. Daß also das Hauptwerck um Männer in des HErrn Erndte oder Christlich Ackerwerck zu bekommen von GOtt geordnet, und durch gebeth von demselben erhalten wird. Darneben aber von denen

glied-

gliedmaſſen der gemeinde auf ſolche Männer geſehen werden muß, die GOtt fürchten, und
Liebhaber der gemeinde, und der göttlichen Warheit, und alſo gute Vorgänger in der Lehr ſeynd,
wie Lucas von Chriſto zeuget, Act. 1. v. 1.
Da er alles auffgeſchrieben, was JESUS
gethan und gelehret. So ſehen wir auch daß
alſo die erſte gemeinde und Apoſteln gethan haben, als ſie an Judas Stelle wieder einen andern verordnen wolten, da ſie dann auf die
Tüchtigkeit ſahen, GOtt bathen und ſprachen;
HErr aller Hertzen Erkenner, zeige an welchen
du erwehlet haſt unter dieſen zweyen, daß einer
empfahe dieſen Dienſt, Act. 1. v. 24. Und
dieſes hat ſo wohl Petrus, da ihme vor allen
von Chriſto befohlen wurde zu weiden die Heerde Chriſti, als auch Paulus das außerwehlte
Rüſtzeug GOttes, in dieſem Stück getreulich
beobachtet, da dieſer an Timotheum ſchreibet;
Was du von mir gehört häſt durch viel Zeugen, das befiehl treuen Männern oder Menſchen, die da tüchtig ſind auch ändere zu lehren, 2. Tim. 2. v. 2. Ja die das Geheimnüß des Glaubens in reinem Gewiſſen haben,
1. Tim. 3. v. 9. Und in einem unſträffli-
chen Leben auch ein gut Zeugnüß haben, nicht
allein von denen die drinnen, ſondern auch von
denen die draußen ſind, auf daß ihr Dienſt
nicht verläſtert werde, 1. Tim. 3. v. 7. und
4, 12. Solche müſſen dann in ihrem Dienſt

fort-

fortfahren, und dienen nach dem Vermögen,
so GOtt darreichet, 1. Petr. 4. v. 11. Und
nicht auß der Acht lassen die gabe, so ihnen ist
durch die Weissagung mit Handauflegung der
Eltesten worden, 1. Tim. 4. v. 13, 14, 15, 16.
Welche auch nicht in Absicht des zeitlichen Nu-
zens die Heerde Christi weiden (weder um die
Wolle, noch um die Milch) nicht um schänd-
lichen gewinns willen, sondern von Herzen-
grund, nicht als die über das Volck herrschen,
sondern ein gut Vorbild der Heerde seynd, 1.
Petr. 5. v. 2, 3.

79. Frage.

Müssen dann die Lehrer nicht von der gemeinde erhalten werden, daß sie nemlich geld für
ihren Dienst empfangen, oder müssen sie
auch mit arbeiten, um etwas zu verdienen
umgehen, gleich wie man von dem Apostel
Paulo lieset daß er des Nachts gearbeitet
habe, Act. 18. v. 3. 1. Theß. 2. v. 9.

Antwort.

In' Erwehlung der Evangelischen Lehrer,
und die sich darzu ergeben, muß auf alle Weise alle zeitliche Absicht aufhören, hingegen auf
den Wohlstand der gemeinden auf GOttes Ehre, und guter Vorsehung der gemeinde gesehen
werden, und wer also erwehlet wird, muß seiner Seits, auß Liebe zu der gemeinde Besten,
den Dienst annehmen, und verrichten, sich also GOtt und der gemeinde zum Dienst erge-

ben,

ben, nach dem Exempel Pauli, Gal. 1. v. 16.
Hat er dann gelegenheit sich mit den Seinigen
zu ernehren, daß er dann dem Exempel Pauli
nachfolge, wie er von ihm selber zeuget, daß
Geben seliger seye als Nehmen, Act. 20. v. 35.
Da sonsten, wann man sich um genuß des zeitlichen gewinns zum Predig-Dienst begiebt, es
mehr scheinet, daß man noch ungebührlichen
gewinn suche, als daß man die Frucht der Liebe, und gewogenheit des gemüths erzeige, wie
sonsten 1. Petr. 2. v. 1, 2. erfordert wird:
Dann das Trachten nach zeitlichen gewinn,
machet den Diener untüchtig vor GOtt, und
auch bald untüchtig in seinem Dienst bey den
Menschen.

80. Frage.

Müssen dann solche Diener zu ihrem, und der
Ihrigen Unterhalt, von der gemeinde für ihren Predig-Dienst gänzlich nichts empfangen, sondern sich selbst nehren?

Antwort.

Wann nur nicht bey solchen die Absicht des
zeitlichen gewinns die Beweg-Ursach ihres Dien-
stes ist, sondern daß sie sich aus Liebe darzu ergeben, und mit der gabe und dem Vermögen,
so GOtt darreichet, dienen, so ist die gemeinde
wiederum in der Liebe verpflichtet, das Nöthige
für sie zu besorgen; Dann wann ein Diener
aus Liebe und herzlichem gemüth der gemeinde
vorstehet, so ist die gemeinde, den Worten Chri-

ſti und Lehr Pauli gemäß, ſchuldig, und aus
Gegen-Liebe verpflichtet, nach Nothdurfft zu ver-
ſorgen, dann ſo lehret daſſelbige der gute Vorgänger Paulus, 1. Theſ. 5. v. 12, 13. mit
ſolchen Worten; Wir bitten euch lieben Brüder, daß ihr erkennet die an euch arbeiten, und
euch vorſtehen in dem HErrn, und euch vermahnen, habt ſie deſto lieber um ihres Wercks
willen, und ſeyd friedſam mit ihnen; Item;
Der unterrichtet wird mit dem Wort, der theile mit allerley Guts dem, der ihn unterrichtet,
Gal. 6. v. 6. Und von ihm ſelber ſpricht er;
So wir euch das Geiſtliche ſäen, iſt es ein
groß Ding, ob wir euer leibliches erndten, 1.
Cor. 9. v. 11.

81. Frage.

So mag dann ein Diener wohl, wann er be-
nöthiget, Lohn für ſeinen Dienſt nehmen,
weil Chriſtus ſagt; Ein Arbeiter iſt ſeines
Lohns werth? Matth. 10. v. 10.

Antwort.

Wann es als ein Lohn von dem Diener gefordert wird, ſo hat die Liebe keinen Platz mehr,
ſondern iſt zu beſorgen, daß von einem ſolche,
die Heerde, um die Wolle, und um die Milch
geweidet werde, wie GOtt der HErr über ſolche klaget, Ezech. 34. v 2, 3. Wehe den
Hirten, die ſich ſelbſt weiden, ſolten nicht die
Hirten die Heerde weiden, aber ihr freſſet das
Fette, und kleidet euch mit der Wolle, und
ſchlach-

schlachtet das Gemästete, aber die Schaafe wollet ihr nicht weiden; Welches doch wider die
Worte Christi streitet, Matth. 10. 8. Umsonst
habt ihrs empfangen, umsonst gebt es wieder;
Dann so ein Diener in Vorstehung der Gemeinde, seine Pflicht vor dem HErrn getreulich beobachtet, so hält auch die Gemeinde ihre
Pflicht gegen ihre Diener, und zwar ein jedes
Glied für sich selbst gegen den Diener. Wann
aber Christus sagt, ein Arbeiter ist seines Lohns
werth, das siehet eigentlich auf die Schuldigkeit, und Pflicht der Gemeinde und derjenigen,
denen der Dienst geschiehet, und daß sie solches
also an ihren Dienern zu einer Vergeltung, für
das, so an ihnen gethan worden, zu thun haben. Wie es Paulus auch also vergleicht, 1.
Cor. 9. v. 9, 10. Du solt dem Ochsen der
da dräschet, das Maul nicht verbinden. Und
hierauf siehet Paulus auch, da er eigentlich von
der Schuldigkeit der Gliedmassen spricht; Also hat es der HErr befohlen, daß die, so das
Evangelium verkündigen, sich vom Evangelio
nehren sollen, 1. Cor. 9. v. 14.

82. Frage.

Wie kan doch dieses verglichen werden, oder wie
kan es überein kommen, wann Christus sagt,
ein Arbeiter ist seines Lohns werth, und Paulus; Also hat es der HErr befohlen, daß
die so das Evangelium verkündigen, sich
vom Evangelio nehren sollen? Und wann

Chri-

Chriſtus hergegen wiederum ſpricht; Umſonſt
habt ihrs empfangen, umſonſt gebt es auch
wieder? Streitet dieſes nicht gegen einander?

Antwort.

Es ſtreitet nicht gegen einander, und kan gar
wohl verglichen werden, wann es nur recht betrachtet wird, in was Meinung und Verſtand
ein jedes geredt iſt worden; Und daß allerſeits
nur die Liebe den Fürgang hat, und außgeübet
wird. Dann das eine redet von dem Lehrer,
und von ſeiner Pflicht, das andere redet von
den Zuhörern, und ihrer Schuldigkeit. Wann
es nun allerſeits recht geurtheilet wird, ſo kan
es gar wohl verglichen werden, wann aber der
Diener ſtets auf die Schuldigkeit oder Pflicht
der Zuhörer dringen will, und dasjenige ſo in
Matth. 10. v. 10. I. Cor. 9. v. 14. gegen
ihn zu thun, will gehalten haben, hergegen aber
ſeiner Pflicht, ſo er es auß Liebe und nicht um
Gewinns willen thun ſolte, vergiſſet. Und wiederum, wann auch die Zuhörer auf den Lehrer
dringen, und ſeine Pflicht gegen ſie wollen gehalten haben, darneben aber auch ihrer Schuldigkeit vergeſſen, ſo ſtehet die Liebe ſtill, und
wird fruchtloß, alſo daß auch dieſelbe auf ſolche
Weiſe je länger je mehr erlöſchet, und unter-
drucket wird, wo man aber auffrichtig in der
Liebe handelt und beſtehet, da ſuchet man nicht
ſeinen eigenen Nutzen, ſondern den Nutzen des
andern, und ſucht was des Nechſten Beförde-

rung

rung ist, 1. Cor. 10. v. 24. und 13. v. 5.
Und wann man die Worte Matth. 10. v. 8.
Ezech. 34. v. 2, 3. und 1. Petr. 5. v. 1,
2. recht wohl einsiehet und betrachtet, so wird
man klärlich finden, daß die allein den Diener,
und nicht die Zuhörer betreffen und angehen,
was aber die 1. Thess. 5. v. 12, 13. Gal.
6 6, 8. 1. Cor. 9. v. 11. befindliche Wort
betrifft, so die Zuhörer angehen, wann solche
allerseits ohne Unmuth und Widerwillen beobachtet und gethan werden, so gehet es in der
Gemeinde wohl zu, und kan also die Liebe ver-
bleiben, wie auch alles was sonst strittig scheinet, verglichen werden.

83. Frage.

Was ist für eine Bedienung in der Gemeinde,
so Helffer und Regierer genennt werden?

Antwort.

Das sind solche Männer, und ist solche Bedienung die neben dem Lehrer in allen Vorfäl-
len, so in der Gemeinde, den Prediger=Dienst
nicht angehen zum Wohlstand der Gemeinde
verrichtet werden müssen, und die insonderheit,
auf die Armen, auf Wittwen und Wäisen, auf
alte unvermögende, schwache und gebrechliche
Menschen auffsicht haben, damit niemand Mangel leide: Welche also die gegebene Allmosen in
Verwahrung nehmen, und den Dürfftigen außtheilen, gleich wie man davon lieset, daß Petrus spricht; Es ist nicht geschickt daß wir das

Wort

Wort GOttes unterlassen, und zu Tisch dienen, sondern erwehlet unter euch sieben Männer, die ein gut Gerücht oder Zeugnüß haben,
und voll heiligen Geistes, Glaubens und Weißheit sind, welche wir bestellen mögen zu dieser
Nothdurfft, Act. 6. v. 2, 3. Von welcher
Beschaffenheit auch die ehrbaren alten Weiber
sich nicht abzuziehen haben, als zu sehen, 1.
Tim. 3. v. 7. biß 12. und Tit. 2. v. 3.
Welche Weiber, insonderheit wann etwan Streit-
Händel vorfielen, dieselben sollen in der Gemeinde zwischen den Gliedmassen helffen zurecht
bringen, 1. Cor. 6.

Der eilffte Articul vom Eingang zu der Gemeinde.

84. Frage.

Kan man auch ein Gliedmaß in der Gemeinde, oder Christlichen Kirche werden, wann
man das Evangelium glaubet, wie auch daß
ein GOtt seye, der JEsum Christum gesandt
habe, oder muß noch mehr gethan oder beygebracht werden, wann man ein Gliedmaß
in der Kirche oder Gemeinde werden will?

Antwort.

Der Glaube an das Evangelium, [welches
von GOtt, und seinem Sohn JEsu Christo
zeuget] ist der Anfang oder die erste Staffel zu
der Gemeinde Christi zu kommen, aber ein
Gliedmaß derselben zu werden, muß eine gantze
Umkeh-

Umkehrung und Veränderung des Lebens bey
solchen Menschen seyn, dann es heißt; Bessert
euch, und glaubet dem Evangelio, Marc. 1.
v. 15. Wie sich solches an vielen geoffenbahret, welche, als Petrus und andere Aposteln,
auf den Pfingstag, das Evangelium predigten,
wodurch ihr Hertz gerühret wurde, daß sie spra-
chen, ihr Männer, lieben Brüder, was sollen
wir thun, wieder zur Antwort bekamen, thut
Buß, Act. 2. v. 37, 38. Wie dann auch
die Worte Christi außweisen, Luc. 24. v. 46,
47. da er sagt: Also ist es geschrieben, und
also muste Christus leyden, und aufferstehen von
den Todten am dritten Tag, und predigen lassen, in seinem Namen, Buß und Vergebung
der Sünden. Welches auch von Paulo bezeuget wird, Act. 17. v. 30. Daß GOtt die
Zeit der Unwissenheit übersehen habe, nun aber
gebiete er allen Menschen an allen Enden
Buß zu thun.

85. Frage.

Was ist dann Buß thun für ein Werck oder
  Sach? Und was nutzet es daß man
  Buß thue?

Antwort.

Rechte, wahre, Evangelische Busse, die vor
GOtt gilt ist keine kleine oder geringe, sondern
ein grosse Sach, dieweil die Vergebung der
Sünden darauff versprochen wird, und auß 2.
Stücken bestehet. 1. Auß einer wahren recht-

schaffe-

schaffenen Erkantnuß GOttes, und deſſen göttlichen Eigenſchafften. 2. Auß der Erkantnuß
ſeines eigenen gefährlichen Zuſtands; Dann
ohne rechte Erkantnuß GOttes, und ſeines Heil.
Willens, und ohne Erkantnuß ſeines eigenen
Unvermögens dieſelbe zu erfüllen, iſt keine Vergebung der Sünden zu erwarten; Hingegen
will jemand bey GOtt in Gnaden ſtehen, ſo
muß er ſeinen ſündlichen Standt anſehen, wie
er mit dem verlohrnen Sohn ſeines himmliſchen
Vatters Güter und Gnade mißbraucht,
und auf ſeinen Muthwillen gezogen, Jud. 4.
Durch und in welchen beyden Erkantnüſſen, er
mit David auf ſeine Wege ſchauet, Pſalm.
119. v. 15. Darneben die Güte und Ernſt
GOttes betrachtet, Röm. 11. v. 22. Und
wie ihn GOttes Güte zur Buß leite, Röm. 2.
v. 4. und alſo in ſich gehet, und mit tieffen
Seufftzen in ſeinem Hertzen ſpricht; Ach ich
elender Menſch, wer wird mich erlöſen von
dem Leib der Sünden und des Tods, Röm.
7. v. 24. Daß er auch mit David unter dem
Laſt der Sünden krum und gebücket, den gantzen Tag traurig gehet, Pſalm. 38. v. 7. Alsdann iſt der Menſch weit in der Buſſe, und
durch ſolche Erkantnuß zu Reu und Leyd über
ſeine Sünde kommen.

86. Frage.

Iſt es dann keine rechte völlige Buß, wann man
Reu und Leyd über ſeine Sünden hat, und dieſelbe beweinet?   Ant-

Antwort.

Bekantnüß seiner Sünden zu haben, und die vor den Menschen zu bereuen und zu sagen, daß uns dieselben leyd sind, ist noch keine wahre, ja kaum eine halbe Buß, sondern eine rechte vor GOtt geltende Buß muß auß einem zerknirschten Hertzen, mit einem hertzlichen leydwesen, fürnemlich vor GOtt bezeuget und erwiesen werden, daß man vor demselben seufftzend spricht; Ich erkenne meine Missethat, und meine Sünde ist immer vor mir, an dir allein hab ich gesündiget, und übel vor dir gethan, Psalm. 51. v. 5, 6. Und auch mit dem verlohrnen Sohn sagt; Vatter ich habe gesündiget im Himmel und vor dir, ich bin hinfür nicht mehr werth, daß ich dein Sohn heisse, mache mich als einen deiner Taglöhner Luc. 15. v. 18, 19. Und mit Manasse v. 11. 12. Ach HErr ich habe gesündiget, ja ich habe gesündiget, und erkenne meine Missethat, ich bitte und flehe aber, vergieb mir O HErr, vergieb mirs, laß mich nicht in meinen Sünden verderben.

87. Frage.

Ist das dann noch keine volle oder wahre Buß, wann man Reu und Leyd über seine Sünden hat, und GOtt um Vergebung bittet?

Antwort.

Ob es wohl das fürnehmste Stück einer

R   Busse

Buſſe iſt, ſo iſt es dannoch keine völlige Buß,
wann ſie nicht mit heiligem Fürſaß verbunden iſt,
die Sünde zu verlaſſen, und ſein Leben zu beſſern; Dann alſo lautet der von Chriſto geleg-
te Grund und Fundament des Eingangs zu
der Chriſtlichen Kirche oder Gemeinde; Thut
Buß, dann das Himmelreich iſt nahe herzu
kommen, Matth. 4. v. 17. Von welcher Beſſerung auch Salomon ſehr heilſam ſpricht:
Wer ſeine Miſſethat bekennet und läſſet von
Sünden, der wird Barmherßigkeit erlangen,
Prov. 28. v. 13. Nicht allein aber bekennet
und laſſet, ſondern auch gänßlich von ſich thut,
wie der HErr durch Eſa. 1. v. 16, 17. ſpricht:
Waſchet euch, reiniget euch, thut euer böſes
Weſen von meinen Augen, laſſet ab vom Böſen, lernet Gutes thun, trachtet nach dem Rechten. Und Jacobus ſpricht: Nahet euch zu
GOtt, ſo nahet er ſich zu euch, reiniget die
Hände ihr Sünder, und machet die Herßen
lauter ihr Wanckelmüthigen, ſeyd elend und
traget ſeyd, und weinet. Euer Lachen verkeh-
re ſich in Weinen, und eure Freude in Traurigkeit, Jac. 4. v. 8, 9. Solchen will dann
der HErr gnädig anſehen, wie er durch Eſaiam
ſpricht; Ich ſehe an den Elenden, und der
eines zerbrochenen Geiſtes iſt, und der ſich förchtet vor meinem Wort, Eſa. 66. v. 2. Darum gehet auß von ihnen (verſtehe von dem
Weſen der Gottloſen) und ſondert euch ab,

ſpricht

spricht der HErr, und rühret kein Unreines an,
so will ich euch annehmen, und euer Vatter
seyn, und ihr solt meine Söhne und Töchter
seyn, spricht der allmächtige HErr, 2. Cor.
6. v. 17. Und also von Staffel zu Staffel
fortgehen, ist eine Buß die vor GOtt gilt, weil
darbey gefüget wird; Wann euer Sünde gleich
Bluth-roth ist, soll sie doch Schneeweiß werden, und wann sie gleich ist wie Rosinfarb, soll
sie werden wie weisse Wolle, Esaias 1. v. 18.

88. Frage.

Wann dann der Mensch durch die Predigt,
und das Lesen in GOttes Wort zu dem
Glauben, wie auch zu einer wahren Buß
und Besserung seines Lebens kommen ist,
was ist ihm dann noch mehr zu thun, daß
er ein Glied der Gemeinde werden möge, und
für sich selbst ein ruhiges Gemüth habe?

Antwort.

Wann der wahre und seligmachende Glaube
bey dem Menschen ist, daß er glaubet, daß ein
GOtt ist, und auch ein Vergelter seye deren die
ihn suchen und förchten, so stehet der Glaube
bey solchem Menschen nicht still, sondern gehet
von Staffel zu Staffel fort, und von Tugend
zu Tugend, von Gebott zu Gebotten, und beweiset seinen kindlichen Gehorsam in allem, was
ihm zu seiner Seelen Seligkeit dienen kan, also daß sich die Worte gantz auf ihn schicken,
Röm. 6. v. 17. GOtt sey gedancket, daß ihr

N 2   Knechte

Knechte der Sünden gewesen seyd, aber nun
gehorsam worden, von Hertzen, dem Fürbild
der Lehr, welchem ihr ergeben seyd; Diese Be-
weisung des Gehorsams ist dann eine Willfäh-
rigkeit, das Joch Christi auf sich zu nehmen,
gleich wie er alle bußfertige Hertzen zu ihm ruffet; Kommt her zu mir, alle die ihr mühselig
und beladen seyd, ich will euch erquicken, nehmet auf euch mein Joch, und lernet von mir,
dann ich bin sanfftmüthig, und von Hertzen demüthig, so werdet ihr Ruhe finden für eure
Seelen, Matth. 11. v. 28, 29. Und dieses
ist der freye offene Brunne gegen oder für die
Sünde, Zach. 13. v. 1. Wohin die Apostel
alle betrübte und geängstigte Seelen und Menschen gewiesen, als Philippus den Kämmerling, Act. 8. Petrus den Cornelius und die
Seinigen, Act. 10. Paulus den Kerckermeister, Act. 16. v. 31.

Der zwölffte Articul von der eusser-lichen Wasser-Tauffe auff den Glauben.

89. Frage.
Was wird dann in dem Evangelio von den
Menschen, das Joch Christi auf sich zu
nehmen, mehr gefordert dadurch seinen Gehorsam zu beweisen?

Antwort.
Der erste Beweiß des Gehorsams, ist dem

Gebott

Gebott Christi sich zu unterwerffen, und sich
auf Erkantnüß seines Glaubens tauffen zu las-
sen, wie zu sehen ist Matth. 28. v. 19, 20.
Lehret alle Völcker, und tauffet sie im Namen
des Vaters, und des Sohns, und des Heil.
Geistes. Wie solches auf den Pfingsttag zu
Jerusalem, nach Petri angehörter Predigt, an
vielen ist vollbracht worden, daß alle die der
Apostel Worte (verstehe dero Predigt) gern annahmen, sich·tauffen liessen, Act. 2. v. 41.
Ingleichem die von Samaria, als sie der Predigt Philippi glaubten, welcher ihnen von dem
Reich GOttes, und von dem Namen JEsu
Christi predigte, liessen sich tauffen beyde Männer und Weiber, Act. 8. v. 12. Ferner der
Kämmerling, Act. 8. v. 38. Cornelius mit
den Seinigen, Act. 10. v. 48. Der Kerckermeister, Act. 16. v. 33. Ja der Apostel Paulus selbst, nachdem er von Anania gelehrt und
unterwiesen ward, liesse sich alsobald tauffen,
Act. 9. v. 19. Also, daß die Tauffe das rechte Werck, bey dem Glauben und wahrer Busse, gehört zu seyn.

90. Frage.

Worzu dienet dann den glaubig-werdenden bußfertigen Menschen die Christliche Tauffe, haben
sie auch etwas Nutzen davon oder dadurch?

Antwort.

Die Christliche und eusserliche Wasser-Tauf-
se hält in sich, daß es ein Befehl GOttes ist,

R 3   durch

durch den Sohn GOttes, gegeben, zum Nutzen und Vortheil des Menschen in unterschiedlichen Dingen, wann sie nur von den Menschen mit einem auffrichtigen Hertzen angenommen und vollbracht wird.

1. So bedeutet es die Begrabung des alten Menschen der Sünden, nach den Worten
Pauli Röm. 6. v. 3, 4. da er spricht; Wisset ihr nicht daß alle die wir in JEsum Christum getaufft sind, die sind in seinen Tod getaufft, so sind wir je mit ihm begraben durch
den Tauff in den Tod, auf daß gleich wie
Christus ist auferwecket von den Todten durch
die Herrlichkeit des Vatters, also sollen wir
auch in einem neuen Leben wandeln.

2. Bedeutet es die reine Vergebung, Ab-
waschung und Loßsprechung von Sünden, dann
also bezeugete dorten, und sprach Petrus zu
denen zerschlagenen Gemüthern; Ein jeglicher
unter euch lasse sich tauffen auf den Namen
JEsu Christi, zur Vergebung der Sünden,
Act. 2. v. 38. Und also werdet ihr die Gabe
des Heil. Geistes empfangen. Und Ananias
zu Paulo; Saul, lieber Bruder, was ver-
zeuchstu es, stehe auf, und laß dich tauffen,
und abwaschen deine Sünde; Wodurch er die
Reinigung so durch das Blut Christi geschicht,
andeutete, wie dann auß den Worten Christi,
Matth. 26. v. 28. Col. 1. v. 14. 1. Joh.
1. Apoc. 1. v. 5. zu sehen.

3.

3. Die Erfüllung der Gerechtigkeit, laut Christi Außspruch, Matth. 3. v. 15.

4. Die Versicherung eines guten Gewissens mit GOtt, 1. Petr. 3. v. 21.

91. Frage.

Wird in dem Evangelio auch gemeldet, an wem und was für Personen, die Tauffe muß verrichtet und bedienet werden, oder ist auch eine Außschliessung für etliche darin?

Antwort.

Hierauff kan zweyfach geantwortet werden, nemlich, daß die Tauffe unterschiedlich und besonders, und auch allgemein angesehen werden müsse. Das Gesetz Mose war allein für Israel, aber nicht für die Heyden gegeben, wie solches David bezeuget, da er spricht: Er zeiget Jacob seine Worte, und Israel seine Sitten und Rechte, so thut er keinen Heyden, Psalm. 147. v. 19, 20. Aber das Gesetz des Evangelii ist für alle Menschen gegeben, ohne Unterscheid der Juden und Heyden, Matth. 28. v. 19. Marc. 16. v. 15. Die Beschneidung war auch allein an dem männlichen Geschlecht, aber nicht an das Weibliche, zu thun befohlen, Gen. 17. v. 10. Hingegen macht oder erfordert die Tauffe keinen Unterscheid, auch nicht zwischen Manns und Weibs Personen, als an denen zu Samaria zu sehen, Act. 8. v. 11. und 16. v. 15. Wie auch an denen auf den Pfingstag, und an dem Heyd-

R 4   nischen

nischen Hauptmann Cornelius, Act. 10.

92. Frage.

Iſt dann die Tauffe ſo allgemein für alle
Menſchen, gleich wie von der Predigt des
Evangelii geſagt wird, daß daſſelbige allen
Creaturen zu predigen befohlen? Marc.
16. v. 15.

Antwort.

In Bedinung der Tauffe wird, gleich wie
in Verrichtung der Predigten, kein Unterſcheid
gemacht, ſondern alle diejenigen, ſo bequem und
tüchtig im Verſtand ſind zu Anhörung der
Predigt, und gelehrt werden können, ſolche Lehr
auch durch den Glauben annehmen, und dadurch bequem und tüchtig werden zur Tauffe,
nachdem ſie mit Buß und Beſſerung ihres Lebens darzu tretten (wie oben auß Act. 2. v.
8, 10, 16. und 22. erwieſen iſt) dieſe alle,
wann ihnen zu erſt das Evangelium gepredigt,
und zu dem Glauben, in Buß und Beſſerung
des Lebens ermahnet, auch ſolches angenommen,
und glaubig worden, haben darauff die Tauffe
empfangen. Und ob wohl die Kinder zu dem
menſchlichen Geſchlecht gehören, ſo können wir
weder auß dem Befehl, noch auß der Lehr,
noch auß dem Gebrauch der Apoſteln nicht ſehen, daß denen Kindern die Tauffe zukomme,
noch auch daß Kinder getaufft ſind worden.
Warum? Darum, daß ſie keine Ohren haben zu
hören, noch Hertzen etwas zu verſtehen, Matth.
11. v. 15.   93.

93. Frage.

Mögen dann, Krafft des Befehls Christi, wie auch nach der Lehr und Gebrauch der Aposteln, keine Kinder getaufft werden?

Antwort.

Wir können nicht sehen, daß der Befehl der Christlichen Tauffe sich auf die kleine Kinder erstrecke, finden auch in dem gantzen Neuen Testament nicht, daß die Aposteln mit ihren Predigten zu den Kindern gesprochen, viel weniger, daß sie solche Kinder getaufft haben; Ferner kan man auch nicht sehen, daß dasjenige bey den Kindern ist oder seyn kan, was bey der Tauffe fürgestelt, und erfordert wird; Dann solche junge Kinder sind nicht tüchtig zu der Lehr des Evangelii, haben auch keine Sünde gethan, weßwegen sie Buß und Besserung ihres Lebens thun könten, oder solten, viel weniger können sie sich einiger Glaubens-Sachen annehmen, noch an JEsum Christum glauben, wie Paulus von annehmung des Glaubens deutlich spricht; Wie sollen sie glauben von dem sie nichts gehört haben? Und setzt darauf den Glauben fest durch das Gehör auß der Predigt, das Predigen aber auß dem Worte GOttes Röm. 10. v. 14, 17. Dann Moses bezeuget Deut. 1. v. 39. von den Kindern, daß sie keinen Unterscheid wissen zwischen Bösem und Gutem. Ja der HErr selbst zeuget davon, daß sie keinen Unterscheid wissen

der

der Rechten und der Lincken, Jon. 4. v. 11.
Wie wir dann solches täglich an den Kindern befinden, daß wann sie in der grösten
Feuer und Wassers-Noth sind, sie sich doch
keines Wegs darauß zu erretten wissen, und
also in völliger Unschuld, ohne alle Erkantnüß
der Sachen dahin leben.

94. Frage.

Muß dann die Christliche und Evangelische
Tauffe allein auf den Glauben, Buß und
Besserung des Lebens bedient werden; Worauf tauffen dann andere die kleine Kinder,
da doch vorgedachtes nicht bey den Kindern ist?

Antwort.

Dieselbige wollen solches verrichten wegen der
Erbsünde, so ihren Reden nach, durch Adams
Fall auf alle Menschen kommen ist, und wol-
lens erweisen auß den Worten Pauli, Röm.
5. v. 12, 13, 14. Welches Paulus gleich
beyfüget, daß sie durch Christi Tod versühnet
seyen, und der Last weggenommen, und also
nicht mehr auf den Kindern liege, Röm. 5.
v. 18, 19. Andere so auch die Kinder tauffen, verthätigen solches mit dem Willen und
Gutbefinden der Eltern, wie auch der alten
Römischen Kirche; Tauffen also dero Kinder
auf den Glauben der Kirche, und machen sel-
bige, wie sie meynen, zu Gliedmassen derselbigen.

Noch andere halten die Tauffe für ein Zeichen des Bunds, wodurch die Kinder zu Glied-

massen

maſſen der Kirchen einverleibt werden, wie dero Eltern ſind, und gleich wie die Beſchneidung ein Zeichen des Bunds geweſen, alſo auch die Tauffe hinwiederum von dem HErrn Chriſto, zu einem ſolchen Zeichen des Bunds, verordnet und eingeſetzt ſeyn ſolle.

Andere wollen auß Hebr. 11. v. 6. feſt ſtellen, und beweiſen daß bey den Kindern der Glaube ſeye, ſo ſie von Chriſtlichen Eltern gebohren ſind, und es ohnmüglich iſt ohne Glauben GOtt zu gefallen, wie dann auch Chriſtus ſpricht: Laſſet die Kindlein zu mir kommen, dann ſolcher iſt das Reich GOttes; Dahero ſie ſchlieſſen, wann ihnen das Himmelreich zukäme, ſo müſten ſie den Glauben haben, ſonſten ſie GOtt nicht gefallen könten, welches ſie auß Matthäo 18. p. 6. beyfügen, da Chriſtus ſpricht, wer da ärgert dieſer Geringſten einen die an mich glauben, dem wäre beſſer daß ein Mühlſtein an ſeinen Halß gehenckt, und erſäufft würde im Meer, da es am tiefſten iſt.

95. Frage.

Iſt es wohl müglich daß ſo vielerley Meinungen unter denjenigen ſind, welche die jungen Kinder tauffen, da ſie doch ſo einig in der Sach ſelbſt ſind, hingegen ſo viel Miß-Verſtändnuß in der Meinung über den Grund, worauf ſie die Tauffe bedienen; Gebühret ſich dann nicht in einer ſo wichtigen Sache einen klaren und außtrücklichen Befehl,

und

und einen festen Grund zu haben?

Antwort.

Was uns angehet, so wollen wir dieselbe in ihrer Meinung unbeurtheilt, und die Bedienung der Kinder-Tauffe vor GOtt verantworten lassen, wir aber für uns, können in dem Stück mit keinen von allen im geringsten übereinstimmen, dann wir halten uns verbunden und verpflichtet an den klaren außgedruckten Befehl und Ordnung Christi, wie auch an der Lehr und Ordnung der Aposteln, wie zuvor gesagt; Allwo der Befehl inhält, erstlich zu lehren, und alsdann die so glaubig worden zu tauffen. Wie wir dann sehen, daß die Aposteln diesem Gebott überall gefolget, aber nicht befinden, daß einige Kinder von ihnen getaufft seyen; Darum wir dann solchem Haupt-Befehl glauben, nicht auf Schluß-Reden, noch Argumenten, sondern auf dem unfehlbaren Wort des Heil. Evangelii bleiben, damit wir mit Philippo zu dem Täuffling mögen sagen, glaubestu von gantzem Hertzen, so mags wohl seyn. Und so haben dann die Worte Christi Platz, lehret alle Völcker, und tauffet sie; Item, wer glaubt und getaufft wird, soll selig werden. Daß also die Lehr und der Glaube vor der Tauffe hergehen müssen.

96. Frage.

Müssen es dann nur allein Männer und Weiber seyn die getaufft werden, gleich wie

Act.

Act. 8. von denen von Samaria bezeuget
und erwiesen wird?

Antwort.

Es müssen eben nicht allein Männer und
Weiber seyn, dann der Befehl gehet alle Völcker an, zu predigen allen Creaturen, das ist
allen Menschen. Das Gesetz gienge zwar nur
mehrentheils die Männer an, insonderheit das
Ceremonialische Gesetz. Das Evangelium aber
gehet alle Menschen an, wann sie nur zu ihrem Verstand und Erkantnuß des Guten und
Bösen kommen sind, es seye verheyrater oder
nicht, verheyrathete Manns-und Weibs-Perso-
nen, welche Ohren haben zu hören, und Hertzen zu verstehen, welches der einige Grund
darvon ist, gleich den Worten Matth. 11. v.
25. Welche freywillig das Joch Christi auf
sich nehmen, Christo nach zu folgen, und mit
dem Kämmerling (auß dem Gehör und Glauben des Evangelii) sagen, was hinderts daß ich
mich nicht tauffen lasse? Act. 8. v. 36. Sich
also selbst darzu angetrieben finden zu übergeben, wie die auf den Pfingstag thäten, Act.
2. v. 41. Dann diejenigen so Petri Worte
gern annahmen, liessen sich tauffen.

97. Frage.

Sind dann gewisse Jahr für den Menschen
geordnet, wann sie sich tauffen lassen müssen,
gleich wie GOtt der HErr den achten Tag
zu der Beschneidung bestellet, oder wie viele

S   meynen,

meynen, daß der HErr JEsus in seinem
dreyßigsten Jahr getaufft worden?

Antwort.

Uber die Bedienung und Empfahung der
Christlichen Tauffe finden wir keine gewisse Zeit
der Jahren gestellet, wie alt ein Mensch alsdann seyn müsse, wie sonsten in der Beschneidung: So lieset man auch nicht daß JEsus
dreyßig Jahr alt gewesen, als er getaufft worden, sondern wohl, daß er fast dreyßig Jahr alt
geworden, da er noch für einen Sohn Joseph
gehalten worden, Luc. 3. v. 23. Daß also
die Tauffe des Evangelii an keine gewisse Zeit
verbunden, sondern vielmehr an der Bewegung
des menschlichen Gemüths liegt, wann er sich
durch die Krafft des lebendigen Worts GOttes
in seinem Gemüth überzeuget und angetrieben
befindet, sich unter den Gehorsam GOttes und
Christi zu begeben, zugleich sein Leben zu bessern, und dem Evangelio zu glauben, Marc.
1. v. 15. Wann er nun darzu kommen, so
ist es die rechte wahre Zeit, daß sich solche Menschen tauffen lassen zur Vergebung der Sünden, wie Petrus spricht, Act. 2. v. 35. 22, 16.

98. Frage.

Werden durch die Tauffe dem Menschen die
Sünden vergeben oder abgewaschen?

Antwort.

Die Sünden so ein Mensch gethan, werden
als eusserlich durch die Tauffe nicht abgewaschen,

schen, wie solches sonsten von Anania mit be-
sondern Worten außgedruckt wird, sonsten wäre wohl nöthig solches stets zu üben, wie unter
dem Gesetz geschahe; Dann wann jemand sich
daran versündiget oder verunreiniget hatte, der
muste opffern, sich reinigen und GOtt versöhnen. Zu solchem Ende aber ist die Tauffe
nicht eingesetzt, dieselbe jederzeit zur Reinigung
von Sünden zu gebrauchen, Hebr. 6. v. 23.
Sondern Petrus spricht so davon; Nicht das
Abthun des Unflats am Fleisch, sondern der
Bund eines guten Gewissens mit GOtt, 1.
Petr. 3. v. 21. Dann nach dem man die
Tauffe, auf den Glauben an JEsum Christum,
zur Busse und Besserung des Lebens empfangen, versichert dieselbe den Menschen der Vergebung seiner begangenen Sünden, so eigentlich durch das so theuer vergossene Blut Christi geschiehet, wovon Zacharias vorher geweissaget, Cap. 13. v. 1. Mit-und durch) den
frey-offenen Brunnen wider die Sünde und
Unreinigkeit; Womit er von dem Tode Christi redet, durch welchen wir haben die Erlösung
durch sein Blut, neimlich die Vergebung der
Sünden, Col. 1. v. 4. Daß also nicht eigentlich das Wasser in der Tauff die Krafft
und Eigenschafft hat, die Sünde wegzunehmen
und den Menschen davon zu reinigen, sondern
so wir im Licht wandeln, wie er (neimlich GOtt)
im Licht ist, so haben wir Gemeinschafft unter

einander

einander, und das Blut JEsu Christi seines
Sohns, macht uns rein von allen unsern
Sünden, 1. Joh. 1. v. 7.

Der dreyzehende Articul von den Früchten oder Wercken des Glaubens.

99. Frage.

Wann man nun die Christliche Tauffe auf den
Glauben, Erkantnüß der Sünden, und derselben Vergebung empfangen hat, ist dann
solches schon gut, und genug für den Menschen zur Seligkeit, oder muß der Mensch
noch etwas mehr thun, so er selig werden
will und soll?

Antwort.

Ja. Es verpflichtet die Tauffe den Menschen, so an JEsum Christum glaubet, und getaufft ist, zu unterschiedlichen Dingen, so wohl
Leiblich als Geistlichen, im Leben und Wesen;
Wie dann in dem Evangelio begriffen, die Lehr
Christi zu halten und zu erweisen. Dann
nachdem der HErr Christus seinen Jüngern
befohlen, das Evangelium in der Welt zu predigen, wie auch alle Völcker zu lehren, und
in dem Namen des Vatters, des Sohns, und
des Heil. Geistes zu tauffen, so füget er auch
darbey, lehret sie halten alles was ich euch befohlen habe, Matth. 28. v. 19. 20. Hierauf
siehet auch Paulus, da er sagt, wisset ihr nicht
daß

daß alle die wir in JEsum Christum getaufft
sind, die sind in seinen Tod getaufft, so sind
wir je mit ihm begraben durch den Tauff in
den Tod, auf daß, gleich wie Christus ist auff=
erstanden von den Todten, durch die Herrlich=
keit des Vatters, also sollen wir auch in einem
neuen Leben wandeln, Röm. 6. v. 3, 4. Und
wie Paulus Phil. 2. v. 12. ermahnet; Schaf=
fet daß ihr selig werdet, mit Forcht und Zittern.

100. Frage.

So ist dann der Glaube in JEsum Christum,
so man darauf getaufft wird, noch nicht ge=
nug zur Seligkeit, sondern es muß, wie ich
nun mercke, von uns Menschen noch mehr
darum gethan werden, worin mag nun sol=
ches bestehen, oder was mag es wohl seyn?

Antwort.

Ja freylich muß noch etwas mehr, um un=
ser Seligkeit zu erlangen, gethan werden, nem=
lich daß der Mensch Früchten seines Glaubens
bringe, als ein guter Baum in dem Weinber=
ge, damit er die Stelle oder das Land nicht um=
sonst verschlage, Luc. 13. v. 7. Sondern sie
viel mehr als fruchtbare Zweiglein, oder Propff=
Reißlein, so in den geistlichen Oelbaum JEsum
Christum sind eingepflantzet worden, mögen er=
funden werden; Wie Paulus lehrt, Röm. 11.
v. 24. Welche Christus selbst vergleicht denen
fruchtbaren Reben an ihm, dem geistlichen Wein=
stock, Joh. 15. v. 5. Und wird von solchen

S 3

allen

allen erfordert, daß sie wandeln sollen, wie es
sich gebühret, ihrem Beruff, darinnen sie beruffen sind, Ephes. 4. v. 1. Als gute Bäume
die gute Früchte bringen, welche der Bekehrung
werth sind, ja sich so viel müglich, befleissen in
guten Wercken die fürnehmsten zu seyn, Tit. 3.
v. 1, 8. Dann wir sind GOttes Werck, geschaffen in JEsu Christo zu guten Wercken,
daß wir darinnen wandeln sollen, sagt Paulus
Ephes. 2. v. 10. Tit. 2. v. 14. Derohalben
eine gantze Umkehrung, und Veränderung des
Lebens bey solchen seyn muß. Dann gleich wie
sie zuvor ihre Glieder ergeben haben zum Dienst
der Unreinigkeit, und von einer Uureinigkeit
zu der andern, also sollen sie nun nach der
Tauff, ihre Glieder begeben zu Waffen der Gerechtigkeit, daß sie heilig werden, Röm. 6. v.
19. Worzu auch die Wercke Christi dienen,
lasset euer Liecht leuchten vor den Menschen,
daß sie eure gute Wercke sehen, und euren Vatter im Himmel preisen, Matth. 5. v. 16.

101. Frage.

Was wird dem Täuffling bey Empfahung seiner Tauffe angedeutet, wann er in dem Namen des Vatters, des Sohns, und des Heil.
Geistes getaufft wird?

Antwort.

Sehr viel, und sind dieses die fürnehmste
Stücke, wodurch ihm die Seligkeit zu wegen
gebracht worden ist, ohne welche sonsten keine

Selig-

Seligkeit zu erlangen gewesen wäre. 1. Daß
GOtt der Vatter der Ursprung sey, auß welchem ihnen das Mittel der Seligkeit geschencket und bereitet ist, dann also lieb hat GOtt
die Welt gehabt, daß er seinen einigen Sohn
gab, auf daß alle die an ihn glauben, nicht verlohren werden, sondern das ewige Leben haben,
Joh. 3. v. 16. Worauf auch Paulus siehet,
da er spricht; Saget danck dem Vatter der
uns geschickt gemacht, zu dem Erbtheil der Heiligen im Liecht, und uns versetzet hat in das
Reich seines geliebten Sohns, Col. 1. v. 12,
13. Danck GOtt, der da reich ist von Barmhertzigkeit, durch seine grosse Liebe, damit er uns
geliebet hat, da wir todt waren in den Sünden, hat uns samt Christo lebendig gemacht,
Ephes. 2. v. 4. 2. Daß sie auf ihren Glauben im Namen des Vatters getaufft seyen,
und zu der Kindschafft GOttes gehören, wie
Paulus von ihnen sagt, ihr seyd alle GOttes
Kinder, durch den Glauben an Christum JE-
sum, Gal. 3. v. 26. Also daß sie dann einen
freyen Zugang haben zu dem Vatter, und in
ihrem Gebeth ihn nennen mögen, Unser Vatter
der du bist im Himmel, Matth. 6. v. 9. Zu
welchem Trost dann Paulus sagt, Röm. 8.
v. 17. Seyd ihr dann Kinder, so seyd ihr
auch Erben, nemlich GOttes Erben, und
Mit-Erben Christi.

102. Frage.

S 4

Was

Was weiſet dem Täuffling, in der Tauffe,
der Name des Sohns an?

Antwort.

1 Daß der Sohn des lebendigen GOttes,
das Mittel ihrer Seligkeit ſeye. Dann es iſt
den Menſchen kein anderer Name gegeben,
darinnen ſie ſollen ſelig werden, als in dem
Namen JEſu, Act. 4. v. 12. Durch welchen ſie haben die Erlöſung durch ſein Blut,
nemlich die Vergebung der Sünden, Col. 1.
v. 14. Nicht allein aber dieſes, ſondern daß
ſie durch den Sohn erlöſet ſind von der Macht
der Höllen und des Todes, Hebr. 2. v. 14.
Alſo daß ſie ſagen können, Tod wo iſt dein
Stachel, Höll wo iſt dein Sieg, aber der Stachel des Todes iſt die Sünde, die Krafft aber
der Sünde iſt das Geſetz, GOtt aber ſey gedancket, der uns den Sieg gegeben hat, durch
JEſum Chriſtum, 1. Cor. 15. v. 55, 56, 57.

2. Daß Chriſtus ihr Mittler und Vorbitter
bey dem Vatter ſeye, dann es iſt ein GOtt,
und ein Mittler zwiſchen GOtt und dem
Menſchen, nemlich der Menſch JEſus Chriſtus, 1. Tim. 2. v. 5. Und hierauf vertröſtet
der Apoſtel Johannes die glaubigen Gliedmaſſen Chriſti, da er ſagt, meine Kindlein, ſolches
ſchreibe ich euch, auf daß ihr nicht ſündiget,
und ob jemand ſündiget, ſo haben wir einen
Fürſprecher bey dem Vatter, nemlich JEſum
Chriſtum, der gerecht iſt, 1. Joh. 2. v. 1.

103. Frage.

Was wird dem Täuffling zu wegen gebracht,
daß er im Namen des Heiligen Geistes getaufft wird?

Antwort.

1. Es zeiget ihnen an, daß der Heil. Geist
in Würckung ihrer Seligkeit, ja ein Mit-Wür-
cker in dem göttlichen Wesen, nebst dem Vatter und dem Sohn, gewesen.

2. Und ferner zu ihrem Trost bey ihnen
seyn und bleiben solle, Joh. 14. v. 16, 17.
Welcher Geist GOttes mit ihrem Geist zeuget
daß sie GOttes Kinder sind, Röm. 8. v. 16.
Und haben sie also, wann sie wie gehorsame
Kinder wandeln, den Geist der außerwehlten
Kinder GOttes empfangen, durch welchen sie
ruffen, Abba lieber Vatter, v. 15. Insonderheit

3. Dienet es allen solchen in ihrer Pilgrimschafft zu sonderbahrer Stärckung, daß sie nemlich, nach der Verheissung Christi, durch den
Heil. Geist in alle Warheit geleitet werden,
Joh. 14. v. 16. und 16. v. 13.

104. Frage.

Dienet es solchen Täufflingen auch zu einer be-
sondern Auffmerckung, und Betrachtung,
daß sie im Namen des Vatters, des Sohns,
und des Heiligen Geistes getaufft sind?

Antwort.

Solchen gehört es nothwendig zu Betrachtung ihrer Pflicht und Schuldigkeit zu dienen,
daß

daß sie mit, und durch solche Heil. Benennung
und Empfahung ihrer Tauffe, dadurch GOtt
zugeeignet worden, wie sie dann auch sich selb=
sten dafür halten müssen, daß sie GOttes sind,
wie Paulus lehret: Ihr seyd nicht euer selbst,
dann ihr seyd theuer erkaufft, darum preiset
GOtt an eurem Leibe, und in eurem Geist,
welche GOttes sind, 1. Cor. 6. v. 19, 20.
und Röm. 12. v. 1, 2. Und ferner, ich er=
mahne euch durch die Barmhertzigkeit GOttes,
daß ihr eure Leiber begebet zum Opffer, das da
lebendig, heilig, und GOtt wohlgefällig sey,
welches ist euer vernünfftiger GOttesdienst,
und solcher gstalt sich erzeigen, welches Geistes
(Kinder) sie sind, Luc. 9. v. 55.

Der vierzehende Articul von dem Heil. Abendmahl oder Brodbrechen.

105. Frage.

Ist für den Getaufften noch etwas wichtiges
und sonderbahres im Evangelio, als ein
Haupt=Befehl und Gebott Christi zu
vollbringen.

Antwort.

Der HErr JEsus Christus hat allen seinen
Gliedmassen zu seiner Kirch oder Gemeinde an=
befohlen, das Heil. Abendmahl zu seiner Ge=
dächtnüß zu unterhalten, und mit Brod und
Wein eingesetzt, solches auch selbst gehalten in
der letzten Nacht, da er verrathen ward, und

das

das letzte Osterlamm mit seinen Jüngern aß. Dann da er also an dem Tisch saß, nahm er das Brod, dancket und brachs, gab es seinen Jüngern, und sprach, nehmet esset, das ist mein Leib, der für euch gebrochen wird, solches thut zu meinem Gedächtniß, desselben gleichen auch den Kelch nach dem Abendmahl, und sprach, das ist der Kelch, das Neue Testament in meinem Blut, das für euch vergossen wird, solches thut zu meiner Gedächtniß, Luc. 22. v. 19, 20. Zu welchem Kelch der Evangelist Matth. 26. v. 28. noch hinzu setzet, das ist mein Blut des Neuen Testaments, welches für viele vergossen wird zur Vergebung der Sünden. Der heilige und hocherleuchtete Apostel Paulus, von dem HErrn Christo zu einem Apostel außgesandt, das Evangelium GOttes zu predigen, Röm. 1. v. 1. Nach dem er zeuget, wie er den Befehl von Haltung des Abendmals empfangen habe, 1. Cor. 11. v. 22, 24. setzet hinzu; So offt ihr von diesem Brod esset, und von diesem Kelch trincket, solt ihr des HErrn Tod verkündigen, biß daß er komt.

106. Frage.

Ist dann nach dem Tod Christi das Abendmahl auch zu Christi Gedächtniß in der Gemeinde gehalten worden?

Antwort.

Ja. Solches ist klar und offenbar, daß nemlich daßelbe durch die Aposteln in der ersten

Kirche

Kirche gelehrt, und mit den Glaubigen iſt gehalten worden, wie man Act. 2. v. 42. leſen
kan; Sie blieben beſtändig in der Apoſtel Lehr,
in der Gemeinſchafft, im Brodbrechen, und im
Gebeth. Und v. 47. Sie brachen das Brod
hin und her in Häuſern, nahmen die Speiſe,
und lobten GOtt mit Freuden, und einfältigem Hertzen. So lieſet man auch, daß die
Glaubigen zu Troada, auf einen Sabbath,
wie Paulus eben durchgereiſet, zuſammen kommen ſind, das Brod zu brechen, da dann Paulus ſelbiges bedienet, Act. 20. v. 7. Als es
aber bey den Corinthern unordentlich gehalten
ward, beſtraffet ſie Paulus deßwegen, und un-
terweiſet ſie, daß ſie es nicht nach der Einſetzung JEſu Chriſti, ſondern zu ihrer eigener
Beſchwerde eſſen, derhalben er ihnen den rechten Gebrauch vorſtellet, wie er es von dem
HErrn empfangen habe, wie ſolches weitläuff-
tig zu leſen iſt, 1. Cor. 11. v. 19. biß 26.

107. Frage.

Stehet es dann mit den Glaubigen ſo wohl,
daß wann ſie ſich auf ihren Glauben tauffen laſſen, und das Abendmahl oder die
Brodtbrechung euſſerlich unterhalten, ſie ſich
der ewigen Seligkeit getröſten mögen?

Antwort.

Gleich wie die euſſerliche Tauffe allein keine
Seligkeit bringet, es ſey dann daß der Menſch
ſeiner Seits dasjenige thue, was in dem Evangelio

gesto von ihm erfordert wird, also kan auch
der eusserliche Gebrauch oder Unterhaltung des
Abendmahls den Getaufften nicht selig machen,
wann er nicht trachtet auch seinen Christlichen
Beruff dabey zu vollführen, wie von gehorsamen Kindern GOttes erfordert wird; Darum
der Apostel Paulus hinzu setzet, als er denen
von Corinthen den rechten Gebrauch des Abendmahls vorstellet, daß ein jeder vor Unterhaltung des Abendmahls sein Leben und Wandel
untersuchen und prüffen solte, wie er darin vor
GOtt und seinem Nechsten bestehe, da er spricht:
Der Mensch aber prüffe sich selbst, und also
esse er von diesem Brod, und trincke von diesem Kelch, dann welcher unwürdig isset und
trincket, der isset und trincket ihm selber das
Gericht, indeme daß er nicht unterscheidet den
Leib des HErrn, 1. Cor. 11. v. 28, 29.

108. Frage.

Ist es dann nicht besser, daß man sich von
Brauchung des Abendmahls enthalte, auf
daß man es nicht zu seiner eigenen Verdammnüß esse, weil ja die Menschen so
schwach und gebrechlich sind, ja offtmals, ehe
dann sie sich besinnen, schon gesündiget haben?

Antwort.

In solcher Absicht, oder in solchen Gedancken das Abendmahl nicht zu gebrauchen, oder
zu unterlassen, würde mehr aus Verachtung
des Befehls Christi, als aus der Forcht GOt-

P

tes geschehen, und leichtlich ein Anleitung seyn
in Sünden fortzufahren, wann man sich aber
den Befehl Christi ernstlich vor Augen stellt,
und sich dadurch zu Haltung des Abendmahls
verpflichtet oder verbunden befindet, so wird es
ihn desto kräfftiger antreiben, auf sein Leben und
Wandel desto genauer Achtung zu haben, die
Sünde zu meiden, und seine Fehler GOtt desto eifferiger vorzutragen, und um Vergebung
seiner Sünden zu bitten, und so wird alsdann
die Gebrauchung des Abendmahls ihme zum
Trost und Vergebung der Sünden durch das
Verdienst Christi dienen, weil Christus in seinem Wort spricht, diß ist der Kelch des Neu-
en Testaments, in meinem Blut, das für euch
vergossen wird zur Vergebung der Sünden,
Luc. 22. v. 20. Matth. 26. v. 27.

Mit Wissen und Willen aber in Sünden
zu verharren, und sich des Heil. Abendmahls
zu enthalten, und meynen dadurch von GOttes gerechter Straffe frey zu bleiben, ist mehr
eine Gottlosigkeit, als Forcht GOttes; Dann
welcher bey denen Israeliten das Osterlamm
auß Verachtung unterließ, blieb nicht ungestrafft,
Num. 9. v. 13. Wie viel mehr derjenige, so
den Befehl Christi verachtet? Und ob wohl
diejenigen das Osterlamm nicht essen musten,
so nach dem Gesetz unrein waren, so stehet doch
darbey, daß sie sich solten reinigen, und solches
den andern Monath am vierzehenden Tag es-

sen

ſen müſſen. Wer nun ſolches nicht thäte,
der ſolte auß ſeinem Volck außgerottet werden,
Num. 9. v. 11, 12, 13. Alſo ſtehet der
Befehl Chriſti feſt. Luc. 22. v. 20. Thut es
zu meinem Gedächtnüß: Und wie Paulus lehret, 1. Cor. 11. v. 28. Der Menſch aber
prüffe ſich ſelbſt, und alſo eſſe er von dieſem
Brodt, und trincke von dieſem Kelch. Welches dann lehret, daß man in dieſem Werck
nicht ſtill ſtehen, ſondern fortfahren ſolle. Findet man ſich nun in der Prüffung nicht rein
vor GOtt, und an etwas ſchuldig, ſo muß
man ſich vorhin mit GOtt, und dem Näch-
ſten verſöhnen, und alsdann von dieſem Brodt
eſſen, und von dieſem Kelch trincken, 1. Cor.
11. v. 27.

109. Frage.

Iſt dann das Brodt des Abendmahls der weſentliche Leib, und der Wein das weſentliche
Blut JEſu Chriſti, dieweil es von ihme ſo
außgeſprochen, und von Paulo ſo hoch für-
geſtellet wird, daß, welcher es unwürdig iſſet
oder trincket, ihm ſelber das Gericht iſſe
und trincke?

Antwort.

Der HErr Chriſtus ſpricht zwar bey der
Einſetzung des Abendmahls über beydes, das
iſt mein Leib, diß iſt mein Blut, Matth. 26.
Luc. 22. und Marc. 14. Daß aber darinn
das euſſerliche Brodt des Abendmahls der we-

sentliche Leib, und der Wein das wesentliche
Blut gewesen seyn solte, kan darauß nach dem
Buchstaben nicht verstanden werden, wohl aber,
daß es von dem HErrn JEsu in einem geistlichen und verborgenen Sinn gesprochen seye,
wie auß dem Gespräch Christi mit den Juden,
Joh. 6. v. 54. 55. Von dem Essen seines
Fleisches, und trincken seines Bluts, zu ersehen.
Da es aber von den Juden, und vielen seiner
Jüngern, so eusserlich nach dem Buchstaben
aufgenommen ward, sprach er: Das Fleisch
ist kein Nutz, sondern die Wort die ich rede,
die sind Geist und Leben, Joh 6. v. 63. Also sollen auch wir die Worte Christi von der
Einsetzung des Heil. Abendmahls, in einer Bedeutung des geistlichen Sinnes gesprochen zu
seyn, verstehen, deßwegen er die Sach mit denen Worten beschleußt: Das thut zu meiner
Gedächtniß, Luc. 22. v. 20. Gleich wie es
auch von Paulo zu zwey malen, über solchem
Brodt und Wein, mit denselben Worten, solches thut zu meiner Gedächtniß, beschlossen
wird, 1. Cor. 11. v. 24, 25. Und dieweil
die Aposteln, wann sie von dem Abendmahl
schreiben, es allezeit das Brodt nennen, Act
11. v. 42, 46. 20, 7. 1. Cor. 10. v. 16.
11, 25. 26. So kan es diesem nach von
uns für den wesentlichen Leib und Blut Christi
nicht, sondern in einem geistlichen Sinn, und
heiliger Bedeutung des Leibs und Bluts Chri-

sti,

ki, verſtanden werden, gleich wie es auch Paulus alſo nennet, und in Bedeutung ſtellet, 1.
Cor. 10. v. 16.

110. Frage.

Wann es dann nur gemein Brodt iſt, gleich
wie das Brodt, welches man zu der Speiſe
genieſet, wie kan es dann der Menſch unwürdig zu ſeinem Gericht eſſen?

Antwort.

Ob gleich das Oſterlamm bey den Juden
nur Fleiſch wie ander Lamm-Fleiſch, wie ſie
es ſonſt aſſen, war, ſo mochte doch kein Un-
beſchnittener, Heyde oder Jud der nach dem
Geſetze, unrein war, davon eſſen, dieweil ein
Urtheil des Geſetzes hierüber bereits vorhanden
war, darum daß es 1. eine Einſetzung und
Verordnung ihres GOttes. 2. Ein abgeſondert Fleiſch war, von dem HErrn zum Got-
tesdienſt geordnet. Und drittens, weil es ſie
ihrer Erlöſung auß Egypten erinnerte, da der
Würg-Engel bey ihren Häuſern fürüber gieng,
und ſie alſo von Tödtung der erſten Geburt
erlöſete. Ferner und zum vierdten, dieweil es
ihnen zu Gemüth führete die Erkantnüß und
Gedächtnüß derer an ihnen und ihren Vättern
erwieſenen göttlichen Wolthaten, und daß es
ein gegebener Befehl GOttes wäre. Dieweil
nun das Oſterlämmlein außdrücklich hierzu abgeſondert werden muſte, ſo ware es eine Sache GOttes, und vor dem HErrn heilig, daß

es in Israel auch heilig gehalten, und in Reinigkeit genossen werden muste.

Und also mögen wir es auch von dem
Brodt des Heiligen Abendmahls verstehen, daß
es erstlich wegen des Befehls Christi, der es
zu der Gedächtnüß seines Leydens, Tods und
Blut-Vergiessens zu halten befohlen, auch für
heilig geachtet, und also gehalten werden müsse.
2. Dieweil es uns so köstliche theuer-bahre Sachen, zum eigentlichen, abgesonderten Gebrauch
der Gedächtnüß, vom Opffer Christi, von Bre-
chung seines Leibs, und Vergiessung seines
Bluts an dem Stamm des Creutzes zur Versöhnung mit GOtt, Vergebung unserer Sünden, und Erhaltung zum ewigen Leben, vor-
bildet und anzeiget; Um welches willen, es
dann von uns in der Forcht GOttes heilig
geachtet und gehalten zu werden gebühret, gleich
wie es von Paulo daher die Gemeinschafft des
Leibs und Bluts Christi genennet wird, da er
spricht: Das Brodt das wir brechen, ist das
nicht die Gemeinschafft deß Leibs Christi, und
der Kelch der Dancksagung, damit wir danck-
sagen, ist der nicht die Gemeinschafft des Bluts
Christi? 1. Cor. 10. v. 16.

III. Frage.

Hat man noch mehr solcher Gleichnüssen oder
Red-Arten von göttlichen Sachen in der
Heil. Schrifft, da den eusserlichen Dingen,
der eigentliche Nam von Göttlichen Dingen
gegeben,

gegeben, und uns damit in der Heil. Schrifft angewiesen werden, worauß man verstehen möge, daß auch Christi Wort über dem Brod und Wein des Abendmahls, eigentlich in Bedeutung seines Leibs- und Bluts gesprochen oder geredt sind?

Antwort.

Von solchen Gleichnüssen und Redens-Arten ist die Heil. Schrifft voll, welche uns die innige, göttliche, geistliche, und himmlische Sachen bedeuten, die mit dem Namen eusserlicher Dingen benennet sind, so uns den göttlichen, geistlichen, himmlischen Sinn fürstellen, anweisen und bekant machen. Also nennet sich Christus selbst die Thür zu den Schaafen, und einen guten Hirten, der sein Leben lasse für seine Schaafe, Johann. 10. v. 9, 12. einen wahren Weinstock, und die Glaubigen seine Reben, Joh 15. v. 5. Einen Weg, Joh. 14. v. 6. Seinen Vatter ein Weingärtner, Petrum einen Stein oder Felß. Joseph sprach in Außlegung des Traums zu dem König Pharao in Egypten: Daß die sieben fette Küh, und die sieben volle Aehren, sieben fette Jahre, die sieben magern Küh und sieben magere, und versengte Aehren aber, sieben magere Jahre, oder theure Zeit seyen, Gen. 41. v. 26, 27. Ingleichen von den Träumen des Schencken und Brodtbeckers in der Gefängnüß; Daß 3 Reben, wie auch die 3 Körb drey Tag seyen,

Q 4　　　　　Gen.

Gen. 40. v. 12, 18. Wie sie dan dasjeni=
ge, so durch ihre Träume bedeutet war, selbst
gesehen, und erfahren haben. David nennet
das Wasser welches die drey Helden unter dem
Thor zu Bethlehem mit Leib und Lebens=Ge=
fahr bey den Feinden geholt, das Blut der
Männer, und goß es auß dem HErrn als
das Blut eines Opffers, 2. Sam. 23. v 17.
Wie auch Paulus von des Abrahams zweyen
Weibern, und deren beyden Söhnen, dem Is=
mael, und Isaac redet, und spricht, daß die
Wort etwas bedeuten, nemlich daß sie das Al=
te und Neue Testament seyen, Gal. 4. v. 24.
Also spricht er auch von dem Felß, welchen
Moses in der Wüste mit seinem Stab schluge,
daß Wasser zu trincken herauß floß; Dieser
Felß war Christus, 1. Cor. 10. v. 4. Diese
Dinge werden nun genennet dasjenige, was sie
bedeuten, und sind dergleichen Redens=Arten in
der Schrifft eine grosse Menge.

112. Frage.
Muß dann das Abendmahl nur zum Gedächt=
nüß des Leydens und Sterbens Christi ge=
braucht, unterhalten und gegessen werden?

Antwort.
GOtt der HErr hatte den Kindern Israels
nicht nur das Osterlamm zu essen, und das
Osterfest zur Gedächtnüß ihrer Erlösung auß
Egypten zu feyern befohlen, sondern fürnemlich
auch ihnen seine treue Vollbringung der an th=
ren

ren Vättern gethanen Verheissung, wie auch
die wunderbahre Erlösung, dadurch zu verneu-
ern, und sie der Wohlthaten GOttes zu erinnern, wie der HErr ihnen solches, da sie es
wenig mehr achteten, durch Micha vorstellete,
da er sagt, daran ihr ja inercken soller, wie der
HErr euch alles Gutes gethan hat, Mich. 6.
v. 5. Also muß uns auch die Haltung des
Abendmahls nicht allein zu einer schlechten Gedächtnüß des Leydens und Sterbens Christi dienen, sondern uns allermeist an GOttes erwie-
sene grosse Liebe und Wohlthaten erinnern, indem er uns ein so theur-bahres Osterlamm,
welches ist Christus, der geliebte Sohn GOttes, der für uns geopffert ist worden, geschencket hat, 1. Cor. 5. v. 6. Und dadurch beweiset daß wir dadurch mit GOtt versöhnet
sind, und also Frieden mit GOtt, durch JE-
sum Christum erworben haben, Röm. 5. v. 1.
Ferner, was uns durch die Ankunfft Christi,
wie auch seine Lehre, Vorbild, Leyden und Sterben zuwegen gebracht worden, um dadurch seiner grossen Liebe zu gedencken, wodurch wir so
theuer erkaufft sind, und folglich uns desto mehr
GOtt verpflichtet zu seyn, zu halten, wie Paulus spricht; Ihr seyd nicht euer selbst, sondern
ihr seyd theuer erkaufft, darum preiset GOtt an
eurem Leibe, und in eurem Geist, welche GOttes sind, 1. Cor. 6. v. 19, 20.

113. Frage.

Dienet

Diener das Halten und der Gebrauch des Heil.
Abendmahls, den Frommen, auch zu etwas
mehrers, als zur Erinnerung und Erkantnüß der grossen, an uns Menschen in Christo erwiesenen Wohlthaten GOTTES?

Antwort.

Es dienet allen frommen und Gottsförchtigen Menschen in vielen Stücken zum Trost,
zur Stärckung und Auffmunterung in dieser
Pilgrimschafft zur Versicherung.

1. Daß das Abendmahl ihnen, als zu einem
Testament nachgelassen seye, wie auch daß ihnen das Leyden und Sterben Christi zur Vergebung der Sünden, und Wiederbringung des
ewigen Lebens gereiche.

2. Daß gleich wie sie in dem Heil. Abendmahl des Brods und des Weins theilhafftig
werden, also sollen sie auch Christi und seiner
Verdienste theilhafftig werden; Wie Christus
in einem geistlichen Gleichnüß sagt, Joh. 6.
v. 51. Ich bin das Brod des Lebens, so
vom Himmel kommen ist, und gebe der Welt
das Leben, mein Fleisch ist die rechte Speiß,
und mein Blut ist der rechte Tranck, wer mein
Fleisch isset, und trincket mein Blut, der bleibet in mir und ich in ihm, v. 55. 56. Daher setzet Christus denen Glaubigen den Be-
cher des Abendmahls, als ein hinterlassenes Testament, indem er sagt, diß ist der Kelch des
Neuen Testaments in meinem Blut, das für

viele

viele vergoſſen wird, zur Vergebung der Sünden, Luc. 22. Matth. 26. v. 27. An deme
ſie auch einen getreuen Beyſtand haben, der
über ſie, als ein Hirt über ſeine Schaafe wachet, Pſal. 23. v. 1. Matth. 28. v. 20.

Letzlich und zum dritten weiſet es auch allen
Glaubigen ihre Einigkeit des Geiſtes an,
welche ſie durch die Einigkeit des Glaubens,
und Hoffnung der Seligkeit, ſo ihnen in Chriſto erwieſen, mit einander haben, und worzu
ſie durch dieſe Verordnung alle eins ſind, ſo
fern ſie die Einigkeit nach dem Geiſt erweiſen,
wie Paulus ſpricht; Wir viele ſind ein Brodt,
und ein Leib, dieweil wir alle eins Brodts theilhafftig ſind, 1. Cor. 10. v. 17.

114. Frage.

Iſt auch eine geſetzte Zeit, wann und wie offt
man das Abendmahl in der Gemeinde halten ſoll, gleich wie das Oſterlamm bey den
Iſraeliten hatte?

Antwort.

Den Kindern von Iſrael hatte GOtt eine
gewiſſe Zeit gegeben, wann ſie das Oſterfeſt
halten ſollen, nemlich nach der Jahrs Zeit auf
den 14. Tag des erſten Monaths, Exod. 12.
v. 6. Aber von Haltung des Abendmahls finden wir keine beſtimte Zeit, wann und wie offt
es in der Gemeinde ſolle gehalten werden, dann
es auf keine gewiſſe Zeit in der erſten Kirche
verordnet worden, bezeuget die Anmerckung,

Act.

Act. 2. v. 46. Sie brachen das Brodt, hin und her in Häusern, und nahmen die Speiß mit Freuden, und einfältigem Herzen, darneben blieben sie beständig, in der Apostel Lehr, in der Gemeinschafft, im Brodtbrechen, und im Gebeth, Act. 2. v. 42. Und zu Troada wurde es bey zufälliger Reise Pauli auf ein Sabbath, Abends vorgenommen, Act. 20. v. 7. Doch muß dieses wohl beobachtet werden, so offt es gehalten wird, daß man des HErrn Tod darbey verkündigen solle biß daß er komt, 1. Cor. 11. v. 25.

Der fünffzehende Articul von dem Gebott der Liebe.

115. Frage.

Hat dann der HErr Christus neben der Tauffe und Abendmahl auch noch mehr hohe Befehl oder Gebott an seine Gemeinde und Glaubigen gegeben, so im Alten Testament nicht befohlen worden sind?

Antwort.

Der HErr hat zwar einige gegeben, aber dannoch keine, welche die Haupt-Gebott des Gesetzes Mosis auffheben, wohl aber das alte Gesetz völliger machen, oder noch mehr verbinden: Dann ich bin nicht kommen, das Gesetz auffzuheben, sondern zu erfüllen. Sonderlich aber ist das zu mercken in dem Gebott der Liebe, welches das Haupt-Gebott ist, ja auch der gan-

ze

ze Inhalt des Geſezes Moſis ware, nemlich
GOtt zu lieben von gantzem Hertzen, von gantzer Seelen, und von gantzem Gemüth, Deut.
6. v. 5. Ferner, du ſolt deinen Nechſten lieben als dich ſelbſt, Levit 19. v. 18. In dieſen zweyen Gebotten, ſagt Chriſtus, beſtehet das
gantze Geſez und alle Propheten, Matth. 22.
v. 36, 37. Nemlich daß wir wohl darin beſtehen und in einer völligen Liebe wandeln ſollen,
und daß auß Ubung der Liebe, alles was das
Geſez und die Propheten inhalten vollbracht
werde, wie Paulus bezeuget; Die Haupt-Summ
des Gebotts, iſt liebe von reinem Hertzen, und
gutem Gewiſſen, und ungefärbtem Glauben,
wider welche das Geſez nichts gilt, 1. Tim.
1. v. 5.

116. Frage.

Wo, und wie wird dann von Chriſto das Gebott der Liebe völliger angeführet und gemacht, alß in den Geſez Moſis?

Antwort.

Bey-oder in dem Geſez Moſis wird die Liebe des Nechſten nicht weiters verſtanden, oder
feſt geſtellet, als nur unter und an ihren Mit-
Brüdern, den Iſraeliten, welche allein für ihre
Nechſten zu achten. In dem Evangelio aber,
wird eine brüderliche und gemeine Liebe erfordert, 1. Petr. 1. v. 7. Dann Chriſtus ſpricht;
So ihr liebet, die euch lieben, was thut ihr
ſonderliches, thun nicht die Zöllner auch alſo,

U   Matth.

Matth. 5. v 46. Und als ein Pharisäer,
oder Schriftgelehrter, von dem Gesetz den
HErrn fragte, wer ist mein Nechster, stellet er
ihm für das Gleichnüß von dem Samariter,
Luc. 10. v. 29. Indeme er ihm bezeuget, daß
er an allen denen, so Hülffe vonnöthen, Liebe
erweisen müste, womit er ihn lehret, daß nicht
allein derselbe, so mit im Bund der Beschneidung nach dem Gesetz lebte sein Nechster sehe,
sondern daß man ohne Unterscheid an alle, so
man zu Dienst seyn könte, durch Dienst die
Liebe erweisen müste. Indessen hat er auch die
brüderliche Liebe so hoch anbefohlen, als immer
im Gesetz gebotten war, und spricht zu seinen
Jüngern, oder zu den Seinigen: Ein neu
Gebot geb ich euch, daß ihr euch unter einander liebet, dabey wird jederman erkennen, daß
ihr meine Jünger seyd, so ihr Liebe unter einander habt, Joh. 13. v. 34. 35. Dann wer
nicht lieb hat, der kennt GOtt nicht, dann
GOtt ist die Liebe, 1. Joh. 4. v. 8. Daher
dann Petrus die Liebe so ernstlich und hoch anbefohlen hat, da er spricht, vor allen Dingen
aber habt unter einander eine inbrünstige Liebe,
dann die Liebe decket auch der Sünden Menge, 1. Petr. 4. v. 8. Nicht allein aber brüderliche Liebe, sondern auch eine gemeine Liebe,
nemlich gegen alle Menschen, 1. Petr. 1. v.
7. Ja auch gegen die Feinde selbst zu haben,
Matth. 5. v. 44.

Der

Der sechszehende Articul von der Rache.

117. Frage.

Wird dann in solcher Lehr, daß man an alle
Menschen ohne allen Unterscheid die Liebe
erweisen soll, nichts wider das Gesetz gelehrt,
indem ja die Juden durch des HErrn Hand,
gegen ihre Feinde streiten musten, welche der
HErr in ihre Hand gab, wie muß sich dann
ein Christ hierin verhalten, wann er gegen
alle Menschen Liebe erzeigen soll?

Antwort.

Es beliebte damals GOtt dem HErrn, die
siebenerley verbannete Völcker, als welche des
HErrn Feinde waren, durch die Juden auß=
zurotten, mit welchen die Juden kein Friedens=
Verbündnüß machen, noch ihre Kinder mit den=
selben verehlicht werden dörfften, Exod. 23. v.
32. Außer denselben musten sie in ihrem Lan=
de an allen Fremdlingen Liebe erweisen, v. 9.
Da aber GOtt der HErr nunmehro das gan=
 tze menschliche Geschlecht durch seinen Sohn
mit ihme versöhnet, 2. Cor. 5. v. 19. 1. Joh.
2. v. 2. So muß auch nun unsere Wohlthat
gegen alle Menschen ohne Unterscheid in der
Liebe erzeiget, und erwiesen werden, nach den
Worten, 2. Petr. 1. v. 7. Wie solches von
Christo außdrücklich gelehret wird; Ihr habt
gehört, daß zu den Alten gesagt ist, Aug um
Aug, Zahn um Zahn, ich aber sage euch, daß
ihr nicht widerstreben solt dem Ubel, sondern so

U 2   die

dir jemand giebt einen Streich auf den rechten
Backen, dem biete den andern auch dar, Matth.
5. v. 38. Ihr habt ferner gehört, daß gesagt
ist, du solt deinen Nechsten lieben, und deinen
Feind hassen, ich aber sage euch, liebet eure
Feinde, segnet die euch fluchen, thut wohl denen die euch hassen, bittet für die so euch beleidigen und verfolgen, v. 43. 44. Und was
thut ihr sonderliches, so ihr euch zu euren Brüdern freundlich thut, thun nicht die Zöllner
auch also, v. 47. Aus welchem der Apostel
Paulus die Glaubigen ermahnet, da er sagt,
rächet euch selber nicht meine Liebsten, sondern
gebet statt dem Zorn GOttes, dann es stehet
geschrieben, die Rache ist mein, ich wills vergelten, spricht der HErr; So nun deinen Feind
hungert, so speise ihn, dürstet ihn, so träncke
ihn, wann du das thust, so wirstu feurige Koh-
len auf sein Haupt sammlen, Röm 12. v. 19,
20, 21. Also müssen die rechtglaubigen Christen durch Wolthun, verstopffen die Unwissenheit der unwissenden und unverständigen, und
thörichten Menschen.

118. Frage.

Hat rechte und wahre Liebe, so in dem Evangelio erfordert wird, auch gewisse Kenn-Zei-
chen worbey man sie erkennen kan?

Antwort.

Ja gewißlich hat die Liebe, die sich gegen den
Menschen erstrecket, auch ihre gewisse Kenn-
Zeichen,

Zeichen, dann wo die rechte Liebe GOttes in
den Hertzen der Menschen gegründet ist, da sind
auch auf göttliche Art dieselbe gegen ihren Ne-
ben-Menschen in Liebe entzündet; Dann wer
da sagt, er seye im Licht, und hasset seinen
Bruder, der ist noch im Finsternüß, 1. Joh.
2. v. 9. Die Liebe ist langmüthig, und freundlich, die Liebe eiffert nicht, die Liebe treibt nicht
Muthwillen, sie blehet sich nicht, sie stellet sich
nicht ungeberdig, sie suchet nicht das Ihre, sie
läßt sich nicht erbittern, sie trachtet nicht nach
Schaden, sie freuet sich nicht der Ungerechtigkeit, sie freuet sich aber der Warheit, 1. Cor.
13. v. 4, 5, 6. Die Liebe thut dem Nechsten
nichts Böses, sondern die Liebe, ist des Gese-
ßes Erfüllung, Röm. 13. v. 10. Und also
ist ein rechter Christ von aller Rach-Begirde
durch die Liebe frey.

Der siebenzehende. Articul von dem Eyd-Schwören.

119. Frage.

Sind dann auch noch solcher Gebotten Christi
mehr, die in den weltlichen Rechten geübet
werden, und aber in dem Gesez Christi verbotten sind?

Antwort.

Es ist noch ein klarer Befehl Christi, daß
man in Gezeugnüßen, von, und über Strittig-
keiten in zeitlichen Sachen, keinen Eyd schwö-

U 3   ren

ren solle, so sonsten in den weltlichen Rechten
bräuchlich, aber kein Gebott des Gesetzes ist,
wohl aber daß sie keinen falschen Eyd schwören
sollen, Levit. 19. v. 12. Dann der Eyd ist
schon von Abrahams Zeiten her unter den Menschen gebräuchlich gewesen, wie an Abraham
selbst zu sehen, welcher von seinem Knecht Eleasar einen Eyd nahm, Gen. 2. v. 5. Isaac
verbandt sich mit einem Eyd an den König
Abimelech Frieden zu machen. Gleich wie auch
Jacob und Laban ihren Verglich mit einem
Eyd bestättigen, Gen. 26. v. 31. Daß also
der Eyd kein Gebott GOttes ist, daß man
schwören müste. Aber daß die Sachen der
Warheit ohne Eyd eben so wohl kräfftig, als
mit einem Eyd bezeuget werden können, so weiset Christus die Seinigen, deren Beruff ist,
in der Liebe rechtschaffen zu seyn, Eph. 4. v.
15. den kürtzesten und sichersten Weg der
Warheit zu gehen, Matth. 5. v. 33. da er
spricht: ihr habt gehört, daß zu den Alten gesagt ist, du solt keinen falschen Eyd thun, sondern solt GOtt deinen Eyd halten, ich aber sage euch, daß ihr allerdings nicht schwöret, weder bey dem Himmel, dann er ist GOttes
Stuhl, noch bey der Erden, dann sie ist seiner Füsse Schemel, noch bey Jerusalem, dann
sie ist eines grossen Königs Stadt, auch soltu
nicht bey deinem Haupt schwören, dann du
vermagst nicht ein einiges Haar weiß oder

schwartz

schwartz zu machen, euer Rede aber seye Ja
Ja, Nein Nein, was darüber ist, das ist vom
Argen, oder vom Ubel, Matth. 5. v. 33. biß
37. Daß also der HErr Christus hier nicht
allein dasjenige, so der Mensch ohne Gebott
und Befehl angenommen, vernichtet oder verbeutet, und auffhebet, sondern auch zugleich
dasjenige, so das Gesetz vom falschen Schwören meldet, verbeutet, und anweiset, wie man
die Warheit ohne Eyd bezeugen könne, wie auch
daß sein Zeugnüß darin gegründet seye, daß er
nicht kommen sey, das Gesetz aufzulösen, sondern zu erfüllen, Matth. 5. v. 17.

Der achtzehende Articul vom Ehestand.
120. Frage.

Sind von dem HErrn JEsu auch noch mehr
Sachen verändert, oder vollkommen gemacht,
von welchen in dem Gesetz auch gedacht wird?

Antwort.

In dem Ehestand hat Christus den einge-
schlichenen Mißbrauch und Verfall, durch die
Gesetze so von Mose zugelassen worden, wieder
ersetzet, wie auch die Schwerigkeit und Miß-
bräuch bestraffet, worüber sonsten GOtt der
HErr durch den Propheten Malachiam klaget,
daß sie darin wider seinen Willen thäten. Bringet auch Christus den ersten Ehestand wieder
auf die alte und erste Ordnung; Dann als er
von den Schrifftgelehrten gefragt ward, ob es

U 4 auch)

auch recht wäre, daß ein Mann sich um ir=
gend einer Ursach willen von seinem Weib
scheide, gab er zur Antwort, habt ihr nicht ge=
lesen, daß der so im Anfang den Menschen ge=
macht hat, der machet daß ein Mann und ein
Weib seyn solte, und sagt, darum wird ein
Mensch Vatter und Mutter verlassen, und an
seinem Weib hangen, und werden die zwey ein
Fleisch seyn, was nun GOtt zusammen gefüget
hat, soll der Mensch nicht scheiden, Matth. 19.
v. 4, 5, 6. Da nun die Juden wieder frag=
ten, warum hat dann Moses gebotten einen
Scheid=Brieff zu geben, und sich von ihr zu
scheiden, antwortet JEsus, Moses hat euch er=
laubt von euren Weibern zu scheiden, von eu=
ers Hertzens Härtigkeit wegen, von Anfang ist
es nicht also gewesen, ich aber sage euch, wer
sich von seinem Weib scheidet, es seye dann
um der Hurerey willen, und nimt ein andere,
der bricht die Ehe, und wer die Abgeschiedene
zur Ehe nimt, der bricht auch die Ehe, Matth.
19. v. 7, 8. Worauß dann klar zu ersehen,
wie Christus alle Christen lehret, wie ein jeder
Christen Mensch, es seye. dann um der Hure=
rey willen, durch das Band des Ehestandes
an seine Frau verbunden seye, ohne sich von
derselben zu scheiden, so lang sie lebet, und wie
auch die Frau an den Ehestand verbunden so
lang der Mann lebet, so aber der Mann stirbt,
sey sie frey sich zu verheyrathen, an welchen sie

wolle,

wolle, allein daß es in dem HErrn geschehe,
1. Cor. 7. v. 39.

121. Frage.

Werden dann alle Ehen von GOtt gemacht,
wie Christi Wort lauten?

Antwort.

Nachdeme GOtt ein allwissender GOtt ist,
und seine Würckungen bey den Menschen unbegreifflich seynd, so kan man keinen festen
Schluß davon machen, in Betrachtung aber
GOttes Fürsehung solte man wohl gestehen,
daß von GOtt auch Menschen zusammen-ge-
fügt werden, die zu ihrer beyder Straff zusammen in den Ehestand tretten, oder darin andern zur Straffe seyn müssen, wie an Sim-
son zu sehen, welches Heyrath den Philistern
zur Straff Ursach gab, Jud. 14. v. 15, 16.
So siehet man auch öffters wie verheyrathete
Leute einander zur Straffe leben: Wo aber
die wahre Forcht GOttes bey den Menschen
ist, da kan man versichert seyn, daß GOtt ein
Stiffter des Ehestands ist, dann die Gnad des
HErrn ist über alle die so ihn fürchten, Psalm.
103. v. 11. Und dessen war Abraham versichert, da er für seinen Sohn Isaac ein Weib
holen ließ, und nicht wuste welche es seyn solte, da er dann zu Eleasar, der in solcher Sache nachdencklich, und fürsichtig war, sagte,
der HErr wird seinen Engel vor dir her senden, daß du meinem Sohn ein Weib nehmest,

Gen.

Gen. 24. v. 7. Als nun der Knecht zur selben kam, kehrete er sich mit seinem Gebeth zu GOtt, und da Laban die Botschafft vernahm, sprach er; Das komt von dem HErrn, darum können wir nichts darwider reden, weder Gutes noch Böses, Gen. 24. v. 50.

122. Frage.

Sind auch einige Mittel, wodurch man zu solchen Stand der Ehe kommen, und dadurch versichert seyn kan, daß GOtt der HErr den Menschen ein Ehegemahl zufüge?

Antwort.

Es sind freylich Mittel und Wege, wodurch man versichert seyn kan, daß man durch GOttes Zuschickung zu dem Ehestand kan kommen, wann wir nur GOtt förchten, Psalm. 103. v. 11. wie zu dem König Assa gesagt wird, der HErr ist mit euch, weil ihr mit ihm seynd, 2. Chron. 15. v. 27. Dann ein tugendsam Weib, sagt Syrach 26. v. 3. ist eine edele Gab, und wird dem gegeben der GOtt förchtet. Dessen wir an den Altvättern Abraham, Isaac, und Jacob ein Exempel haben, wie dieselben GOtt geförchtet, und wie sie durch Mittel des Gebeths ihre Ehe-Genossen bekommen, die ihnen von GOtt zugefüget worden; Dann die Augen des HErrn sehen auf die Gerechten, und seine Ohren auf ihr Schreyen, Psalm. 34. v. 16. Deßgleichen sehen wir an Jacob, als er zu Erlangung eines Ehegemals aus seines

nes

nes Vatters Hauß nach Mesopotamiam zog,
wie er GOtt gebethen, daß er zu seiner Reise
Gnad geben wolle, Gen. 28. v. 20. Dann
das Gebeth des Gerechten vermag viel, wann
es kräfftig ist, Jac. 5. v. 17. Und der Apostel Johannes sagt; Das ist die Freudigkeit
die wir zu ihm haben, daß, so wir etwas bitten nach seinem Willen, so erhört er uns, 1.
Joh. 5. v. 14.

123. Frage.

Stehet das Heyrathen nicht einem jeden frey
sich zu verehlichen mit welchem man will?

Antwort.

Es stehet einem Glaubigen Christen nicht
frey, sondern die heilsame Lehr des Evangelii,
wann sie von den Menschen beobachtet wird,
wird sie wohl anweisen, wie sie darin leben und
thun sollen. Daß es aber GOtt nicht gefalle
nach menschlichem fleischlichem Sinn sich zu
verehelichen, hat man zu sehen auß dem Heyrathen der Menschen vor der Sündflut, Gen.
6. v. 2. Allwo bezeuget wird, daß die Kinder GOttes nach den Töchtern der Menschen
gesehen, wie sie schön wären, und zu den Weibern nahmen, welche sie wolten. So war auch
den Kindern Israel, die sonst GOttes Volck
genennet worden, außdrücklich verbotten, die
Töchter und Söhne des Lands Canaan, welche
der HErr verbannet hatte nicht zu heyrathen,
Deut. 7. v. 3. So stehet es auch nicht frey,

diese-

diejenige zu heyrathen, so einander in dem Ge-
blüt nahe verwandt sind, Levit. 19. Dannoch
aber ist es frey zu verheyrathen an welchen
man will, wann es nur nach Pauli Erinnerung in der Forcht des HErrn geschicht, 1.
Cor. 7. v. 39. Nemlich daß die so in den
Ehestand zu tretten gesinnet, solches im Gebeth
und Gottes-forcht anfangen, alsdann es ihnen
unter solchem Beding frey stehet zu heyrathen,
Reiche an Arme, Junge an Alte, Wittwen an
Freye, wann sie frey in ihrem Gewissen von
andern sind, nur daß sie mit einander eines
Glaubens und Gottes-diensts sind.

124. Frage.

Mögen dann die Menschen, verstehe, Manns
und Weibs Personen, sich nicht frey zusammen begeben, es seye dann daß es durch
den Priester geschehe?

Antwort.

Alle Zusammenfügung von Manns und
Weibs Personen in Vermischung, ohne das
Band des Ehestands wird Hurerey genennet,
davon man im Gesetz ein Befehl hat, Deut.
23. v. 17. Es soll kein Hur unter den Töchtern Israels, und kein Hurer unter den Söhnen Israels seyn. Daher auch Paulus spricht,
um der Hurerey willen, habe ein jeglicher sein
eigen Weib, und ein jegliche habe ihren eigenen Mann, 1. Cor. 7. v. 7. Ingleichem;
Die Ehe soll ehrlich gehalten werden, und das

Ehe-

Ehe-Beth unbefleckt, die Hurer aber und die
Ehebrecher wird GOtt richten, Hebr. 13. v. 4.

Der neunzehende Articul von der Kir-
chen-Straffe, Außschluß oder
Bannen.

125. Frage.

Wann jemand von den Gliedmaßen der Gemeinde etwan eines dieser verordneten Gebotten und Befehl Christi, übertritt, und
wider dieselbe handelt, ist darüber auch einige Straffe in der Gemeinde bestimmet.

Antwort.

Wann solches muthwillig, auß Verachtung
des Befehls geschicht, so sind sie dem Evangelio ungehorsam, Röm. 2. v. 8. Insonderheit,
wann ihr Leben also beschaffen ist, daß bey andern davon übel geredt wird, und die Lehr des
Evangelii gelästert; Aber es muß mit Unterscheid untersucht werden, ob es Fehler, Irrthü-
me, oder vorsätzliche freywillige Sünden und
Ubertrettungen sind, mit, oder ohne Leydwesen
geschehen, wie auch mit dem Unterscheid, ob die
Missethat zwischen dem Menschen, und seinem
GOtt, oder zwischen ihm und seinem Bruder,
oder Nechsten bestehe? Ist es nun ein Irrthum, oder Ubereylung, daß der Mensch seinen
Beruff übertritt, so kan solches unter einer brüderlichen Erinnerung, Vermahnung und Unterweisung, zur Besserung durch Leydwesen wie-

X derum

derum verbessert werden, nach der Lehr Pauli,
Gal. 6. v. 3. So ein Mensch etwan mit einem Fehl übereylet würde, so helffet ihm wieder
zurecht, mit sanfftmüthigem Geist, ihr die da
geistlich seyd, und sehet auf euch selbst; Den
Schwachen im Glauben nehmet auf und ver-
wirret die Gewissen nicht, Röm. 14. v. 1.
Worvon Syrach ein lehrhaffte Erinnerung thut,
19. v. 10, 13, 15. Hast du etwas gehört von
deinem Nechsten oder Bruder, so sprich ihn
darum an, vielleicht hat er es nicht gethan,
oder hat er es gethan, daß er es nicht mehr
thue, dann man lüget gern auf die Leut. Und
wann solches in der Liebe geschicht, so kan es
viel zur Besserung dienen, und so gebührt es
sich zu thun, wann ein Bruder sich gegen dem
andern versündiget, nach der Lehr Christi;
Sündiget dein Bruder an dir, so gehe hin,
und straffe ihn zwischen dir und ihm allein,
höret er dich, so hastu deinen Bruder gewon-
nen, höret er dich nicht, so nimm noch einen
oder zween zu dir, auf daß alle Sach bestehe
in zweyer oder dreyer Zeugen Munde, höret er
die auch nicht, so sage es der Gemeinde, Matth.
18. v 15, 16, 17.

126. Frage.

Muß man dann mit denen, die sich an oder
    gegen GOtt versündiget, anderst verfahren,
    und handeln?

Antwort.

Darin

Darin muß fürsichtig verfahren, und wohl
unterschieden werden, ob es Sünden sind, über
welche in der Heil. Schrifft die Verdamnuß
außgesprochen wird, oder ob sie mit Reu und
Leyd versöhnet werden können? Oder auch ob
sie sich halßstarrig erzeigen, und in ihrem bösen
Leben fortfahren, wie Paulus von solchen sagt;
Nach deinem verstockten und unbußfertigen Hertzen, häuffest du dir selbst den Zorn, auf den
Tag des Zorns, und der Offenbahrung des
gerechten Gerichts GOttes, Röm. 2. v. 5.
Dann wann in solcher Ubertrettung der Befehl
und Gebott Christi, in Verharrung bey den
fleischlichen Lüsten und Begierden, von den
Menschen, mit übler Nachrede von denen so
ausserthalb sind, fortgefahren wird, so muß das
Urtheil der Gemeinde, nach der Lehr Christi,
darüber ergehen, und wann an solchem kein
hertzlich Reu und Leydwesen, vom Bösen ab-
zustehen, gespühret noch gesehen wird, so muß
er von der Gemeinde als ein untüchtig, und
todtes Glied abgeschnitten, und als ein Sauerteig außgefeget werden, nach der Lehr Christi,
ihn als einen Heyden und Zöllner zu halten,
Matth. 18. v. 17. Und so schreibt Paulus
1. Cor. 5. v. 5, 6. Wisset ihr nicht, daß ein
wenig Sauerteig den gantzen Teig verstäurt,
darum feget den alten Sauerteig auß, auf daß
ihr ein neuer Teig seyd, und v. 11, 12. Richtet ihr nicht die darinnen sind, GOtt aber wird

Wessen

diejenigen so drauſſen ſind richten, darum ſo
thut hinauß wer da böß iſt; Item, die da ſün-
digen ſtraffe vor allen, auf daß ſich auch die
andern förchten, 1. Tim. 5. v. 20. Ich be-
zeuge vor GOtt, und dem HErrn JEſu Chriſto, und den außerwehlten Engeln, daß du ſolches halteſt, ohne eigen Gutdüncken, und nichts
thueſt nach Gunſt.

Der zwantzigſte Articul von der Ab-
ſonderung oder Außſchlieſſung
von der Gemeinde.

127. Frage.

Wann dann ſolche um ihres böſen und un-
chriſtlichen Lebens willen, von der Gemeinde
geſtrafft ſind, geſchicht das nur allein andern zur Forcht?

Antwort.

Es geſchicht nicht allein den andern zur
Forcht und zum Exempel der Sünden-Straffe,
ſondern auch dem Sünder oder Ubertretter zur
Warnung, nach Chriſti und ſeiner Apoſteln
Befehl, ihn zur Reu, Beſſerung, und Leydwe-
ſen zu bringen, und daß die Gemeinde kein La-
ſter ſeinetwegen tragen müſte von andern oder
denen drauſſen. Deßwegen wird er in ſo weit
gemeidet, daß er in der Gemeinſchafft, und Einigkeit des Geiſtes nichts mehr zu thun hat, ja
auch weder zu brüderlichem Kuß noch Gruß erkannt wird, ſo wenig als einer der niemals in

der

der Gemeinde gestanden, biß zur Zeit seiner
Bekehrung, und Besserung seines Lebens, Han-
dels und Wandels.

128. Frage.

Wie muß man dann sich gegen solche verhalten, so lang sie ausserhalb der Gemeinde stehen?

Antwort.

Wann sie sich noch zu der Gemeinde halten,
des HErrn Wort anhören, keine Lästerer noch
Schelter sind, soll man sie fleissig ermahnen,
sich mit GOtt und seiner Gemeinde zu versöhnen, und so fern man siehet, daß es ihnen Ernst
ist, soll man ihnen die hülfliche Hand zu ihrem
Auffkommen wiederum bieten, jedoch mit grosser Fürsichtigkeit, und gutem Bedacht, nemlich,
daß er nicht in zu grosse Traurigkeit falle, und
auch, daß hierin wider GOttes Willen nicht
gehandelt werde; Wann aber solche außgeban-
nete in Lastern, Sünden und Schanden verharren, und keine Hoffnung zur Besserung gesehen kan werden, so müssen wir solches dem
gerechten Gericht GOttes befehlen, und gleichwohl GOttes Befehl an ihnen verrichten, und
die Christliche Liebe, als gegen unserm Nechsten,
üben und beweisen, Matth. 5. v. 48. 19. v.
19. 22. v. 39. Luc. 10. v. 16, 34, 35.
Röm. 13. v. 9, 10. Gal. 5. v. 14. 6.
v. 10.

Der ein und zwantzigſte Articul von der Wiederauffnehmung der Bußfertigen.

129. Frage.

Wann nun ein ſolcher durch ſothane Anrede und Vermahnung, zur Bekehrung und Beſſerung des Lebens komt, wie wird alsdann mit ihm verfahren?

Antwort.

Alsdann iſt die Gemeinde ſchuldig auß hertzlicher mitleidender Liebe, ſich gegen ihme zu erzeigen, und ihme, auß Freude ſeines Wiederkommens, eine gute Hoffnung zu machen, daß er wiederum, ſo fern er in ſeinem guten Fürnehmen werde fortfahren, zu einem Glied Chriſti und der Gemeinde auffgenommen und einverleibt werden ſolle; Wie ſolches Luc. 15. in dem Gleichnüß des verlohrnen Sohns klar angewieſen wird, da der HErr Chriſtus diß Gleichnüß alſo beſchlieſſet; Alſo wird auch Freude ſeyn vor den Engeln GOttes im Himmel, über einen Sünder der Buß thut. So gebühret es ſich dieſem nach, einen ſolchen mit Freuden wieder anzunehmen, wie Paulus an die Corinther ſchreibet; Es iſt genug daß derſelbe von vielen alſo geſtraffet iſt, daß ihr ihme deſtomehr vergebet und tröſtet, 2. Cor. 2. v. 6, 7.

130. Frage.

Hat dann die weltliche Obrigkeit nicht Macht

in

in der Chriſtlichen Kirche zu ſtraffen, oder
wird die Obrigkeit, in der Lehr des Evangelii, nicht für die rechte Obrigkeit erkennet?

Antwort.

Das Amt der Obrigkeit beſtehet in den weltlichen Regimenten, und wird durch das Evangelium nicht auffgehoben; Und ob wohl dieſelbe von Chriſto nicht in der Evangeliſchen Kirchen eingeſetzet zu ſeyn ſcheinet, Luc. 22. v. 25,
26. So werden dannoch die Chriſtglaubigen
in dem Evangelio gelehrt, und ihnen anbefohlen, der Obrigkeit in dem weltlichen Regiment
unterthan zu ſeyn, dann Chriſtus ſagt; Gebt
dem Käyſer was des Käyſers iſt, und GOTT
was GOttes iſt, Matth. 22. v. 21. Was
aber die göttlichen und geiſtlichen Sachen betrifft, es ſeye worin es wolle, ſo muß man
GOtt mehr gehorſam ſeyn, als den Menſchen,
Act. 5. v. 29. Dann Chriſtus ſelbſt iſt geſetzt
zum Haupt über die Gemeinde, welcher derſelben Regeln, Rechte, und Geſetze verordnet, ſo
nach dem Wort GOttes, geiſtlich ſollen geurtheilt werden, wie vorher auß Matth. 18. v.
15, 16, 17. erwieſen, und Chriſtus Matth.
16. v. 19. befiehlet, alles was ihr auf Erden
binden werdet, ſoll auch im Himmel gebunden
ſeyn, und alles was ihr auf Erden löſen werdet, ſoll auch im Himmel loß ſeyn.

131. Frage.

Hat man in Heil. Schrifft auch Zeugnüſſen

X 4   ſolcher

solcher groſſen und ſchweren Sünden, von
welchen verſtanden werden kan und mag, daß
ſie in dem Himmel gebunden und verdamlich
ſind, wann die Menſchen darin weg ſterben?

Antwort.

Solcher Zeugnüſſen hat man überflüſſig, ja
auch gantz klar, wie GOtt der HErr ein Miß-
fallen an dem fleiſchlichen, und ſündlichen Leben
habe, als Paulus an unterſchiedlichen Orten
davon meldet, als zu ſehen Röm. 1. v. 29, 30.
31, 32. 8. v. 6. 7. Da Paulus ſagt, fleiſch-
lich geſinnet ſeyn, iſt der Tod, und eine Feindſchafft wider GOtt, und 1. Cor. 5. v. 11. 6.
v. 9. Weder die Unkeuſchen, noch die Ab-
göttiſchen, noch die Hurer, noch die Ehebrecher,
noch die Weichlinge, noch die Knabenſchänder,
noch die Dieb, noch die Geitzigen, noch die
Trunckenbold, noch die Läſterer, noch die Räu-
ber werden das Reich GOttes ererben; Und
werden dergleichen mehr erzehlet, daß alle ſo ſolches thun, das Reich GOttes nicht werden ererben, verſtehe welche in ſolchem Leben verharren, wie Paulus zeuget, wo ihr nach dem Fleiſch
lebet, ſo werdet ihr ſterben müſſen, wann ihr
aber durch den Geiſt des Fleiſches Geſchäffte
tödtet, ſo werdet ihr leben.

Der zwey und zwantzigſte Articul
von dem Ambt der Obrigkeit.
132. Frage.

Sind

Sind unter den vorbenannten Sünden nicht
auch viele, welche von der Obrigkeit gestraf-
fet, derowegen die Thäter auch wohl zum
Tod verurtheilet werden können, und was
hat die Gemeinde, wann solches geschicht,
davon zu urtheilen?

Antwort.

Es ist zweyerley Recht, und zweyerley Urtheil, nemlich ein geistlich, und ein weltlich
Recht. Das geistliche Recht ist in der Schrifft,
als GOttes Wort beschrieben, welches in der
Gemeinde, als eine Recht-Regel, oder als eine
Richtschnur über alle Sachen gebraucht werden muß, Gutes und Böses zu unterscheiden,
dann wer geistlich ist, der richtet alle Sachen
geistlich, 1. Cor. 2. v. 13. Ja das Wort
GOttes ist lebendig und kräfftig, und schärffer
dann kein zweyschneidig Schwerdt, und durch-
dringet, biß daß es scheidet Seel und Geist,
auch Marck und Bein, und ist ein Richter
der Gedancken, und Sinnen des Hertzens,
Hebr. 4. v. 12. Dahero wann in der Gemeinde über einige Sachen, nach GOttes
Wort geurtheilet wird, so richten die Personen
in der Gemeinde nicht nach ihrem Verstand,
sondern GOttes Wort spricht das Urtheil, welches des Sünders Hertz selbst also bezeuget
und überzeuget, daß er schuldig seye, und solche Straff vor GOtt verdienet habe, dann seine Urtheil sind gerecht, Apos. 19. v. 2. Aber

das

das Urtheil der Gemeinde, so nach dem Wort
GOttes über den Sünder gefället wird, ist
nicht zu seinem Verderben, sondern ihm zur
Besserung, und Verderbung des Fleisches, das
ist der fleischlichen Lüsten, angesehen, damit der
Geist selig werde, 1. Cor. 5. v. 4. Das der
Mensch sich wieder bekehre, und selig werden
möge, wie das Wort des HErrn also von sol-
chen Sündern spricht, Esa. 1. v. 16, 18.
Ezech. 18. v. 21, 22, 33. Luc. 15. v. 32.
Von welcher Sünde dann der Sünder in der
Wiederannehmung entbunden wird, wovon er
auch im Himmel solle loß seyn, Matth.
16. v. 18.

133. Frage.

Wornach wird dann bey den weltlichen Richtern und Obrigkeiten, über die Ubelthäter
geurtheilt, wann es nicht nach Inhalt des
Evangelii geschicht?

Antwort.

Das weltliche Recht, wornach die Missethä-
ter geurtheilt, und viel dadurch zum Tode ver-
dammet werden, ist nicht auf die Lehr des E-
vangelii gegründet, sondern solche Rechte sind
Gesetze und Rechte so theils auß dem Alten Testament von GOtt dem Volck von Israel gegeben worden, andern Theils von hohen Po-
tentaten, durch deren Macht und Gewalt, oder
durch verständige Leute, zum Wohlstand und
Besten dero Lands Unterthanen, gemacht sind,

folglich,

folglich, von Käysern, Königen, und andern
hohen Obrigkeiten, zur Ruhe und Frieden in
den Landen und Städten, wie auch zur Straffe der Bösen, und Schutz der Frommen, zu
halten bestättiget und bekräfftiget worden; Darum dann Petrus alle glaubigen Christen ermahnet, und sagt, seyd unterthan aller menschlichen Ordnung, um des HErrn willen, es seye
dem König als den Obersten, und den Haupt-
leuten als den Gesandten von ihm, zur Rache
über die Ubelthäter, und zu Lob den Frommen,
1. Pet. 2. v. 13, 14. Und da der Apostel
Paulus, von den Juden auß Neid, wiewohl
gegen ihnen frey von aller Missethat, gebunden vor dem gerichte stunde, beruffte er sich auf
den Käyser, als das damahlige höchste Haupt
der weltlichen Obrigkeit, Act. 25. v. 11.

134. Frage.

Haben dann die weltlichen Obrigkeiten solche
Macht, daß sie solche gesetze, Justitzen und
Rechte geben können, wornach die Richter
richten, ja gar zum Tod verdammen können
und mögen?

Antwort.

Es ist keine Obrigkeit ohne von GOtt, wo
aber Obrigkeit ist, die ist von GOTT verordnet, wer sich nun wider die Obrigkeit setzet,
der widerstrebet GOttes Ordnung, die aber widerstreben, werden über sich ein Urtheil empfangen, Röm. 13. v. 1. 2. Gleich wie auch Daniel

niel sagt, GOtt ist es der die Könige ab und
einsetzet, Dan. 2. v. 21. So hat auch der
HErr Christus selbst, sich der Zahlung des
Zins-groschens unterworffen, und Matth. 22.
v. 21. befohlen, dem Käyser zu geben was des
Käysers ist. Darum muß man unterthan seyn,
nicht allein um der Straffe willen, sondern
auch um des gewissens willen, darum müsset
ihr auch Schoß und Steuer geben, dann sie
sind GOttes Diener, die solchen Schutz sollen
handhaben, Röm. 13. v. 5, 6. Also daß wir
schuldig sind von des HErrn wegen, nicht allein der Obrigkeit unterthänig zu seyn, sondern
auch wie Paulus lehret, nicht allein für alle
Menschen, sondern auch für die Könige, und
alle Obrigkeiten zu bitten, auf daß wir unter
ihnen ein geruhiges und stilles Leben führen
mögen, in aller GOtseligkeit und Ehrbarkeit,
1. Tim. 2. v. 2. Dann sie ist GOttes Dienerin dir zu gut, thust du aber Böses, so förchte dich, dann sie trägt das Schwerdt nicht umsonst, sie ist GOttes Dienerin, eine Rächerin
zur Straffe über den der Böses thut. So
gebet nun Jedermann was ihr schuldig seyd,
Schoß dem der Schoß gebührt, Zoll dem der
Zoll gebührt, Forcht dem die Forcht gebührt,
Ehr dem die Ehr gebührt, Röm. 13. v. 4. 7.

135. Frage.

Muß man dann der Obrigkeit in allen Dingen unterthan und gehorsam seyn, wie kan
man

man dann zugleich dem gesetz Christi folgen,
weilen dieselben offtmals wider einander
streiten?

Antwort.

Nachdem die Hohe Obrigkeit ihre Macht
von GOtt hat, so scheinet klar daß sie auch
unter GOtt stehe. Darum auch GOttes gebott mehr, als der Obrigkeit gebott, bey uns
betrachtet werden muß. So aber dero gebott,
wider GOttes gebott streitet, so muß GOttes
gebott den Vorzug haben, nach dem Vorbild
der Aposteln, dann als ihnen verbotten ward,
nicht mehr in dem Namen JEsu zu predigen,
so antworteten sie; Richtet ihr bey euch selbst
ob es vor GOtt recht seye, daß wir euch mehr
gehorchen dann GOtt? Act. 4. v. 19. Derohalben will es uns auch gebühren, GOtt dem
HErrn über alle zu gehorsamen, ohne welchen
gehorsam wir vermög unsers glaubens kein gut
gewissen vor GOtt haben können, nach dem
Fürbild Pauli, da er saget, wie man sich be-
fleissigen solle zu haben ein gut und unverletzt
gewissen, beyde gegen GOtt und den Menschen,
Act. 24. v. 16. Und was wir also vermög
GOttes Worts der Obrigkeit zu thun schuldig
sind, daß wir es willig thun, nicht aber dasjenige, so GOttes Wort zuwider und mit demselben streitet.

136. Frage.

Wann aber die Obrigkeit ihren Befehl und

Y   gebott

gebott von uns wolte gethan und gehalten
oder vollbracht haben, widrigen Falls aber
ein Straff darauff setzte, wie sollen wir dann
demselben entgehen, oder widerstreben können?

Antwort.

Alles was wir dargegen thun können, muß
mit aller Sanfftmuth und Bescheidenheit geschehen, sie zu ersuchen, daß sie uns in unsern
gewissen und gemüth nicht beschweren wollen,
weilen wir uns nicht auß Boßheit dessen wei-
gerten, sondern auß Forcht des Befehls GOttes, so deme zu wider nicht thun dörffen, so
wir aber darin nicht gehöret werden, müssen
wir lieber alles leyden was ihnen GOtt zuläs-
set, als zu Beschwerung unsers gewissens, ihnen gehorsamen, und wider GOttes gebott
handeln, ja die Wort Petri wohl bedencken, da
er spricht; Das ist gnade, so jemand um des
gewissens willen zu GOtt das Ubel verträgt,
und leidet das Unrecht, 1. Pet. 2. v. 19.
Wo es aber uns außzustehen zu schwer falt,
oder sie uns wegen unser Weigerung bey sich
nicht dulten wolten, so weiset Christus den
Weg und das Mittel was und wie wir uns
verhalten sollen, nemlich, verfolgen sie euch in
einer Stadt, so fliehet in ein andere, Matth. 23.

137. Frage.

Ist eines Christen Stand also beschaffen, daß
er alles was die Obrigkeit, und unverstän-
dige Menschen ihm anthun, über sich ergehen

hen lassen müsse, so ist sein Beruff wohl
ein beschwerlicher Stand, und wie können
die Wort Christi damit überein kommen, da
er sagt, mein Joch ist sanfft, und mein last
ist leicht? Matth. 11. v. 30.

Antwort.

Solche gedancken und Fürstellungen kommen
nur auß Schwachheit des Fleisches, und auß
der menschlichen Natur, und so lang solches
bey den Menschen die Oberhand hat, so ist es
der Natur gar schwer alles über sich gehen zu
lassen, wo aber die liebe GOttes bey den Menschen durch Krafft und Macht des seligmachenden glaubens regieret, da ist der HErr ihre
Stärcke und Lebens-Krafft, daß sie sich vor keinem Unglück förchten, so ihnen wegen der Zeugnuß seines Worts zu Handen stosset, Psalm.
27. v. 1. Dann ihr Hertz stehet vest bey dem
HErrn, daß sie wohl mit David sagen mögen,
HErr, wann ich dich nur habe, was können
mir die Menschen thun, wann mir gleich Leib
und Seel verschmachtet, so bist du doch GOtt
allezeit meines Hertzens Trost und mein Theil,
Psalm. 37. v. 25, 26. Und ob gleich der
gerechte viel leyden muß, so hilfft ihm doch der
HErr auß allem, Psalm. 34. v. 20. Darum
dann das Leben eines Christen ein Streit genennet wird, worin man sein Leben als ein
Taglöhner zubringen muß, Hiob. 7. v. 1.
Deßwegen Paulus ermahnet, einen guten

Kampff

Kampff des glaubens zu streiten, 1. Tim. 6.
v. 12. Darneben frölich zu seyn in der Hoffnung, gedultig in Trübsal, beständig im Gebeth, Röm. 12. v. 12. Dann wo man um
des gewissens willen das Böse erduldet, und
Unrecht leydet, da findet sich eine fromme Seele starck in dem HErrn, und in der Macht seiner Stärcke, Ephes. 6. v. 10. Und kan also
wann er seinem Widersacher durch Wolthun
begegnen will, mit Wolthun die Unwissenheit
der thörichten Menschen verstopffen, 1. Petr.
2. v. 15. Dann wenn jemands Wege dem
HErrn gefallen, so machet er auch dessen Feinde zu frieden.

138. Frage.

Wann dann das Streiten und leyden der
Christen Beruff und Pflicht ist, daß sie also in dem glauben mit Hiob streiten müssen, was ist dann die Macht, und
Krafft, worauff ihre Hoffnung ruhet und
gegründet ist?

Antwort.

Daß also zu streiten der Beruff eines rechtgläubigen Christen sey, ist vorhin umständlich
gemeldet, und ist ihnen ihr HErr und Haupt
darinnen vorgegangen, da er sagt, haben sie
mich verfolget, so werden sie euch auch verfolgen, dann der Knecht ist nicht grösser dann
sein Herr, Matth. 10. v. 25. Ihr werdet
um meines Namens willen gehasset werden,
Matth.

Matth. 24. v. 9. Ja sie werden meynen,
wann sie euch tödten, sie thun GOtt einen
Dienst daran, Johan. 16. v. 2. Darum wer
mein Nachfolger oder Jünger seyn will, der
verläugne sich selbst, und nehme sein Creutz
auf sich täglich, und folge mir nach, Luc. 9.
v. 23. Dann durch viel Trübsal müssen wir
in das Reich GOttes eingehen, Act. 14. v.
22. Dieweil nun der hocherleuchte Apostel
Paulus, der in diesem Streit als ein getreuer
Nachfolger seines HErrn, und als ein Vorgänger aller glaubigen, dieses an vorgedachtem
Ort bezeuget hat, also in das Reich GOttes
einzugehen, so giebt solches eine gute Auffmunterung zu einem zeitlichen Trost, daß man wohl
sagen mag; Ich halte darfür daß dieser Zeit
leyden, der Herrlichkeit nicht werth seye, die
an uns solle geoffenbahret werden, Röm. 8.
v. 18. Nemlich uns, die wir nicht sehen auf
das sichtbare, sondern auf das unsichtbare, dann
unser Trübsal, die zeitlich und leicht ist, schaffet ein ewige, und über alle massen wichtige
Herrlichkeit, 2. Cor. 4. v. 17. 18. Sintemal
Christus auch für uns gelitten hat, und uns
ein Vorbild gelassen, daß wir sollen nachfolgen seinen Fußstapffen, 1. Petr. 2. v. 21.
Dann der grund worauff unsere Hoffnung
ruhet, ist des HErrn Wort, welches, wie Paulus sagt, uns zur Lehr geschrieben ist, auf daß
wir durch gedult und Trost der Schrifft Hoff-

nung

nung haben sollen, Röm. 15. v. 4. So ist
solches auch des Propheten Jeremiä Trost und
Schutz in allem seinem Leyden gewesen, dann
er sagt, HErr dein Wort unterhält uns, und
dasselbe dein Wort ist unsers Hertzens Freude
und Trost, Jer. 15. v. 16. Deßgleichen auch
David Psal. 119. v. 92. Und Paulus, Wir
wissen daß Trübsal Gedult bringet, Gedult aber
bringet Erfahrung, Erfahrung aber bringt Hoffnung, die Hoffnung aber lässet nicht zu Schanden werden, Röm. 5. v. 3. Ob schon die
Frommen in mancherley Leyden geprobiert oder ge-
prüffet werden, so ist doch ihr Hoffnung auf
unsterbliche Ding gestellt, also daß sie nimmermehr sterben, Sap. 3. v. 14. sondern sagen
können; Leben wir, so leben wir dem HErrn,
sterben wir, so sterben wir dem HErrn, darum
wir leben oder sterben, so sind wir des HErrn,
Röm. 14. v. 8.

Der drey und zwantzigste Articul von der Aufferstehung der Todten.
139. Frage.

Sollen dann fromme und rechtglaubige Christen, die also in=und durch den Glauben
streiten nimmermehr sterben, da doch das
Gegentheil gesehen, und auch bezeuget wird,
daß dem Menschen gesetzt ist einmahl zu sterben? Hebr. 9. v. 28.

Antwort.

In

In der Heil. Schrifft wird von zweyerley
Leben, und auch von zweyerley Sterben geredet; muß deß wegen mit Unterscheid angemer-
cket werden, auf was Weise der Gerechte nicht
sterbe, ob wohl Hebr. 9. gesagt wird, daß dem
Menschen einmal gesetzt seye zu sterben, wie
dann offenbahrlich erscheinet, daß alle Menschen, Fromme und Gottlose dem natürlichen
Tod unterworffen sind und sterben müssen, wie
Salomon spricht: Wie der Narr stirbt, also
stirbt auch der Weise, Pred. 2. v. 16.   Dann
ob wohl Adam 930 Jahr, Mathusala 969.
Jahr, Noah 950 Jahr, Abraham 175. Jahr,
und viel Fromme sehr lang gelebet, so ist dannoch der Schluß von allen, und sie sind gestorben.   Gleich wie sie nun dann alle in Adam
sterben, so sollen sie in oder durch Christum
alle lebendig gemacht werden, 1. Cor. 15. v. 22.

140. Frage.

Ist dann auch noch ein ander Sterben, als
des natürlichen Tods zu sterben, und auch
ein ander Leben, als das natürliche Leben?

Antwort.

Ohne zweiffel ist noch ein anderer Tod, als
der natürliche Tod, wie auch ein ander Leben,
als das natürliche Leben, dann vor dem natürlichen Sterben, muß ein geistlich Sterben vorher gehen, solle ein Mensch anderst zu dem
Stand kommen, daß er, wie der weise Mann
sagt, nimmermehr stirbt, in welchem geistlichen

Y 4   Sterben

Sterben der Mensch natürlich lebendig bleibt,
aber dadurch zu dem Stand kommet, daß er
in dem HErrn stirbt, und doch hernach lebet,
und nimmermehr stirbt, daß ist, wann der
Mensch seiner irrdischen Lüsten abstirbet indem
er seine fleischliche Lüsten und Begierden, so
gegen die Seele streiten, creutziget, und tödtet,
wie auch Paulus spricht, Röm. 6. v. 11.
Haltet euch darfür daß ihr der Sünden gestorben seyd, und GOtt lebet in Christo JEsu
unserm HErrn. Und Col. 3. v. 3, 5. Ihr
seyd gestorben, und euer Leben ist verborgen in
Christo mit GOtt. Darum tödtet eure Glieder die auf Erden sind, dann die Christum angehören, die creutzigen ihr Fleisch, samt den
Lüsten und Begierden, Gal. 5. v. 24. Solche
können dann sagen, Christus ist mein Leben,
und Sterben ist mein Gewinn, Phil. 1. v.
21. Also können die Menschen der Sünde absterben und GOtt leben, wann nun solche des
natürlichen Tods, nach dem Willen GOttes
sterben, so gehen sie den Weg alles Fleisches,
auß diesem zeitlichen mühseligen Leben, in die
ewige selige Ruhe, und ihre Werck folgen ihnen nach Apoc. 14. v. 13. Dann die auffrichtig vor sich gewandelt haben, die kommen
zum Frieden, und ruhen in ihren Kammern,
Esa. 56. v. 14. Daß also das natürliche Sterben, für kein Ewiges könne und möge verstanden werden. Daß aber auch ein ander Leben

nach

nach diesem natürlichen Leben seyn soll, beweisen die Worte Christi, da er sagt, wer an mich glaubet der soll leben, ob er gleich stürbe, Joh. 11. v. 25.

141. Frage.

Sollen dann die Frommen, die erstlich geistlich und dann auch eines natürlichen Tods gestorben, nur allein wieder leben, die Gottlosen aber in dem Tod bleiben?

Antwort.

Es sollen nicht allein die Frommen, wann sie das zeitliche Leben abgeleget, oder des natürlichen Tods gestorben und begraben sind, wiederum erwecket, und lebendig gemacht werden, sondern auch die Gottlosen, dann dieweil alle Nachkommenen Adams, durch eines Adams Sünde, unter die Macht des Todes verfallen sind, ob sie gleich nicht gesündiget haben mit gleicher Ubertrettung wie Adam, also kommt auch durch eines Menschen Christus, die Aufferstehung der Todten, Röm. 5. v. 12. 14. Und 1. Cor. 15. v. 22. Und wie sie in Adam alle sterben, also werden sie in Christo alle lebendig gemacht. Solches bezeuget auch Daniel 12. v. 4. mit diesen Worten, viel so unter der Erden ligen, und schlaffen, werden auffwachen, etliche zum ewigen Leben, etliche zur ewigen Schmach und Schande. Deine Todten werden leben, und mit dem Leibe aufferstehen; Wachet auf und rühmet die ihr liget unter der

Erden,

Erden, Eſa. 26. v. 19. Und nach Chriſti eigenen Worten; Verwundert euch deß nicht,
dann es komt die Stunde, in welcher alle, die
in den Gräbern ſind, werden ſeine [nemlich
Chriſti Stimme] hören, und werden herfür
gehen, die da Gutes gethan haben, zur Aufferſtehung des Lebens, die aber Ubels gethan
haben, zur Aufferſtehung des Gerichts, Joh.
5. v. 29. So ſpricht auch Chriſtus zu Martha; Ich bin die Aufferſtehung und das Leben, Joh. 11. v. 26. Und daran iſt erſchie-
nen die Liebe GOttes gegen uns, daß GOtt
ſeinen eingebohrnen Sohn geſandt hat, in die
Welt, daß wir durch ihn leben ſollen, 1. Joh.
4. v. 9.

142. Frage.

Wie kan das geſchehen, daß die Todten, ſo
in der Erden verfaulet ſind, wieder auffer-
ſtehen können und leben?

Antwort.

Wie das geſchehen und zugehen ſolle, davon
iſt uns die eigentliche Beſchaffenheit zu wiſſen
nicht nöthig, vielweniger zu erforſchen; Daß
es aber durch GOttes Krafft und Macht geſchehen ſoll, wird uns überflüſſig geoffenbahret,
wie dann David Pſalm 90. v. 3. bezeuget,
da er ſagt; HErr du läſſeſt die Menſchen
ſterben, und ſprichſt, kom wieder ihr Menſchen
Kinder. Und Hiob ſagt, ich weiß daß mein
Erlöſer lebt, und er wird mich hernach auß der

Erden

Erden aufferwecken, Hiob. 19. v. 25. Daß
es also durch GOttes Allmacht geschehen kan
und soll, ob es schon unserm Verstand fremd
und fast unmüglich scheinet, dann was bey den
Menschen unmüglich ist, das ist bey GOtt
wohl müglich; Gleich wie GOtt der HErr
alles auß nichts erschaffen, so vermag er auch
durch sein Allmacht, den verfaulten und ver-
weseten Menschen wieder zusammen und herfür
zu bringen, und das mit einem Wort, als an
Lazaro zu sehen ist, Joh. 11. v. 43 44. und
der 90. Psalm auch meldet, wann er spricht,
komt wieder ihr Menschen Kinder. Und bey
Ezech. 37. v. 10. auch kan gelesen werden.
So spricht auch hiervon Paulus, so wir glauben, daß JEsus Christus gestorben und aufferstanden ist, also wird GOtt auch die da entschlaffen sind, durch JEsum mit ihm führen,
1. Thess. 4. v. 14. Uber das komt der Apostel dem Verwundern hierüber einiger massen
zu Hülffe, und stellet die Aufferstehung der
Menschen, in Vergleichung des Saamens im
Acker vor, als zu sehen, 1. Cor. 15. biß 38.
Wie auch etwas von der Beschaffenheit in eben
demselben Capitel v. 42, 43, 44. Es wird gesäet verweßlich, und wird aufferstehen unver-
weßlich, es wird gesäet in Unehr, und wird
aufferstehen in Herrlichkeit, es wird gesäet in
Schwachheit, und wird aufferstehen in Krafft, es
wird gesäet ein natürlicher Leib, und wird aufferstehen ein geistlicher Leib.   Der

Der vier und zwantzigste Articul vom letzten Gericht und ewigen Leben, wie auch ewigem Tode.

143. Frage.

Weil nun die Menschen gleichen Ein-und Außgang dieser Welt haben, wird es dann mit der Aufferstehung der Todten auch also seyn?

Antwort.

Nein, dann die Aufferstehung, soll zwar gleich geschehen, aber der Erfolg ungleich seyn, dieweil von dem Leben, so die Menschen in der Welt geführet, ein grosser Unterscheid gemacht wird, dann der eine soll von GOttes Angesicht verstossen, und auß dem Himmel geschlossen, der ander aber in Gnaden, das ist in die himmlische und ewige Herrlichkeit, auf und angenommen werden, Matth. 25. v. 40, 41. Uber diesen Tag gehet dasjenige auch was Malachia weissaget, Mal. 3. v. 1, 2. Es komt ein Tag der brennen soll wie ein Backoffen vollen Feurs, da werden alle Verächter und Gottlosen wie Stroh seyn, und der zukünfftige Tag wird sie anzünden, spricht der HErr Zebaoth, und wird ihnen weder Wurtzel noch Zweig überlassen, euch aber die ihr meinen Namen förchtet, soll aufgehen die Sonn der Gerechtigkeit, und Heyl unter seinen Flügeln. Also spricht auch Daniel; Viel so unter der Erden schlaffen liegen, werden auffwachen, etliche zum ewigen Leben, etliche aber zur ewigen Schmach

und

und Schande, Dan. 12. v. 12. Und solches
alles wird durch Christum selbst bezeuget, Joh
5. v. 29. Matth. 25. v. 32, 33.

144. Frage.

Weiß man auch die Zeit, wann dieses geschehen, oder dieser jüngste Tag kommen soll?

Antwort.

Die eigentliche Zeit und Stunde dieses Ta-
ges wird uns in der Heil. Schrifft nicht geof-
fenbahrt, noch bekant gemacht, aber wohl die
Gewißheit, und Beschaffenheit desselben; Dann
als die Jünger den HErrn Christum fragten,
wann solches geschehen solle, und welches das
Zeichen seiner Zukunfft, wie auch der Welt
Ende seyn solle, oder seyn werde? Da stellet
ihnen Christus unterschiedliche vorhergehende
Zeichen, von Krieg und Finsternüß an Sonn,
Mond, und Sternen, wie auch sonsten viel
Trübseligkeiten für, jedoch seye das Ende so
bald noch nicht da. Dieweil nun von dem
Tage, und der Stunde niemand, ja auch die
Engel im Himmel nichts wissen, sondern allein
der Vatter der im Himmel ist, Matth. 24. v.
22. Welcher ihme selbst die Macht hat vor-
behalten, was solten dann sich die sündhafftige
und schwachen Menschen, durch ihren Fürwitz
einbilden können, als ob sie solches durch son-
derbahre Weißheit außgeklüget hätten, derohalben ihnen viel mit der Martha zu schaffen machen und doch nicht betrachten, was ihnen noth

Z   wäre,

wäre, darum heißt uns Christus wachen und
bereitet seyn gleich denen Knechten die auf ihren Herrn warten, und nicht wissen wann er
kommen wird, Marc. 13. v. 35. Also bezeuget auch Paulus, 1. Theß. 5. v. 12. Von
der Zeit und Stunde, lieben Brüder, ist nicht
noth euch zu schreiben, dann ihr selbst wisset
gewiß daß der Tag des HErrn kommen wird.
Und Christus sagt Matth. 24. v. 22. Daß
um der Außerwählten willen die Tage verkürzt
würden, sonsten würde kein Mensch selig.

Wie aber und in welcher Beschaffenheit der
Tag des HErrn kommen werde, davon wird
bey Matth. 24. und durch die Propheten vorher geweissaget, der Tag des HErrn komt und
ist nahe, ein finsterer Tag, ein dunckeler Tag,
ein wolckichter Tag, ein nebelichter Tag, dann
der Tag des HErrn ist groß, und sehr erschröcklich, Joel 2. v. 1, 2, 11. An welchem, wie
Petrus saget, die Himmel mit grossem Krachen
zergehen, die Element vor Hitze zerschmeltzen,
und die Erd und die Werck die darinnen sind
verbrennen werden; So ihr nun solches wisset, wie geschickt solt ihr dann seyn mit heiligem Wandel und gottseligem Wesen, 2. Petr.
3. v. 10. 11.

145. Frage.

Soll daselbst dann offenbahret werden, wie die
Menschen in den Tagen ihrer Zeit gelebet, und
was sie gethan haben, und zugleich dardurch
gerichtet werden?   Ant-

Antwort.

Das erscheinet klärlich, daß ein jeder nach seinen Wercken den Lohn empfangen werde. Dieweil nun durch das Evangelium alle Menschen zur Buß und Besserung des Lebens beruffen, ermahnet und genöthiget werden, und aber viel Menschen demselben ungehorsamlich zuwider leben, darum so hat GOtt einen Tag gesetzt, auf welchem er richten will den Kreiß des Erdbodens mit Gerechtigkeit durch einen Mann, in welchem er beschlossen hat, und Jedermann fürhält den Glauben, Act. 17. v. 31. Ja wir müssen alle offenbahr werden vor dem Richterstuhl Christi, auf daß ein jeglicher empfange was er gehandelt hat in diesem Leben, es seye gut oder böß, 2. Cor. 5. v. 10. Darum dann Christus ermahnet; Sehet zu, wachet und betet, dann ihr wisset nicht wann es Zeit ist, Marc. 13. v. 33. Dann wie ein Fallstrick wird er kommen, über alle die so auf Erden wohnen, so seyd nun wacker allezeit und betet, daß ihr würdig werden möget, zu entfliehen diesem allem was geschehen soll, und zu stehen vor des Menschen Sohn, Luc. 21. v. 32, 33. Deßwegen dann Paulus an die Römer schreibet; Weist du nicht daß dich GOttes Güte zur Busse leitet, du aber nach deinem verstockten und unbußfertigen Herzen häuffest dir selbst den Zorn, auf den Tag des Zorns und der Offenbahrung des gerechten Gerichts

Z 2

GOttes, welcher geben wird einem jeglichen
nach seinen Wercken, nemlich Preiß und Ehr,
und ein unvergängliches Wesen, denen die mit
Gedult in guten Wercken trachten nach dem
ewigen Leben, aber denen die da zänckisch sind,
und ungehorsam der Warheit, gehorsam aber
dem Ungerechten, so ist Ungnad und Zorn,
Trübsal und Angst über alle Seelen der Menschen die da Böses thun, Röm. 2. v. 4. biß 9.

146. Frage.

Wie, und auf was Weise soll dann das Gerichte gehalten, und außgesprochen werden?

Antwort.

Dieses wird uns insonderheit bey Mattheo
dem Evangelisten auß dem Munde des HErrn
Christi umständlich mit folgenden Worten beschrieben; Wann aber des Menschen Sohn
kommen wird in seiner Krafft und Herrlichkeit,
und alle heiligen Engel mit ihm, dann wird
er sitzen auf dem Stuhl seiner Herrlichkeit, und
alle Völcker werden vor ihm versammlet werden, und er wird sie von einander scheiden, wie
ein Hirt die Schaafe von den Böcken scheidet,
und wird die Schaafe zu seiner Rechten stellen,
und die Böck zu seiner Lincken, da wird dann
der König zu denen zu seiner Rechten sagen,
kommet her ihr Gesegneten meines Vatters, ererbet das Reich, das euch bereitet ist von Anfang der Welt, zu denen zu seiner Lincken aber
wird er sagen, gehet hin von mir ihr Verfluch-
ten,

ten, in das ewige Feuer, das dem Teuffel, und
seinen Engeln bereitet ist, Matth. 25. v. 31,
32, 33, 34, 41.

147. Frage.

Was ist dann eigentlich der grosse Unterscheid,
wann ein jede Parthey dahin kommen solle,
dahin sie gewiesen ist worden?

Antwort.

Es ist schon zum Theil viel davon gesagt,
daß diejenigen, so der Warheit, das ist dem
Evangelio ungehorsam gewesen sind, zur Höllen bey den Teuffel und seinen Englen verwiesen werden sollen, allwo über sie bereitet ist Ungnade und Zorn, Trübsal und Angst, und forthin ein ewiges Verderben, vor dem Angesicht
des HErrn und seiner herrlichen Macht; Ja
sie sollen geworffen werden in den feurigen O-
fen, oder in den feurigen Teich, da Heulen und
Zähnklappern seyn wird, Matth. 25. v. 30.
Da der Rauch ihrer Qual wird auffsteigen von
Ewigkeit zu Ewigkeit, Apoc. 14. v. 11. Gleich
wie in der Vorstellung des reichen Manns zu
sehen, dann ihr Theil soll seyn in dem feurigen Pful, der mit Schwefel und Feuer bren-
net, Apoc. 21. v. 8. Wo ihr Wurm nicht
stirbt, und ihr Feuer nicht verlöschen wird,
sondern Tag und Nacht gequälet werden sollen, von Ewigkeit zu Ewigkeit Apoc. 20. v. 10.
Daß ist ja wohl den Gottlosen ein erschreck-
liches Ende, wann sie in ihrem Leben dem

Z 3   Evan-

Evangelio ungehorsam gewesen sind.
148. Frage.
Wie soll aber hingegen das Ende der Frommen seyn, wann sie dahin kommen, wohin
sie nach dem gehaltenen Gericht gewiesen
worden?

Antwort.

Für dieselbige wird eine unauffhörliche Herrlichkeit, ja ein übergrosses Frolocken, und un-
aufhörliche süß-liebliche Freude und Ruhe seyn,
darzu in Gegenwart des grossen GOttes, und
des HErrn JEsu Christi, wie auch der Ge-
sellschafft Abraham, Isaac und Jacobs, und
aller heiligen Männer GOttes mit einer grossen Heerschaaren der Engeln umgeben, in ewiger Freude und lieblichen Wesen zur rechten
Hand GOttes immer und ewiglich, Psalm.
16. v. 11. Dann kein Aug hat je gesehen,
kein Ohr hat je gehöret, ist auch in keines
Menschen Hertz gestiegen, oder kommen, was
GOtt bereitet hat denen die ihn lieben, 1. Cor.
2. v. 9. Ja sie werden nicht mehr hungern
noch dürsten, es wird auch nicht auf sie fallen
die Sonne, oder irgend eine Hitze, sondern das
Lamm das mitten im Stuhl ist, wird sie weiden, und führen zu dem lebendigen Wasser-
brunnen, und GOtt wird abwäschen alle Thränen von ihren Augen, Apoc. 7. v. 16, 17.
Also sollen die Frommen bey dem HErrn seyn
in alle Ewigkeit, und wie der Geist der Offenbahrung

bahrung ſpricht, ſiehe da eine Hütte GOttes
bey den Menſchen, und er wird bey ihnen
wohnen, und ſie werden ſein Volck ſeyn, und
er ſelbſt GOtt mit ihnen, wird ihr GOtt ſeyn,
Apoc. 21. v. 3. Allwo auch Freude ohne Verdruß, Gloria, und unaußſprechliches Jubiliren
ohne Ende, in ewiger Freude ohne Auffhören
ſeyn wird, vor welcher alle Zungen auf dieſer
Erden dieſelbe außzuſprechen, ſtillſchweigen und
verſtummen müſſen, indem die Heiligen, und
Außerwehlten, mit Hertz Seel und Geiſt das
himmliſche Hoſiana zu GOttes Ehr und Lob
ewiglich ſingen und ſprechen, Lob und Ehr,
und Weißheit, und Danck und Preiß, und
Krafft, und Stärcke, ſey unſerm GOtt und
dem Lamm, von Ewigkeit, zu Ewigkeit, Amen,
Apoc. 7. v. 12.

Kurtze Unterweiſung auß der Schrifft in Fragen und Antwort verfaſſet.

1. Frage.

Es wird gefragt an den Lehr-Jünger: Was
ihn treibet, daß er ſich zu der Gemeinſchafft
der Glaubigen will begeben, und ſich tauffen laſſen?

Antwort.

Ich werde gedrungen durch meinen Glauben, um mich von der Welt und dero ſündlichen Lüſten abzuſendern, und mich der Gehorſamkeit meines HErrn, Erlöſers und Selig-

Z 4　　　　　machers

machers zu untergeben, zu meiner Seligkeit,
Hebr. 5. v. 10.

2. Frage.

Was hat dich darzu bewogen?

Antwort.

Der Wille und Wohlgefallen GOttes, welcher mir durch die Predigt des Heil. Evangelii verkündiget und vorgestellet ist geworden,
darinnen mir geoffenbahret die Gesetze und Gebotte Christi, die ich durch wahren Glauben
annehmen und halten muß, Matth. 7. v. 21.
Cap. 19. v. 17.

3. Frage.

Hoffest du dann durch die guten Wercke und
Unterhaltung der Gebotte Christi gerecht und
selig zu werden?

Antwort.

Nein; Dann durch unsere gute Wercke allein können wir den Himmel nicht erwerben;
Dann die Seligkeit ist ein Gnaden-Geschenck
von GOtt, uns erworben durch JEsum Christum, Ephes. 2. v. 8.

4. Frage.

Worzu sind dann die guten Wercke oder Unterhaltung der Gebotte Christi nöthig?

Antwort.

Sie sind Zeugnüsse des wahren Glaubens an
JEsum Christum, dann die Gehorsamkeit auß
Liebe zu GOtt, ist das Liecht und Leben des Glau-
bens, ohne welches der Glaube todt ist, Jac. 2. v. 10.

5.

5. Frage.

Wodurch wird der Mensch gerecht vor GOtt?

Antwort.

Durch den HErrn JEsum Christum allein, dessen Gerechtigkeit wir uns müssen theilhafftig machen durch den Glauben, welcher in Liebe thätig ist, Gal. 5. v. 6.

6. Frage.

Was ist wahrer Glaube?

Antwort.

Es ist eine sichere Erkantnüß, dadurch man alles vor gewiß halte, was uns in der Heil. Schrifft geoffenbahret ist, und ein hertzliches Vertrauen, daß uns die Vergebung der Sünden, Gerechtigkeit und ewiges Leben geschencket ist von GOtt, durch unsern HErrn JEsum Christum, Ephes. 2. v. 3.

7. Frage.

Was glaubest du?

Antwort.

Ich glaube an GOtt, Vatter, Sohn, und Heil. Geist.

8. Frage.

Wie glaubest du an GOtt den Vatter?

Antwort.

Ich glaube von Hertzen, und bekenne mit dem Munde, daß er ist ein einiger, ewiger allmächtiger und gerechter GOtt, ein Schöpffer und Erhalter Himmels und der Erden, samt

allen

allen sichtbahren und unsichtbahren Dingen,
Gen. 1. v. 15.

9. Frage.
Wie glaubest du an den Sohn?
Antwort.

Ich glaube daß er ist JEsus Christus der
Sohn des lebendigen GOttes, unser Heyland,
Erlöser und Seligmacher, der von Ewigkeit
bey dem Vatter gewesen, und zur erfülleten
Zeit in die Welt gesandt; Er ist empfangen
von dem Heil. Geist, gebohren auß der gesegneten Jungfrauen mit Namen Maria, hat für
uns gelitten unter Pontio Pilato, ist gecreuzi-
get, gestorben und begraben, niedergefahren zu
der Höllen, und am dritten Tage wieder aufferstanden von den Todten, auffgefahren gen
Himmel, sitzet zu der rechten Hand GOttes,
des Allmächtigen Vatters, von dannen er wieder kommen wird zu richten die Lebendigen und
die Todten, Joh. 17. v. 5. Gal. 4. v. 4.
Matth. 25. v. 31.

10. Frage.
Wie glaubest du an den Heil. Geist?
Antwort.

Ich glaube und bekenne, daß der Heil. Geist
vom Vatter und Sohne außgehet, und eines
göttlichen Wesens ist; Derohalben glaube ich
an GOtt, Vatter, Sohn, und Heil. Geist,
als einen einigen wahren GOtt; Dabey bekenne ich auch eine gemeine Heil. Christliche Kir-

che,

che, die Gemeinschafft der Heiligen, Vergebung
der Sünden, Aufferstehung des Fleisches, und
hernach ein ewiges Leben, 1. Joh. 5. v. 21.
Joh. 5. v. 32.

11. Frage.

Wie bekenneſt du die Chriſtliche Kirche oder
Gemeinde GOTTES?

Antwort.

Ich bekenne durch meinen Glauben, daß da
iſt eine Gemeinde GOttes, die der HErr Chriſtus durch ſein eigen Blut erworben, und hat
ſie geheiliget und gereiniget durch das Waſſer-
Bad im Worte, auf daß er ſie ihme darſtellet,
eine Gemeind die herrlich ſey, Epheſ. 5. v. 26.

12. Frage.

Worin beſtehet die Gemeinde GOttes?

Antwort.

In einer Zahl der Menſchen, die durch den
Glauben an JEſum Chriſtum von der ſündi-
gen Welt abgetretten ſind, und ſich der Gehorſamkeit des Evangelii untergeben haben, nicht
mehr ihnen ſelbſt, ſondern Chriſto, zu leben, in
wahrer Demuth, auch ſich befleiſſigen Chriſtliche Tugenden zu üben, durch Unterhaltung ſeiner Heil. Ordnungen; Solche ſeynd Glieder
Chriſti, und Erben des ewigen Lebens, 2. Petr.
1. v. 11.

13. Frage.

Wie, und wodurch wird die Gemeinde GOttes unterhalten?

Ant-

Antwort.

Durch die Predigt des Heil. Evangelii, und
Lehre des Heil. Geistes; Um welches zu treiben und zu handhaben, Lehrer und Diener von
der Gemeinde erwehlet werden, Eph. 4. v. 11.

14. Frage.

Wer hat der Gemeinde Macht gegeben Lehrer
zu erwehlen?

Antwort.

Ich bekenne, daß gleich wie die Apostel unter
einander gepfleget haben also hat auch GOtt
seiner Gemeinde Macht gegeben Lehrer und Diener zu erwehlen, dadurch der Leib Christi erbauet und unterhalten wird; Darum auch die
Erwehlung geschicht nach dem Exempel und
Vorbilde wie es die lieben Apostel gepfleget haben, Ephes. 4. v. 12. Act. 1. v. 15.

15. Frage.

Woher komt die Ordnung der Diaconen oder
Bediener der Armen?

Antwort.

Davon haben wir Exempel in der Apostel
Geschichte: Da der Jünger viel wurden, haben die Aposteln die Menge zusammen geruffen, und ihnen anbefohlen nach sieben Männer
umzusehen, welche zum Dienst der Nothdurfft
bestellet wurden: Nach welchem Exempel noch
gehandelt wird, damit dasjenige, was durch
Christliebende Hertzen mitgetheilet, wiederum am
rechten Ort bestättiget, und die Nothdurfft der

armen

armen Glieder Chriſti erfüllet werde, Act. 6. v.
1. Epheſ. 4. v. 28.

16. Frage.

Wie und wodurch werden die Glieder Chriſti
der Gemeinde einverleibet?

Antwort.

Durch die Ordnung der Chriſtlichen Tauffe
auf die Bekantnüß des Glaubens, Buſſe und
Bereuung ihrer begangenen Sünden; So werden ſie getaufft, im Namen des Vatters, des
Sohnes, und des Heil. Geiſtes, Matth. 28.
v. 18.

17. Frage.

Was iſt eigentlich die Tauffe?

Antwort.

Ich bekenne, daß ſie iſt eine äuſſerliche Ordnung Chriſti, und ein Zeichen der geiſtlichen
Geburt auß GOtt, eine Anziehung Chriſti, und
eine Einverleibung ſeiner Gemeinde; Ein Beweiß, daß wir mit Chriſto einen Bund auffgerichtet haben, Gal. 3. v. 27. Röm. 6. v. 4.

18. Frage.

Was nutzet die Tauffe?

Antwort.

Sie bezeichnet den wahren Glaubigen die
Abwaſchung der ſündlichen Unreinigkeit der
Seelen durch das vergoſſene Blut Chriſti, nemlich die Vergebung der Sünden, damit ſie ſich
tröſten der ewigen Seligkeit durch JEſum Chriſtum,
welchen ſie in der Tauffe angezogen haben, Gal. 3. v.
27.   A a   19.

19. Frage.

Wozu sind die Glieder Christi durch die Tauffe verpflichtet?

Antwort.

Daß sie ihre begangene Sünde durch die Tauffe in den Tod Christi begraben lassen, und sich an ihn verbinden zu einem neuen gehorsamen Leben und Wandel, um nachzufolgen seinem Willen, und zu thun was er ihnen befohlen hat, Matth. 28. v. 18.

20. Frage.

Was ist das Hell. Abendmahl?

Antwort.

Ich bekenne daß es ist eine äusserliche Ceremonie und Einsetzung Christi, den Glaubigen, mit Brodt und Wein eingestellet, bey welchem Geniessen das Leyden und Sterben des HErrn soll verkündiget, und zu seinem Gedächtnüß unterhalten werden, 1. Cor. 11. v. 25.

21. Frage.

Wozu dienet der Gebrauch des Abendmahls?

Antwort.

Uns wird damit vor die Augen gestellet, wie Christi heiliger Leib am Stamm des Creutzes geopffert, und sein theures werthes Blut für uns vergossen ist zur Vergebung unserer Sünde, 1. Joh. 1. v. 7.

22. Frage.

Was nutzet der Gebrauch des Abendmahls?

Ant

Antwort.

Wir bezeigen hiemit unsere einfältige Gehorsamkeit an Christo unserm Erlöser und Seligmacher, welches die Verheissung hat der ewigen
Seligkeit. Es versichert uns im Glauben die
Gemeinschafft des Leibes und Bluts Christi,
und tröstet uns den Nutzen seines Todes, das
ist, die Versicherung wegen unsern Sünden,
Hebr. 5. v. 9. 1. Cor. 10. v. 16.

23. Frage.

Ist die Ehe auch eine Ordnung GOttes?

Antwort.

Ja; Dann sie von GOtt selber eingesetzet
ist, und im Paradiese an Adam und Eva befestiget, Gen. 1. v 24.

24. Frage.

Wozu ist die Ehe eingesetzet?

Antwort.

Zur Vermehrung des menschlichen Geschlechts,
und die Erde zu erfüllen; Auch, daß Hurerey
soll vermieden werden: Darum soll ein jeglicher Mann, sein eigenes Weib, und ein jeg-
liches Weib ihren eigenen Mann haben, 1.
Cor. 7. v. 2.

25. Frage.

Wie muß solche Ehe angefasset werden, damit
sie nicht wider die Ordnung lauffe?

Antwort.

Solche Personen die einander nicht zu nahe

A a 2   im-

im Geblüte bestehen, mögen nach vor gesche-
henes fleißiges Bethen zu GOtt ihre Ehe anfangen, und Christlich suchen zu leben biß
an ihr Ende, doch also, daß ein Glied der
Christlichen Gemeinde eine Mit-Schwester im
Glauben zur Ehe nehme, 2. Cor. 6. v. 15.

26. Frage.

Wird es einem Glied der Gemeinde gar nicht
zugelassen, um sich in die Ehe zu begeben
mit einer Person, die nicht im Glauben und
Lehre einig ist?

Antwort.

Nein; Dann das ist wider die Ordnung,
und wer solches thut, der handelt wider die Lehre der Aposteln, Röm. 12. v. 15.

27. Frage.

Kan auch eine ordentliche Ehe um allerley Ursachen wiederum getrennet werden?

Antwort.

Nein; Dann solche Personen seyn an einander so fest verpflichtet und verbunden, daß
sie keines Weges mögen scheiden, es sey dann
um Ehebruch, Matth. 19. v. 9.

28. Frage.

Wie bekennest du die Macht der Obrigkeit?

Antwort.

Ich bekenne, laut Zeugnuß der Schrifft, daß
Könige und Obrigkeiten von GOtt eingesetzet
sind, zum Wohlstand und gemeinen Nutzen
des Landes, und wer sich wider die Obrigkeit
setzet,

ſetzet, der widerſtrebet GOttes Ordnung; Darum ſind wir ſchuldig die Obrigkeit zu fürchten, ehren und Gehorſamkeit zu leiſten, in allen Sachen, die nicht ſtreiten wider das Wort GOttes; Auch allezeit zu GOtt für ſie bitten, Röm. 13. v. 1. 1. Timoth. 2. v. 1.

29. Frage.

Iſt es auch zugelaſſen einen Eyd zu ſchwören?

Antwort.

Nein; Ob es zwar den Vättern des Alten Teſtaments zugelaſſen iſt, ſo hat es doch unſer HErr und Einſteller des Neuen Teſtaments Chriſtus JEſus außdrücklich verbotten; Welches auch der Apoſtel Jacobus mit bekräfftiget: Es ſollen und müſſen aber unſere Worte, Ja und Nein, in der Warheit beſtehen, damit niemand in Heucheley falle, und ſeinen Nechſten verletze oder betriege, Matth. 5. v. 33. Jac. 5. v. 12.

30. Frage.

Mag man auch Rache üben?

Antwort.

Nein: Wiewohl es auch im Alten Teſtament frey geweſen; Weil es aber von Chriſto und dem Apoſtel Paulo gantz widerſprochen und abgelernet iſt, ſo müſſen wir uns ſolches auch nicht gelüſten laſſen, ſondern durch Sanfftmuth unſern Nechſten, ja auch unſern Feinden Gutes thun, Matth. 5. v. 38. Röm. 12. v. 19, 20.

A a 3   3L.

31. Frage.

Wann dann jemand von den Gliedern der
Gemeinde in eine Missethat oder Sünde
fällt, wie wird damit gehandelt?

Antwort.

Ich bekenne auß der Lehre Christi und seiner Aposteln, daß eine Straffe und Kirchen-
Zucht unter den Glaubigen muß gepfleget und
unterhalten werden, also daß die Hartnäckige,
oder auch die so grobe Sünde und Wercke
des Fleisches begangen haben, dadurch sie sich
selber von GOtt abscheiden, auch in der Gemeinschafft der Glaubigen nicht müssen gedul-
det werden, sondern zu ihrer Besserung von
allen bestraffet, damit die andere auch Furcht
haben, Matth. 18. v. 15. Esa. 59. v. 2.
2. Tim. 5. v. 20.

32 Frage.

Wie muß man sich gegen solche Abgesonderte
verhalten?

Antwort.

Nach der Lehre des Apostels, sollen sich die
wahre Glieder Christi von den bestrafften unbußfertigen Sündern entziehen, und keine geistliche Gemeinschafft mit ihnen haben, es sey
dann bey Zufall oder Gelegenheit, daß man
solche zum Aufstand und Wiederkehr ermahne,
in Liebe, Barmherzigkeit, und Christlicher Bescheidenheit, Röm. 16. v. 17. 2. Thessalo.
3. v. 15.

33.

33. Frage.

Wie lang soll die Meidung gehalten werden?

Antwort.

So lange biß der Bestraffte wiederkehret, Reu und Leyd seiner Sünde bezeiget, und die Gemeinschafft der Gemeinde ernstlich begehret, so wird er nach einem andächtigen Gebethe zu GOtt wiederum auff-und angenommen, 2. Cor. 2. v. 6.

34. Frage.

Was glaubest du von der Wiederkunfft Christi und Aufferstehung der Todten?

Antwort.

Ich glaube, daß Christus unser Haupt, HErr und Seligmacher, gleich wie er sichtbar auffgefahren ist, wieder kommen wird vom Himmel, in grosser Krafft und Herrlichkeit, mit einem Feld-Geschrey, und mit der Posaunen GOttes: Dann es komt die Stunde, in welcher alle die in den Gräbern sind, werden seine Stimme hören und herfür gehen, die Gutes gethan haben zur Aufferstehung des Lebens, die aber Ubels gethan haben, zur Aufferstehung des Gerichtes: Dann wir müssen alle vor dem Richterstuhl Christi dargestellet werden auf daß ein jeglicher empfahe nach deme er gehandelt hat bey Lebens Zeiten, es seye gut oder böse, 1. Tess. 4. v 16. 1. Johan. 5. v. 28. 2. Cor. 5. v. 10.

A a 4   35.

35. Frage.

Dieweil nun diese Bekanntnuß mit der Lehre
Christi und seiner Aposteln übereinstimmet;
So wird zum letztern gefraget an den Lehr-
Jünger: Ob er von gantzem Hertzen geneí-
get sey, sich dem Willen seines Erlösers
und Seeligmachers JEsu Christi zu ergeben,
sich selbsten nebenst allen sündlichen Lüsten
zu verläugnen, und darnach zu streben, und
durch die Gnade GOttes, im wahren Glauben und hertzlicher Demuth, ein frommes
gottseliges Leben und heiligen Wandel zu
führen, nach denen Geboten GOttes sein
Lebenlang?

Antwort.

Ja.
Dazu wird von Hertzen gewünschet GOttes
Gnade und reichen Segen, durch die Krafft
des Heil. Geistes zur Seligkeit! Dem-
selben sey Ehre und Preiß von
Ewigkeit zu Ewigkeit,
Amen!

Christ-

Christliches
Glaubens=
Bekänntnuß

Der Waffen=losen, und fürnehmlich
in den Niederländern (unter dem
Namen der Mennonisten) wohl
bekannten Christen;

Als auch noch ein Anhang zum unwidersprech=
lichen beweise, daß gemelte Glaubens=beken=
ner sich in Leben und Lehren, viel an=
ders befinden, als man bis anher,
durch unkunde, von ihnen
urteilen wollen.

Articul I.

Vom Glauben an GOtt. Von der Schöpf=
fung des ersten Menschen und aller dingen.

Nach dem wir bezeuget finden [In den Ca=
nonischen büchern deß Alten und Neuen
Testaments. Hebr. 11. v. 6] daß es un=
müglich sey ohn Glauben GOtt zugefallen, und
wer zu GOtt kommen will, der muß gläuben,
daß ein GOTT ist; und daß er wird seyn ein
Vergelter denselbigen, die ihn suchen: Daher
so

so bekennen wir mit dem Munde und gläuben
mit dem Hertzen, sampt allen Frommen, nach
laut der Heiligen Schrifft, an einen einigen,
ewigen. Allmächtigen und unbegreiflichen GOtt
Vater, und Sohn, und Heiligen Geist, Deut.
6. v. 4 Gen. 17. v. 1. Jes. 46. v. 8. Joh.
5. v. 7 und keinen mehr, noch keinen andern:
für welchem auch kein GOtt gemacht oder gewesen ist, noch auch nach Ihm seyn wird.
Denn auß Ihm, durch Ihn, und in Ihm,
sind alle Ding. Ihm sey Lob, Preis und Ehre von Ewigkeit, zu Ewigkeit, Amen.

DEnselben einigen GOtt, der da wircket alles in allen, gläuben und bekennen wir,
1. Cor. 12. v. 6. Gen. 5. daß er ein Schöpffer ist aller sichtbahren und unsichtbahren Dingen, der innerhalb sechs tagen Himmel und Erde, das Meer, und alles was drinnen ist, geschaffen, gemacht und zubereitet hat; Act. 14.
v. 15. Und daß er dieselbe und alle seine Wercke durch seine Weißheit, Allmacht, und durch
das Wort seiner Krafft noch regieret und
unterhält.

Und als er seine Wercke vollendet, und jeg-
liches, in seiner Natur, Wesen und Eygen-
schafft, gut und recht nach seinem Wolgefallen
geordiniert und bereitet hatte, so hat er daneben auch den ersten Mensch, unser aller Vater, Adam geschaffen, Gen. 1. v. 27. und ihme einen Leib gegeben, welchen er außm Er-

den-

den-klos, Gen. 2. v. 7. geformiert, und ihm
einen lebendigen Odem in seine Nase geblasen
hat, also, daß er geworden ist eine lebendige
Seele, von GOtt nach seinem Bilde, Gen. 5.
v. 1. und Gleichnüß in rechtschaffener Gerechtigkeit und Heiligkeit; zum ewigen Leben geschaffen: Und hat ihn über alle andere Creaturen
sonderlich angesehen, und mit vielen hohen und
herrlichen Gaben gezieret, in den Lust-garten,
oder Paradeys gestelt, Gen. 2. v. 15. Gebot
und Verbot gegeben; Gen. 2. v. 17. Hat
auch darnach von demselben Adam eine Rippe
genommen, Gen. 2 v. 22. Und ein Weib
daraus gebauet, zu ihm gebracht, dieselbige ihm
zum Gehülffen, Gesellinn und Hauß-frauen zugefüget und gegeben: Hat auch folgens ver-
schafft, daß von diesem einigen ersten Menschen
Adam alle Menschen, auf dem ganzen Erdboden wohnend, gezeuget und entsprossen seyn,
Act. 17. v. 26.

ARTICUL II.

Von der Ubertretung deß Göttlichen Gebots
durch Adam.

WIr gläuben auch und bekennen, vermöge
der Heiligen Schrifft, daß dieselbige unsere erste Vor-Elteren Adam und Eva, in diesem herrlichen Stande, darinnen sie geschaffen
waren, nicht lange geblieben seyn, sondern es
seynd

seynd dieselbe durch List und Betrug der Schlangen und des Teuffels Neyd verleitet und ver-
führet, Gen. 3. v. 6. und haben das hohe
Göttliche Gebott übertretten, und seynd ihrem
Schöpffer ungehorsam geworden: Durch welchen ungehorsam die Sünde in die Welt kommen ist, Röm. 5. v. 12, 18. und durch die
Sünde der Todt, und ist also zu allen Menschen durchgedrungen, angesehen daß sie alle
gesündiget haben, und dadurch den Zorn Gottes und Verdamnüß auf sich geladen, darum
sie auß dem Paradiese, oder Lust-garten, von
GOtt getrieben seynd, Gen. 3. v. 23. daß sie
den Acker bauen, mit Kummer sich darauf ernehren, und im Schweiß ihres Angesichts ihr
Brodt essen solten, biß sie wieder zur Erden
würden, davon sie genommen waren: Ps. 49.
v. 8. Und daß sie derohalben durch sothane einige Sünde so gar ferne von GOtt abgefallen,
gewichen, und von ihm entfrembdet worden
seynd, daß sie weder durch sich selber, noch durch
jemand ihrer Nachkommen, noch durch Engel,
noch durch Menschen, oder durch eine andere
Creatur im Himmel oder auf Erden, wiederum
aufgeholffen, erlöset und mit GOtt versöhnet
kenten werden, Apcc. 5. sondern daß sie ewig
verlohren müsten bleiben, dafern nicht GOtt,
der sich über sein geschöpf wiederum erbarmet,
hätte gnädig drein gesehen, Joh. 3. v. 16. u.
mit seiner Liebe und Barmhertzigkeit wäre dar-
twischen kommen.   Art.

ARTICUL III.

Von der Wieder-auffrichtung und Versühnung des Menschlichen Geschlechts mit GOtt.

WAs die Wieder-auffrichtung des erſten Menſchen und ſeiner Nachkommen betrifft, davon bekennen und gläuben wir, daß unangeſe-
hen dieſes ihres Fall, Ubertretung und Sünde, und ob wol bey ihnen gänzlich kein Vermögen war, GOtt dennoch darum ſie nicht ganz
und gar hat wollen verwerffen, noch ewig verlohren bleiben laſſen, ſondern daß er ſie wiederum zu ſich geruffen, getröſtet und gezeiget hat,
daß bey ihm noch Mittel ihrer Verſühnung
wäre, nemlich das unbefleckte Lamm (oder Sohn)
GOttes, welcher da zu albereits vor der Welt
Anfang verſehen, Joh. 11. v. 29. 1. Petri 1.
v. 19. Gen. 3. v. 15. 1. Joh. 3. v. 8. 1.
Joh. 2. v. 1. und ihnen, als ſie noch im Paradeys waren, zu Troſt, Erlöſung und Seligkeit, ſo wol für ſie als ihre Nachkömlingen,
verheiſſen und zugeſagt, ja ihnen von der Zeit
an durch den Glauben als eigen gegeben und
geſchencket iſt. Wornach allen frommen Hebr.
11. v. 19. 39. Altvättern hat verlanget, welchen die Verheiſſung zum öfftern iſt erneuert,
die darnach geforſchet, und durch den Glauben
von ferne nach ihm außgeſehen und auf die
Erfüllung gewartet haben, Gal. 4. v. 4. daß,
wenn er kommen würde, er das gefallene menſch-

liche

liche geschlechte von ihren Sünden, Schuld
und Ungerechtigkeit wiederum erlösen, frey machen, und auffhelffen solte.

ARTICUL IV.

Von der Zukunfft unsers Erlösers und Selig-
machers JEsu Christi.

SO gläuben und bekennen wir ferner, daß,
als diese Zeit der Verheissung, nach welcher alle fromme Alt-Vätter so sehr verlanget
und darauf gewartet haben, um, und erfüllet
war, Joh. 4. v. 25. daß damals dieser ver-
heissene Messias, Erlöser und Seligmacher von
GOtt außgangen, gesandt und (nach der Weissagung der Propheten und gezeugnisse der Evangelisten) in die Welt Joh. 16. v. 28. ja ins
Fleisch kommen, geoffenbahret und das Wort
selbst Fleisch und Mensch worden ist, 1. Tim.
3. v. 16. Joh. 1. v. 14. Matth. 1. v. 22.
und daß er in der Jungfrauen Maria (die
verlobet war mit einem Manne, genant Joseph,
vom Hause Davids) ist empfangen, und daß
sie denselben, als ihren Erst-gebohrnen Sohn
Luc. 2. v. 7. 21. zu Bethlehem gebohren, in
Windelen gewickelt, und in eine Krippen geleget hat.

Wir bekennen und gläuben auch, daß dieser
derselbige ist, dessen Außgang von Anfang und
von Ewigkeit gewesen ist, Mich. 5. v. 2. Hebr.

7.

7. v. 3. ohn Anfang der Tagen, oder Ende
des Lebens: Der selber das A, und O, An=
fang und Ende, der Erste und der Letzte bezeu=
get wird Apoc. 1. v. 8. 18. zu seyn: Daß
dieser auch derselbe ist und kein ander, der auß=
ersehen, verheissen, gesandt und in die Welt
kommen, und der GOttes einiger, erste und
eigener Sohn Joh. 5. v. 16. Hebr. 1. v. 6.
Röm. 8. v. 32. Matth. 22. v. 41. der vor
Johannes dem Täuffer, vor Abraham, ja Da=
vids HERR und aller Welt GOtt ist, der
Erst=gebohrne vor allen Creaturen, Col. 1. v.
15. der in die Welt gebracht, und ihm ein
Leib bereitet ist, welchen er selber zu einem Opf=
fer und gabe übergeben hat, GOtt zu einem
süssen geruch, ja zu Trost, Erlösung und Se=
ligkeit für alle, und das gantze menschliche ge=
schlecht; Hebr. 10. v. 5.

Was aber anlanget, wie und auf was Wei=
se dieser würdige Leib bereitet, und wie das
Wort Fleisch, und er selbst Mensch geworden
ist, Luc 1. v. 31. 32. 33. Joh. 20. v. 30.
31. Matth. 16. v. 16. darinn sind wir ver=
gnüget mit der Erklärung, welche die heilige
Evangelisten in ihrer Beschreibung davon ge=
than und nach gelassen haben, nach welcher wir
sampt allen Heiligen ihn bekennen und halten
für den Sohn des Lebendigen GOttes, in wel=
chem all unsere Hoffnung, Trost, Erlösung und
Seligkeit bestehet, und daß wir dieselbe auch

in

in niemanden anders mögen noch sollen suchen.

Weiter gläuben und bekennen wir mit der
Schrifft, nach dem er hier seinen Lauff vollendet, und das Werck, darum er gesandt und in
die Welt kommen war, vollbracht hatte, daß er
nach GOttes Fürsehung ist überantwortet in
die Hände der Ungerechten, und daß er unter
dem Richter Pontio Pilato Luc. 23. v. 53.
Luc. 23. v. 1. gelitten hat, daß er gecreutziget
Luc. 24. v. 5. 6. gestorben, begraben, am dritten Tage vom Tode wieder aufferstanden und
gen Himmel gefahren ist, Luc. 24. v. 51. und
daß er sitze zur rechten Hand GOttes der Majestät in der Höhe, von dannen er kommen
wird zu richten die Lebendigen und die Todten.

Und daß also der Sohne GOttes gestorben
ist, für alle den Todt geschmecket, und sein theu-
erbar Blut vergossen hat, und daß er dadurch
der Schlangen den Kopf zertreten, die Wercke
des Teuffels zerstöhret, die Handschrifft zu nicht
gemacht, Gen. 3. v. 15. 1. Joh. 3. v. 8.
Coloss. 2. v. 14. und Vergebung der Sünden
für das gantze menschliche geschlecht erworben
hat, und daß er also ein Ursach der ewigen
Seligkeit geworden ist für alle die jenigen [von
Adam an bis an der Welt Ende] Röm. 5.
v. 18. deren ein jeder in seiner Zeit an ihn
gläuben und gehorsam seyn wird.

Artikul

ARTICUL V.

Von der Einsetzung des Neuen Testaments durch unsern HErrn JEsum Christum.

Glauben und bekennen wir auch, daß er vor seiner Himmel-fahrt sein neu Testament auffgerichtet, Jer. 31. v. 31. ingesetzt, und nach dem es ein ewig Testament seyn und bleiben solt, Hebr. 9. v. 15. 16. 17. daß er dasselbe mit seinem theuerbaren Blut befestigt und versiegelt, den Seinigen gegeben und hinterlassen, Matth. 26. v. 27. ja so hoch geboten und befohlen hat, daß dasselbe weder durch Engel, noch durch Menschen verändert, noch davon ab, noch dazu gethan werden mag, Gal. 1. v. 8. 1. Timot. 6. v. 3. Joh. 15. v. 16. Matt. 28. v. 29. und daß er dasselbe, was darin begriffen, durch den gantzen und vollen Rath und Willen seines himmlischen Vatters, (so viel zur Seeligkeit von nöthen ist) durch seine liebe Apostel, Bottschafften und Diener, die er da zu beruffen, erwehlet und in alle Welt gesandt hat, Marci. 16 v. 13. Luc. 24. v. 45. 46. und unter allen Völckern, Nationen und Zungen, in seinem Namen lassen verkündigen, predigen und bezeugen Busse und Vergebung der Sünden; und daß er demnach darinn alle Menschen ohn Unterscheid, so fern als sie dem Inhalt desselben durch den glauben als gehorsame Kinder würden nach-

folgen

folgen und beleben, für seine Kinder und recht-
mäſſige Erben hat wollen erklären, Röm. 8.
v. 17. alſo, daß er von der würdigen Erb-
ſchafft der ewigen Seligkeit niemand ausſchließt,
noch außgeſchloſſen hat, als nur allein die un-
gläubigen Ungehorſamen, halsſtarrigen und un-
bußfertige Menſchen, die daſſelbe verachten, und
durch ihre eigen ſelbſt begangene Sünde ver-
ſchulden, und ſich da zu alſo des ewigen Lebens
unwürdig machen, Actor. 13. v. 46.

ARTICUL VI.

Von der Buſſe und Beſſerung des Lebens.

Glauben und bekennen wir, nachdem das
Tichten und Trachten des menſchlichen Hertzens böſe iſt von Jugend auf, Gen. 8. v. 21.
und derhalben zu aller Ungerechtigkeit, Sünde
und Boßheit geneigt, daß daher die erſte Lec-
tion des würdigen Neuen Teſtaments des Sohns
GOttes iſt Buſſe und Beſſerung des Lebens,
Marc. 1. v. 15. Ezech. 12. v. 1. und daß darum die Menſchen Ohren haben, daß ſie hören,
und Hertzen haben, daß ſie verſtehen, rechtſchaffene Früchte der Buſſe thun, Marc. 1. v. 15.
ihr Leben beſſern, dem Evangelio gläuben, das
Böſe laſſen, das gute thun, vom unrecht auffhören, und von Sünden ablaſſen, den alten
Menſchen mit ſeinen Wercken außziehen, und
den neuen anthun, der nach GOtt geſchaffen

in

in rechtschaffener gerechtigkeit und Heiligkeit
Colloff. 3. v. 9. 10. Dann, noch Tauffe,
Abendmahl, gemeine, noch eine andere äusserliche
Ceremonie ohne glauben und Wiedergeburt,
Veränderung oder Erneuerung des Lebens, mag
helffen GOtt zu gefallen, Ephef. 4. v. 21. 22.
oder einigen Trost, oder Verheissung der Seligkeit von ihm zuerlangen, sondern man muß
mit wahrem und vollkommenen glauben zu GOtt
gehen, Hebr. 10. v. 21. 22. und an JEsum
Christum gläuben, als die Schrifft sagt und
von ihm zeuget, Joh. 7. v. 35. durch welchen
glauben man Vergebung der Sünden erlanget, geheiliget, gerechtfertiget und Kinder GOttes, ja seines Sinns, Natur und Wesens theilhafftig wird, 2. Pet. 1. v. 4. als die durch
den unvergänglichen Samen von oben herab
neue auß GOTT wiedergebohren seyn.

Articul VII.
Von der Heiligen Tauffe.

WAs angehet die Tauffe, davon gläuben
und bekennen wir, Act. 2. v. 38. daß al-
le bußfertige gläubigen, die durch den glauben,
Wiedergeburt und Erneuerung des Heiligen
Geistes mit GOtt vereiniget und im Himmel
angeschrieben seyn, auf sothane schrifftmässige
Bekänntnis des glaubens, nach dem Befehl
Christi, Matt. 28. v. 19. lehr, Exempel und

gebrauch)

gebrauch der Aposteln, sollen in desselbigen hochwürdigen Name des Vatters und des Sohns
und des heiligen Geistes, zu begrabung ihrer
Sünden mit Wasser getaufft, und also in die
gemeinschafft der Heiligen eingeleibt werden,
und dann ferner lehren unterhalten alles was
der Sohn GOttes die seinigen gelehret, ihnen
hinterlassen und befohlen hat, Röm. 6. v. 4.
Marci. 16. v. 15. Matth. 3. v. 15. Act. 2.
v. 28. C. 8. v. 11. C. 9. v. 8. Cap. 10. v.
47. Cap. 16. v. 33. Coloss. 2. v. 11. 12.

ARTICUL VIII.

Von der Kirchen GOTTES.

WJr gläuben und bekennen eine sichtbahre
gemeine GOttes, nemlich die also, wie ob-
gemeldt, rechte, wahre Busse thun, recht gläuben und recht getaufft seyn, mit GOtt im Himmel vereiniget, und in die gemeinschafft der
Heiligen hier auf Erden recht einverleibt seyn:
1. Cor. 12. dieselbige bekennen wir zu seyn
das auserwehlte geschlechte, das Königliche
Priesterthum, 1. Pet. 2. v. 9. das heilige
Volck, welche bezeuget werden Christi Braut
und Haußfrau, ja Kinder und Erben des ewigen Lebens zu seyn, Joh. 3. v. 29. Apoc. 19.
v. 7. Tit. 3 v. 6. 7. Ephes. 2. v. 19. 20
21. Matth. 16. v. 18. 1 Petri. 1. v. 18.
19. ein Tabernacul, Hütte, und Wohnstadt

GOt-

GOttes, gebauet auf den grund der Apostel
und Propheten, deſſen Chriſtus ſelbſt der Eck-
ſtein, (auf welchem ſeine Verſammlung geſtiff-
tet iſt) zu ſeyn bezeuget wird. Dieſe gemeinde
des lebendigen GOttes, die er durch ſein eigen
theuerbahres Blut erworben, gekaufft und erlöſet hat, bey welchen er, vermöge ſeiner Verheiſſung, zu Troſt und Beſchirmung, alle Tage bis an der Welt Ende ſeyn und bleiben,
Matt. 28. v. 20. 2. Cor. 6. v. 16. Matt.
7. v. 25. Matt. 16. v. 18. ja unter ihnen
wohnen und wandelen will, und ſie bewahren,
daß ſie kein Strohm noch Plaßregen, ja die
Pforten der Höllen ſelbſt nicht ſollen bewegen
noch überwältigen: Dieſelbige mag man bekennen an dem Schrifftmäſſigen glauben, Lehre,
Liebe und gottſeligen Wandel, alſo auch an einem fruchtbahren Leben, gebrauch. und Unterhaltung der wahren Ordnungen Chriſti, welche er bey den Seinigen ſo hoch gebotten und
befohlen hat.

ARTICUL IX.

Von der Erwehlung der Diener in der Kirchen.

WAs die Dienſte und Erwehlung in der
gemeine betrifft, davon gläuben und bekennen wir, dieweil die gemeine ohne Dienſt und
Ordnung im Wachsthum nicht kan beſtehen,
noch im Bau bleiben, daß daher der HErr

Chriſtus

Chriſtus ſelbſt [als ein Hauß=Vatter in ſeinem
Hauſe] ſeine Dienſte und Ordnungen ingeſtellt,
geordinieret Eph. 4. v. 10, 11, 12. gebotten
und befohlen hat, wie ein jeder darin wande=
len, ſein Werck und Beruff warnehmen, und,
wie ſichs gebührt, thun ſoll, gleich er ſelber,
als der getreue groſſe Oberſte Hirte und Bi=
ſchoff unſer Seelen, 1. Pet. 2. v. 25. Matt.
12. v. 19. Matt. 18. v. 11. darum geſandt
und in die Welt gekommen iſt, nicht zuverle=
ßen, zubrechen, oder die Seelen der Menſchen
zu verderben, ſondern daß er ſie heile und ge=
ſund mache, Epheſ. 2. v. 13. Gal. 3. v. 28.
das verlohrne ſuche, den Zaun und die Mittel=
wand abbreche, von zweyen eines mache, und
alſo aus Jüden, Heyden und allen geſchlech=
ten, eine Heerde zu einer gemeinſchafft in ſei=
nem Namen verſammle, dafür er ſelber (auf
daß niemand irrend oder verlohren gehen ſolte)
ſein Leben gelaſſen, und ihnen zur Seeligkeit
alſo gedienet, Joh. 10. v. 9, 11, 15. ſie frey
gemacht und erlöſet hat (gemerckt:) darinnen
ihnen von niemand anders könte gedienet und
geholffen werden, Pſ. 9. v. 8.

Und daß Er über das dieſelbe ſeine gemeine
vor ſeinem Abſcheid auch mit getreuen Die=
nern, Apoſtelen, Evangeliſten, Hirten und Leh=
rern (welche er mit Bitten und Flehen durch
den heiligen Geiſt erwehlet hatte) beſeßet hat
gelaſſen, Epheſ. 4. v. 11. Luc. 10. v. 1. Luc.

6.

6. v. 12, 13. auf daß sie die gemeine regieren, seine Herde weiden, darüber wachen, ihr
fürstehen und sie versorgen, ja in allem thun
solten, wie er ihnen fürgegangen, gelehret, Joh.
2. v. 5. Matt. 28. v. 20. gethan und ihnen
befohlen hat, zu lehren unterhalten, was er ihnen gebotten hatte.

Daß auch deßgleichen die Apostel darnach,
als getreue Nachfolger Christi und Fürgänger
der gemeine, hierin seynd sorgfältig und fleissig
gewesen, 1. Tim. 3. v. 1. Act. 1. v. 23. 24.
Tit. 1. v. 5. mit Bitten und Flehen zu GOtt,
durch Erzehlung der Brüder, alle Städte,
Oerter, oder gemeine mit Bischöffen, Hirten
und Fürgängern zuversorgen, und sothane Personen darzu zu ordiniren, 1. Tim. 4. v. 16.
Tit. 2. v. 1, 2. 1. Tim. 5. v. 3. die acht auf
sich selbst, auf die Lehre und Herde möchten haben, die gesund im glauben, from an Leben
und Wandel, und die so wol ausserhalb als in
der gemeine von gutem Lobe und gerüchte würden seyn, auf daß sie ein Exempel, Licht und
Fürbild in aller gottseligkeit und guten Wercken möchten seyn und nach des HErren Ordnung, Tauff und Abendmahl würdiglich bedienen, und daß sie auch allwege (da sie zubekom-
men seyn) getreue Menschen, tüchtig andere zu
lehren, 2. Tim. 2. v. 2. 1. Tim. 4. v. 14.
Cap. 5. v. 2. zu Eltesten solten bestellen, dieselbe mit Handauflegung im Namen des HErrn

bestel-

bestetigen und alle nöthige Dinge der gemeine
ferner versorgen nach vermögen, auf daß sie
als getreue Knechte ihres HErrn Talent, oder
Pfund wol anlegten, Luc. 19. v. 13. gewinn
damit zu thun, und so folgends sich selber möch=
ten förderen zur Seeligkeit, wie auch die sie hören.

Und daß sie emsig wahrnehmen solten, in=
sonderheit ein jeder unter den seinigen, da er
Auffsicht über hat, daß alle Oerte mit Diaco=
nen [um Achtung und Auffsicht über die Ar=
men zu halten] wohl versehen und versorget möch=
ten werden, Act. 6. v. 3, 4, 5, 6. die Hand=
reichung und Allmosen empfangen, und wiede=
rum an die Armen Heiligen, so nottürfftig seyn,
getreulich möchten außtheilen mit aller Erbar=
keit, als sichs geziemet.

Und daß man auch Ehrbahre alte Wittwen
zu Dienerinnen ordiniren und erwehlen solte,
1. Tim. 5. 9. Röm. 16. v. 1. daß die nebenst
den Diaconen die arme, schwache, krancke, be=
trübte, und nottüeftige Menschen, also auch
Wittwen und Wayfen zubesuchen, zu trösten
und zu versorgen, und ferner die nöthige sachen
der gemeine helfen wahr zunehmen nach all
ihrem Vermögen.

Und was noch ferner die Diacon=diener an=
langet, Jacobi 1. v. 27. daß dieselbe absonder=
lich, wenn sie tüchtig und von der gemeine da=
zu erkohren und geordineret worden [zu Hülf=
fe und Erleichterung der Eltesten] die gemeine

auch

auch wohl mögen vermahnen, und mit im
Wort und Lehre arbeiten, und ein jeder also
dem andern aus Liebe zu dienen mit der gabe,
die er vom HErrn hat empfangen, auf daß
durch gemeinen Dienst und Handreichung von
jeglichem gliede, ein jedes in seiner masse, der
Leib Christi gebessert, und des HErrn Wein=
stock und gemeine im Wachsthum, Zunehmung
und Bau mög bleiben, wie sichs gebühret.

ARTICUL X.

Vom Hochwürdigen Abendmahl des HErrn.

WIr bekennen und unterhalten ebener maß=
sen ein Brodtbrechen, oder Abendmahl,
Matt. 26. v. 26. Matt. 14. v. 22. Act. 2.
v. 42. I. Cor. 10. 16. I. Cor. 11. v. 11.
12. wie der HErr Christus vor seinem Leiden
solches mit Brod und Wein eingesetzt und auch
mit seinen Aposteln selbst gebraucht und gege=
sen, und ihnen zu seiner gedächtnüsse zu unter=
halten befohlen hat, und wie sie folgends sol=
ches auch in der gemeine gelehret, darnach ge=
lebet und den glauben zu unterhalten gebotten
und befohlen haben zur gedächtnuß des HErrn
Todt, Leiden und Sterben, und daß sein wür=
diger Leib für uns und für das gantze mensch=
liche geschlecht gebrochen, und sein theures Blut
vergossen ist. Wie auch daneben die Frucht
desselbigen, nemlich die Erlösung und ewige

C c   Selig=

Seligkeit, welche er dadurch erworben und an uns sündige Menschen solche Liebe bewiesen hat. Wodurch wir zum höchsten vermahnet werden, uns untereinander, und unsern Nähesten wiederum Lieb zu haben, verzeihen und vergeben, wie er uns gethan hat, und auch gedencken zu unterhalten und zubeleben die Einigkeit und die gemeinschafft, Act. 2. v. 46. die wir mit GOtt und unter uns haben; Dieselbige uns also bey sothanem Brechen des Brods angewiesen und bezeichnet wird.

ARTICUL XI.

Vom Fußwaschen.

BEkennen und billigen wir auch ein Fußwaschen der Heiligen, gleich der HErr Christus selbst dasselbe nicht allein eingesetzt, gebotten und befohlen, Joh. 13. v. 4. 17. sondern auch selber seinen Aposteln (ob er gleich ihr HErr und Meister war) die Füsse gewaschen hat, und damit ein Exempel gegeben, daß sie dergleichen auch untereinander die Füsse waschen und also thun solten, gleich wie er ihnen gethan hatte. Welches sie auch folgends die gläubigen um zu unterhalten fortan gelehret haben. Alles zu einem Zeichen der wahren Demuth und Niedrigkeit, als auch insonderheit bey diesem Füß-waschen zu gedencken das rechte Waschen, da wir durch sein theurbares Blut mit gewaschen und der Seelen

nach

nach gereiniget seyn. [Exempel] Gen. 18. v.
4. Gen. 19. v. 2.

ARTICUL XII.

Vom Heiligen Eheſtand.

SO bekennen und geſtehen wir in der gemeine GOttes einen ehrlichen Eheſtand von
zwo freyen gläubigen Perſonen, in maſſen und
wie ihn GOtt anfänglich im Paradeis geordi-
niret und mit Adam und Eva ſelbſt eingeſetzt
hat. Gen. 2. v. 27. und v. 22. Und gleich
wie der HErr Chriſtus alle Mißbräuche des
Eheſtandes, ſo mittler Zeit waren auffkommen,
abgekehret, weggeräumet und alles wiederum
auf die erſte Ordnung gewieſen und dabey es
gelaſſen hat: In ſolcher füge hat auch der A-
poſtel Paulus den Eheſtand in der gemeine gelehret, 1. Cor. 7. zugelaſſen und einem jeglichen frey geſtellet, daß er nach der erſten Ordnung im HErrn möge heyrathen an alle und
jede, die man dazu kan bewegen. 1. Cor. 5.
Mit welchen Worten (in dem HErrn) muß
nach unſer Meinung verſtanden werden, daß
gleichwie die Alt-Väter an ihr geſipſchafft oder
geſchlecht muſten heyrathen, Gen. 24. Gen. 28.
daß auch gleichfals im neuen Teſtament den
gläubigen keine andere Freyheit vergönnet und
zugelaſſen iſt, als nur allein unter dem auser-
kohrnen geſchlechte und geiſtlicher Verwandſchafft

E 3 2   Chriſt

Christi zu mögen ehelichen, nemlich an diejenige, (und keine andere) die erst und zuvor mit
der gemeine in ein Hertz und Seele vereiniget
seyn, eine Tauffe empfangen haben, und in einer gemeinschafft, glauben, Lehr und Belebung
stehen, ehe daß sie durch den Ehestand sich mit
einander mögen vereinigen. Sothanige werden
obgemelter massen dann, nach der ersten Ordnung von GOtt in seiner gemeine zusamen ge-
fügt. 1. Cor. 7. v. 39. Und das heist dann,
Im HErrn trauen oder heyrathen.

ARTICUL XIII.

Von der Obrigkeit.

SO bekennen, gläuben und gestehen wir auch,
daß GOtt die Macht und Obrigkeit geordinieret hat, Röm. 13. v. 1. 7. und zur Straffe über das Böse gestellt, und zu beschützen das
gute, und ferner die Welt zu regieren, Land und
Städte zusamt ihre Unterthanen in guter Po-
licey und Ordnung zu unterhalten, Tit. 3. v.
1. und daß wir daher dieselbe nicht sollen verachten noch lästeren oder widerstehen, 1. Petr.
2. v. 17. sondern daß wir sie als eine Dienerin GOttes erkennen, ehren, unterthänig und
gehorsam, ja zu allen guten Wercken bereit seyn
müssen, insonderheit im selben wo GOttes Wort,
Willen und gebott nicht widerstritten ist, und
ihr auch getreulich Zoll, Accise und Schatzung

zubezah-

zubezahlen, und was ihr zugehöret zugeben, gehalten und schuldig seyn, gleich wie der Sohn
GOttes gelehret, auch selbst gethan und den seinigen gebotten und befohlen hat auch also zu
thun. Matt. 22. v. 21. und Cap. 17. v. 27.
Daß wir auch über das den HErrn für sie und
ihren Wolstand und des Landes Bestes stäts
und ernstlich müssen anruffen und bitten, 1.
Tim. 2. v. 1, 2. auf daß wir unter ihrem
Schutz und Schirm mögen wohnen, uns ernehren, und ein stilles geruhiges Leben führen
in aller gottseligkeit und Erbarkeit, und ferner,
daß der HErr alle Wolthat, Freyheit und gunst,
welche wir unter ihrer löblichen Regierung geniesen, ihr hie zeitlich, und hernach dort in
Ewigkeit wolle belohnen und vergelten.

Articul XIV.

Von der Rache und Gegenwehr.

WAs die Rache angehet, dem Feinde mit
dem Schwerdt zu widerstehen, davon gläuben und bekennen wir, daß der HErr Christus
seinen Jüngern und Nachfolgern alle Rache
und Wieder-rache untersagt und verbotten hat,
und hingegen gebotten und befohlen, Matt. 5.
v. 39. 44. Röm. 12. v. 14. 1. Petr. 3. v.
9. niemand Böses mit Bösen noch Schelt-
wort mit Scheltworten zuvergelten, sondern das
Schwerdt in die scheide zu stecken, oder als die

Propheten geweissaget haben, Jes. 2. v. 4.
Mich. 4. v. 3. Pflug-eisen davon zu machen.
Woraus wir verstehen, daß wir daher seinem
Exempel, Lehr und Leben zufolgen niemand beleidigen, einigen Verdruß oder Ubel mögen anthun, sondern vielmehr aller Menschen höchste
Wohlfahrt und Seligkeit uns gebühre zu suchen, und als es die Noth erfordert, um des
HErrn Willen zu fliehen von der einen Stadt,
oder Land ins ander; Ja auch Beraubung der
güter zu leiden, Matt. 5. v. 39. aber niemand
zubeleidigen; und da man geschlagen wird, lieber den andern Backen auch dar zuhalten, als
sich selber zu rächen oder wiederzuschlagen. Und
daß wir über das auch für unsere Feinde müssen bitten, auch wann die hungerig oder dürstig seyn, Röm. 12. v. 20. sie laben und speisen, und sie also mit Wolthun zu überzeugen
und alle Unwissenheit zu überwinden. Endlich daß wir müssen guts thun, und uns gegen
alle gewissen der Menschen wol und gütlich bezeigen, und nach dem gesetz Christi, niemand
was anders mögen thun, als was wir wollen
daß uns geschehe. Matt. 7. v. 12.

ARTICUL XV.

Vom Eyde, oder Eydschweren.

WAs das Eyd-schweren betrifft, davon gläuben und bekennen wir, daß der HErr Christus

ftus auch den feinen daffelbe unterfaget und
verbotten hat, Matt. 5. v. 34. 35. daß man
auf keinerley Weife möge fchwehren, fondern
daß, Ja, Ja, und Nein, Nein müffe feyn,
Jac. 5. v. 12. Woraus wir verftehen, daß
alle hohe und geringe Eyden verbotten feyn,
fondern daß wir an ftatt derfelben alle unfere
Verheiffungen, Zufage und Verbündniffe, ja
auch alle unfere Erklärung, oder gezeugnüffen
von einigen Sachen, allein mit unferem Wort
Ja, imfelben das Ja ift, und Nein in allem
was Nein ift, müffen bekräftigen; 2. Cor. 1.
v. 17. Sintemahl wir daffelbe allzeit und in
allerley Sachen gegen Jederman fo getreulich
müffen halten, thun und nachkommen, als ob
wir folches mit einem hohen Eyte befäftiget
und befchwohren hätten: und wenn wir daffelbe alfo thun, fo getrauen wir nicht, daß Jemand, ja die Obrigkeit felbft, urfach folle haben, daß fie uns im gemüth und gewiffen werde höher befchweren.

Articul XVI.

Vom Bann, oder Abfonderung von der Gemeine.

Wir bekennen und gläuben auch einen Bann,
und Chriftliche Abfonderung nicht zur Verderbung, daß dadurch alfo das reine von dem
unreinen werde unterfchieden: Wenn nemlich
Jemand, nach dem er erleuchtet, die Erkänt-

C c 4 nüs

nis der Warheit hat angenommen, und in die
gemeinschafft der Heiligen einverleibt ist, und
darnach wiederum, es sey muthwillig oder aus
Vermessenheit, wider GOtt, oder sonsten Todt-
sünde begehet, Jes. 59. v. 2. 1 Cor. 5. v.
5. 12. 1. Tim. 5. v. 20. und in solche un-
fruchtbare Wercke der Finsternüsse verfält, dadurch er von GOtt geschieden und Ihm das
Reich GOttes abgesagt wird, daß derselbige
dann, nach dem das Werck offenbahr und der
gemeine gnugsam bekannt ist, nicht mag bleiben
in der Versamlung der gerechten, sondern daß
er als ein ärgerlich glied und offenbahrer Sünder soll und muß abgesondert, weg gethan, für
allen gestrafft, 1. Tim. 5. v. 20. und als ein
Sauerteig außgefegt werden, und das zu seiner
Besserung, andern zu einem Exempel, Furcht
und Schrecken, und zu Reinbehaltung der gemeine: 1. Cor. 5. v. 6. 2. Cor. 10. v. 8.
2. Cor. 13. v. 10 Daß derselbe von solchen
Schand-flecken gesäubert, und durch gebrechen
derselben der Nahme des HErrn nicht geläftert,
die gemeine verunehret, noch denen so draussen
seyn, ein Anstoß noch Aergernuß möge gegeben
werden. Endlich daß der Sünder nicht mit der
Welt verdammt, sondern in seinem gemüth überzeuget, und wiederum zur Reu, Busse und
Besserung möge bewegt werden.

Was weiter angehet die brüderliche Straffe
oder Ansprache, Jacobi 5. v. 19. als auch den

Irren-

Irrenden zu unterweisen, darinn gebührt auch
möglichen Fleiß angewandt gethan und Sorge-
getragen zu werden, daß man dieselbe warneh-
me, und mit aller Sanfftmuth zum besten ver-
mahne zu Ihrer Besserung, Tit. 3. v. 10.
und die halsstarrig und unbekehrt bleiben, zu
straffen, als sichs gebührt. Summa, daß die
gemeine müsse von Ihr weg thun, der da böse
ist, (es sey in Lehr oder Leben) und niemand
anders.

A R T I C U L XVII.

Wie die Gebanneten und Abgesonderten von
der Gemeine seynd zu meiden.

ANlangend die Enthaltung, oder Meidung
der Abgesonderten, davon gläuben und bekennen wir, daß, wenn Jemand es sey wegen
seines bösen Lebens, oder verkehrten Lehre so
weit ist verfallen, daß er von GOtt abgeschieden, und folgends auch von der gemeine recht
abgesondert und gestrafft ist, daß derselbe dann
auch müsse, vermög der Lehre Christi und seiner
Aposteln, ohne Unterscheid von allen Mitgenos-
sen und Gliedern der Gemeinde, (insonderheit
von denjehnigen, denen solches bekannt ist,) es
sey in Essen oder Trincken und andern dergleichen Gemeinschafft gescheuet und gemeidet werden, I. Cor. 5. v. 9. 10. 11. 2. Theſſ. 3. v.
14. Tit. 3. v. 10. und daß man mit ihnen
nichts

nichts zu thun habe, auf daß man durch ihre
Conversation nicht befleckt, noch ihrer Sünden
theilhafftig werde, sondern daß der Sünder be-
schämet, in sich schlage, und in seinem Gewissen zu seiner Besserung möge überzeugt werden. Daß dennoch gleichwohl so wohl in der
Meidung, als in der Strafe, solche Maße und
Christliche Bescheidenheit müsse gebraucht werden, daß dieselbe nicht zur Verderbung, sondern
dem Sünder zur Besserung mögen gereichen
und dienen. Denn wann dieselbe nothtürfftig,
hungerig, dürstig, nackend, kranck, oder in ander Widerwärtigkeit stecken und leben, so seynd
wir schuldig (auf Erforderung der Noth, und
folgends der Liebe und auch der Lehre Christi u.
seiner Aposteln,) ihnen noch gleichwohl Hülffe
und Beystand zu beweisen. Sonsten solte die
Meidung in solchem Fall mehr zur Verderbung
als zur Besserung dienen. Zudem soll man sie
auch nicht halten als Feinde, sondern sie vermahnen als Brüder, aufdaß man sie zur Erkäntnuß, Reu und Leyd über ihre Sünde möge
bringen, 2. Theſſ. 3. v. 14. daß sie sich mit
GOtt und seiner Gemeinde wiederum versöhnen,
und folgends von der Gemeine wieder empfangen und angenommen mögen werden, und daß
die Liebe gegen sie möge den Fürgang haben,
wie sichs gebühret.

Articul XVIII.

Von

Von der Aufferstehung der Todten.

BEtreffend die Aufferstehung der Todten, das
von bekennen wir mit dem Munde, und
gläuben solches auch mit dem Hertzen nach der
Schrifft, Dan. 12. v. 12. Job. 19. v. 26,
27. Matt. 25. v. 31. Joh. 5. v. 18. 2. Cor.
5. v. 10. 1. Cor. 15. Apoc. 12. v. 4. 1. Theff.
4. v. 13. daß durch die unbegreiffliche Kraft
GOttes am jüngsten Tage alle Menschen, so
gestorben und entschlaffen seyn, alsdann wiederum aufferwecket, lebendig gemacht werden und
aufferstehen sollen, und daß dieselbe mit den jenigen, die dann im Leben übergeblieben seyn in
einem Augen-blick zur Zeit der letzten Posaunen sollen verwandelt, zusammen für den Richter stuhl Christi gestellt, die Gute und Böse
von einander geschieden werden, und daß ein
jeglicher dann an seinem eigen Leib empfangen
soll nach dem er gethan hat, es sey gut oder
böse, und daß die Guten oder Frommen, als
die Gebenedeyete alsdann mit Christo sollen auffgenommen werden, und ins ewige Leben gehen,
1. Cor. 2. v. 9. und empfangen die Freude,
welche nie kein Auge gesehen, noch Ohr gehöret
hat, noch in keines Menschen Hertz gekommen
ist, daß sie mit Christo regieren und von Ewigkeit zu Ewigkeit triumphiren sollen. Und daß
hingegen die Bösen, als Vermaledeyete sollen
verwiesen und verstossen werden in die Finsternüsse, ja in die ewige höllische Pein, da ihr

Wurm

Wurm nicht sterben, noch ihr Feuer verlöschen
wird, und da sie, laut der heiligen Schrifft,
keine Hoffnung, Trost noch Erlösung in Ewigkeit mehr werden zu erwarten haben. Marci.
9. v. 44. Apoc. 14. v. 11. Der HErr wolle
uns durch seine Gnade allzusammen würdig
und tüchtig machen, daß solches unser keinem
wiederfahre, sondern daß wir uns selber also
mögen in acht nehmen und befleisigen, damit
wir in der Zeit für Ihm unbefleckt und un-
sträflich im Friede mögen erfunden werden, Amen.

So seynd nun diese, als in der Kürtze obge-
meldet ist, die Principalesten Articulen unsers
allgemeinen Christlichen Glaubens, gleichwie wir
dieselbe also in unserer Gemein, und unter den
Unserigen stets lehren und beleben. Welche unsers Erachtens der einige wahre Christliche Glaube ist, welchen die Apostel in ihrer Zeit geglän-
bet und gelehret, ja denselben mit ihrem Leben
bezeuget, mit ihrem Tode bekräfftiget, und auch
einige mit ihrem Blut versiegelt haben. Dabey
wir auch nebst ihnen und allen Frommen nach
unserer Schwachheit gern wolten bleiben, leben
und sterben, damit wir mit denselben durch des
HErrn Gnade nachmals die Seligkeit mögen
erwerben. Also verfertiget und vollendet in unserer vereinigten Gemeine allhier in der Stadt
Dordrecht in Holland den 21. Aprils Stili
novi Anno 1623.

GOTT befohlen.

Und

Und es war unterzeichnet mit den folgenden
Nahmen der Personen an verschiedenen Orten.

Dortrecht.

Isaac de Koninck und von
wegen unserer Diener.
Jan Jacobs.

Middelburg.

Baftian Willemfon.
Jan Winckelmans.

Blissingen.

Gillart Willeborts.
Per Jacob Pennen.
Lieven Marynhes.

Amsterdam.

Tobias Goverts.
Pieter Janfen Moyer.
Abraham Dircks.

Harlem.

Jan Doom.
Pieter Gryspeer.

Bommel.

Willem Jan van Exfel.
Gifpert Spierling.

Rotterdam.

Balten Centen, Schumacher
Michiel Michiels.

Dordrecht.

Per My Hans Cobeissen.
Jacuis Terwen.
Claes Dirckfen.
Mels Sysbaerts.
Adrian Cornelis.

Von oben un land.

Peter von Borfel.
Antony Hanß.

Krevelt dito.

Herman op den Graff.
Willem Kreynen.

Seeland.

Cornelis de Moir.
Isaac Claeß.

Harlem.

Dirck Wonters Kolenkamp
Pieter Joosten.

Rotterdam.

Israel von Halmael.
Hendrick Dirckfe Appeldorn
Andreas Lucken de Junge.

Schiedam.

Cornelis Bom.
Lambrecht Paelvinck.

Leyden.

Mr. Chrift. de Koninck.
Jan Weyns.

Blockziel

Claes Claessen.
Pieter Pieterfen.

Zierieze

Antonis Corneliffen.
Pieter Janfen Zimmerman

Utrecht

Herman Segerts.
Jan Hendricksen Hochfeld.
Daniel Horens.

Amsterdam

David ter Haer.
Pieter Janfen von Zingel.

Gorcum

Ja. von der Heyde Sebrecht.
Jan Janß van de Kruyfen.

Arnheim

Cornelis Janßen.
Dirck Renderssen.

D ∂   Utrecht

Utrecht   Willem von Breckhuysen.
Abraham Spronck.   E N D E

Folgender Schein ist von den Brüdern im Elsas, womit sie diese Confeßion für die Ihre
bekannt, approbirt, angenommen und mit Ihren Nahmen unterschrieben worden wie folget.

WIr zu End unterschriebene Diener des Göttlichen Worts, und Eltesten der Gemeine
in dem Elsas, bekennen und offenbahren hiemit
menniglichen, daß wir heut dato den 4. Februa-
rii Anno 1660. in Ohnenheimb Rappoltstei-
nischer Herrschafft, beyeinander versamlet gewesen seyn über der Confeßion des Christlichen
Glaubens, gezogen auß der Friedens-handelung,
oder Vereinigung, geschehen zu Dordrecht in
Holland im Jahr 1632. den 21. April, zwischen den Tauffs-gesinten, die man die Flami-
schen nennet, und gedruckt ist zu Rotterdam bey
Franciscus von Hochstraten Anno 1658. Und
nachdem wir, dieselbige übersehende, mit unserm
verstande gänzlich übereinstimmend befunden, so
haben wir auch endlich dieselbige ganz und gar
für die unsere angenommen. Dessen zu ur-
kund der Wahrheit und festen Glauben wir
uns auch mit eygenen Händen unterschrieben
haben, wie folgt.

Diener des Worts

Hanß Müller von Wagenheim. Hanß Ringer von
Heydelsheim. Jacob Schnewli von Baldenheim. Hen-
rich Schneider von Insenheim. Rudolph Egli von
Zunenheim. Adolph Schmidt von Marckirch.

Diener

Diener der Nothurfft.

Jacob Schmidt von Marckirch. Bertram Habigh von Marckirch. Ulrich Huffer von Ohnenheim. Hans Rudi Bumen von Jepfenheim. Jacob Schneider von Dürfanzenheim. Henrich Frick von Kunenheim. Jacob Gachnauer von Ohnenheim.

Anhang
der
CONFESSION,
Fürstellende

Einen kurtzen ausführlichen Bericht von wegen der Junckheit unserer Religion des Waffen- und Rachlofen Chriftenthums und deffen Zuftand.

Ein jeder Chrift, der etwas in GOttes Wort erfahren ift, der weiß billig wol, daß die Warheit und grundfefte der Religion nicht auf Menfchen und derer Zeugnüß, fondern allein auf GOtt und feine Zeugnüffe, gebauet feyn, ruhen und fest ftehen foll. Matt. 16. 18. und Cap. 17. 15. Ephef. 2. 20. 1. Pet. 1. 17. und Cap. 2. Gleich wie der HErr Chriftus nicht dunckerlich zu verftehen gibt, in dem Evangelio Johannis, Joh. Cap. 5. 34, 36, 37. da er fich eigentlich auf das Zeugnüs des Vatters beruffen hat. Es beziembt fich auch einem jedem Chriften wol zu wiffen, und in Obacht zu haben, daß es, eygentlich zufprechen, belan-

D d 2

gend

gend die Würdigkeit der Religion, nichts zur
Sache thut, ob dieselbige vorlanger, oder in
kurtzer zeit hero, in einem Land oder Stadt, und
bey derselben Inwohner, bekannt gewesen ist;
und ob sie von vielen oder wehnigen zugestim=
met und angenommen, oder wiedersprochen und
verworffen wird; als die nur in GOttes Wort
bekannt, und der Wahrheit der Heil. Schrifft
in den Cannonischen Bücheren des Alten und
Neuen Testaments gleichmässig ist. Luc. 2. 34.
Joh. 1. 10, 11, 12. Act. 2. 12. und C. 26.
8, 9, 28. und Cap. 28. 22, 23, 24.

Derhalben scheinet es auch nicht so gar sehr
nöthig zu seyn, viel Zeugnüßen auß den Histo=
rien und Theologanten, ausserhalb der Aposte=
len, Evangelisten, und Propheten Schrifften,
bey zubringen, wann, wo, durch welchen, und
wie, unsere Religion, oder Reformation, einen
Anfang gehabt habe, oder bey welchen sie be=
kannt und befördert, zugestimmet und angenom=
men, oder sonst begünstiget ist, oder nicht.

Aber auf daß nicht jemand (durch unsere
Nachlässigkeit, oder Stillschweigen) im Wahn
sey, meine oder dencke, daß unsere (albereit für
etlichen jahren, so in der Frantzösischen, als in
der Nieder=ländischen Sprach) außgegebene, und
nun in Hochteutsch hie vorhin gehende Confes=
sion oder Glaubens=bekänntnis, und die Religi=
on des Waffen und rachlosen Christenthums,
[derer, die man hie zu Lande ins gemein Men=

nisten

niſten oder Tauffs-geſinte nennet,] etwas neu-
es, oder fremdbes, und bald biß anhero -unge-
hört ſey; gleich an etlichen Orten bey vielen,
ſo durch Irrthum und Unerfahrenheit, als auch
aus Ungunſt und Haß, nicht löblich noch zum
guten davon geredt wird; ſondern eben als ſolten wir unter dem Nahmen, und der Zahl der
Proteſtanten, Reformierten, und Evangeliſchen
Chriſten, nicht bekannt oder zu zehlen, und derhalben für intolerabel oder unträglich zu halten ſeyn; ja beynah aller Schmach, Schimpff
und Uberlaſt würdig, und als nichtes zu achten: So iſt es dennoch (wie albereit in der
Vorrede dieſer unſer vorbenanter oder hie vor-
hingehender Confeſſion gemeldet) für nützlich
erachtet worden, etwan etliche der glaubwürdi-
gen und bey vielen erfahrnen vor langes wol-
bekanten Zeugnüſſen hiemit zu erneueren, und
einzuführen, und dieſen folgenden Appendix,
als an ſtatt einer Deduction, hinden anzuſetzen,
und, dem gutherzigen Wahrheit-liebenden Leſer
zur beſſerer Nachricht und Erinnerung, von der
Beſchaffenheit der Sachen und des Zuſtandes,
belangend beydes, ſo unſere Religion, und derſelben Reformation, als die Occaſion dieſes
Wercks, des Inſtellens und Ausgebens der
Confeſſion, und dergleichen Zufälle, umſtänd-
lich dabey zufügen.

Bittend und ermahnend gar Chriſtfreundlich,
daß er ihm belieben laſſe, dieſelbige nicht allein

　　　　ohne

ohne Verdruß, mit Fleiß, sondern auch ohn
Vorurtheil, zu lesen, und, nach der Art der
Christlichen Liebe, günstiglich davon zu urtheilen: und es uns nicht für übel abzunehmen,
sondern es zum besten, und zu Beförderung
des gemeinen Wolstandts, und der Liebe untereinander, in guter Obacht zuhalten. Gehabt euch wol.

GOTTES gnädiger und vollkommener
willen, gunst und frieden, uns durch JE-
sum Christum seinen Sohn, als er in die Welt
gekommen ist, zugebracht und geoffenbahret, hat
ein zeit her durch das mittel der Canonischen
büchern der Heiligen Schrifft, und das lesen
derselber, in Gnade seines Geistes durch den
glauben sehr herrlich in die Hertzen vieler Menschen herfür geleucht und ingeschienen, und an
die thüren derselber angeklopfet, so daß sie wacker geworden, ihre augen geöffnet, und auß
dem schlaff aufgestanden, und auf den weg deß
friedens und der ewiger seligkeit, in und durch
ihn, gebracht waren. Aber nach dem durch
Verderbung der letzten Zeiten dem grössern Theil
der Christen-Welt das lesen der Heiligen Schrift
auß der Hand entkommen war, so lag dasselbe
wiederum in einem tieffen Schlaaf der unwissenheit und unerkänntnüs des Heil. Evangelii:
die Menschen waren umfangen mit dicker Fin-
sternüs und blindheit, und vergnügten sich mit
den

den Träbern der aberglänbischen Gottes-dienſten:
die meiſten Hirten irreten, die Schaaffe lieſſen
zerſtreut, die Obrigkeiten lieſſen ſich von den
genanten Geiſtlichen regieren, und der eine Blinde den andern leitende, ſielen beyde in die Gruben. Man hat zwar mehrmahlen an etlichen
orthen der Welt ein Liecht ſehen aufgehen, aber
die Finſternüs hat daſſelbe nicht können vertragen, ſondern iſt von den Neidern der Wahrheit ſo bald außgelöſcht, als man die davon
ſcheinende Strahlen hat geſehen.

Als es aber dem Barmhertzigen GOtt hat
wiederum gefallen, etliche groſſe Lichter laſſen
aufgehen, ſo die Heil. Schrifft in gemeine
Sprache brachten, da iſt dieſelbe von vielen
GOtt-ſuchenden mit ſolcher andacht und luſt
geleſen, daß dadurch auch wiederum viel tauſend
GOtt-liebende Seelen ſeynd aufgeweckt, und
auß dieſem lebendigen Brunnen des Worts ihre
Seligkeit zu ſchöpffen angetrieben worden.

Unter dieſen ſind nicht die geringſte geweſen,
Dr. Martinus Lutherus, (der inſonderheit groſſe mühe der Reformation, und arbeit in über-
ſetzung der Heiligen Schrifft angewand hat,)
Ulrich Zwingel, Cunrad Gröble, Felix Mantz,
Dr. Baltaſar Hubmor, Michael Satler, Georg Blaurock, Dr. Leonard Keyſer, Oecolampadius, Bucerus, Philippus Melanchton, Johannes Calvinus, Sebaſtian Caſtellio, und andere mehr in Hoch-Teutſchland, und nebenſt

D d 4   ihnen

ihnen Menno Simons, und Dieterich Philips,
und dergleichen mehr, in Niederland.

Und ob nun wohl diese alle einmütig gewesen seynd das Licht auf den Leuchter zu stellen,
und die Welt auß ihrer Finsternis zuerreten;
so haben doch etliche unter ihnen ungleiche Meinungen und Verstand über etliche Plaßen der
Heiligen Schrifft gehabt, nicht allein in etlichen
gemeinen Glaubens-punckten, sondern auch fürnemlich von der rechten Administration oder
Gebrauch der Heiligen Tauffe. Nicht wider-
streitend, daß Zwinglius Anno 1523. Confe-
renß und Gespräch mit Dr. Balthasar Hubmor zu Zürich auf dem Graaff gehalten, und
aldar offentlich bekant hat, daß man die Jungen Kinder nicht tauffen solte, ehe sie auffge-
wachsen und zu ziemlichem Alter und verstande
gelanget und gekommen wären; und dazu an-
gelobet, daß er in seinem Büchlein von den
Glaubens Articulen davon meldung thun und
unterrichtung ge en wolte; Massen er dann
auch im 18. Articul von der Firmung in gedachtem Büchlein gethan hat. Zudem, daß
Oecolampadius, Sebastian Hoffmeister, und
Cellarius, an obgemelten Dr. Hubmor geschrieben haben, daß die Kinder-Tauffe in der Heil.
Schrifft nicht gegründet sey: Und über das,
daß die Prediger zu Straßburg [und die welchen Wolfgangus Capito, Casparus Hedio,
Matthäus Zel, Symphorianus Pollio, Theo-

baldus

baldus Niger, Johannes Latomius, Antonius
Firn, Matthias Hackli, Martinus Bucerus,]
in ihrem außgegangenen Büchlein grund und
ursach bekennende, Pag. 1. geschrieben haben,
daß im anfang der Christlichen Kirchen niemand
in dieselbe sey auf-und angenommen worden,
als der sich nur unter das Wort Christi gäntzlich
habe übergeben. Wie von diesen gemelden Sachen allen in einem biß anhero noch ungedruck-
tem büchlein ein gründlicher bericht zufinden ist.

So ist Zwinglius darnach mit Cunrad Gröble und Felix Mantz [als seinen zeitgenossen]
wegen der Tauffe Conferentz haltende, aber der
sachen halber nicht könnende eins werden, dennoch mit dem grössern Theil der obgemeldten
und mehr andern hoch-und wolgelehrten Männern bey vielen Gebräuchen deß Papstthums
verblieben, und haben sämptlich den (a) Kindertauff, das Eyd-schwehren, und den Gebrauch
der eusserlichen Waffen zugestanden und verthei-
tiget. Und nach dem nun ausserhalb der Heil.
Schrifft etliche glaubwürdige und vortreffliche
Gezeugnüßen wider die Kinder-Tauff für uns
beyge-

a Darum, daß wir keine Kinder, sondern allein glau-
bige bejahrte, auf ihr eigen begehren, nach dem gebott
des HErrn, tauffen, müssen wir den nahmen der Wie-
dertäuffer tragen; hingegen sind die Zwinglische bey der
Kindertauff und andern gebräuchen des Pabstums geblieben, und behalten gleichwohl den nahmen Reformirt.
Hier lassen wir nun den Leser unpartheyisch urtheilen,
wer von uns der Warheit am nächsten sey, wer best
gereformirt habe, und wem der Nahme der Reformirten
eigentlich zustehe und gebühre.

beygebracht seyn, so wollen wir auch etliche anziehen wider den Eyd, also daß die Christen der
ersten Christlichen Kirche haben lieber wollen sterben, als einen Eyd schwöhren, wie am Basilide
erscheinet. Welcher, als er gefraget ward, warum er nicht schwöhren wolle, zur Antwort gegeben: weil ich ein Christ bin, geziemet mir
nicht zu schwöhren. Cäsar Barronius schreibt
auch, daß die Albigenser keinen Eyd haben
schwöhren wollen. Und in den Historien von Johannes Huß und Hieronymus von Prag lieset
man, wie Johannes Wicklef aus Drang seines
Gewissens zu denjenigen, die ihm einen Eyd zu
schwöhren, hart zugesetzt, also gesprochen habe:

b Mir ist überall bange: Denn schwöhre ich,
so bin ich deß ewigen Todes schuldig; Schwöhre ich aber nicht, so mag ich euren Händen
nicht entgehen: Aber es ist mir dennoch besser
daß ich ohn Sünde in Euere Hände falle, als
ins Angesichte GOttes zu sündigen.

Und der berühmte Erasmus Roterodamus,
in seiner Paraphrasi über Matt. 5: und Jacob.
5. schneidet den Christen den Eyd gänzlich ab.
Daß es also nicht tunckel scheinet, daß diese
alle für unsern Verstand und Lehre seynd, und
daß der Christen einfältig und schlächtes Ja,
das Ja, und Nein das Nein ist, und in solcher Krafft und Wahrheit muß seyn, und so
unverbröchlich gehalten werden, als wenn es
mit

b . Sebastian Franck in seiner Ketzer-Cronic Niederl.
Edition Anno 1563. fol. 105. oder Anno 1595. fol. 89.

mit einem volkomlichen Eyde beschwohren wäre

Nach diesen eingeführten Zeugnissen wider
den Eyd, wollen wir auch zum Beschluß vom
Gebrauch oder Mißbrauch der eusserlichen Wehr
und Waffen etliche Attestationen oder Zeugnissen anziehen, u. hie beybringen. Welche Waffen
durch Gottes gerechte Urtheil, um der Menschen
mannigfaltiger schweren Sünden willen, (daß
sich der eine wider den andern erhebet und em-
pöret,) als eine der drey gedreueten schweren Land-
straffen, von ihm zugelassen werden. Ists dann
daher nicht hochnöthig, daß alle wohlmeinende
Christen aufs allerfleissigste bey sich erwägen, in-
niglich beherzigen und betrachten, (solchem gro-
ßen Unheil und Straffen vor zu kommen und zu
begegnen,) obs nicht am allerbesten und sichersten seye, einen solchen Abscheu von den Waffen
zu haben, als welche einen erschrecklichen Jammer
und Verderbung der Menschen verursachen und
anrichten; angesehen sie ja alle nach dem Bild
GOttes geschaffen, durch das Blut Christi so
theur erkaufft, geranzionirt, u. die an ihn glauben, vom ewigen Fluch erlöset seyn. Welches
ausserhalb Zweiffel so viel fürtreffliche Männer
hat bewogen und überzeugt, daß sie aus der heil.
Schrifft mit uns einhellig verstehen, daß einem
rechtgläubigen Christen der Krieg, oder äuserliche
Waffen zu führen, keines wegs gezieme; massen
wir dann aus vielen diese wehnige hie einfuhren
und anziehen. Als Celsus auf eine Zeit das

Evan-

Evangelium verkleinert und bespottete, weil der
Krieg darin verbotten und abgeschafft ware,
da antwortete Origenes, daß das Schwerdt
der Christen sey, für die Gewaltigen der Welt
zu bitten. (a) Deßgleichen schreibet Jacobus
Strauß, im 35. seiner 51. Haupt-stücken der
Christlichen Lehre, Anno 1523. zu Eisenach
gedruckt, da er spricht: Hütet euch, fromme
Christen, daß ihr nicht Gewalt mit Gewalt widerstrebet und dämpffet. Und im 36. Ihr habt
kein andere Wehr noch Waffen als GOttes
Wort. So scheinet auch nicht tunckel, daß
der weitberühmte und wolgelehrte Mann Luther
im Anfang der Reformation auch in diesem
Verstande und Meinung gewesen sey. Dann
er stellet in einem Büchlein, Anno 1520. zu
Wittenberg gedruckt, 30 Ursachen, warum er
deß Pabsts Bücher verbrannt habe; Wovon
die 22. Ursache also lautet: Weil der Pabst
lehret, daß man Gewalt mit Gewalt beschirmen
und verthätigen möge. Gleichfals schreibt er
in einem andern Büchlein, Anno 1522. zu
Wittenberg gedruckt, unter andern Articulen,
(welche die Sorbonisten zu Paris vor Ketzerisch
daraus gezogen haben) über die Wort Christi,
daß man dem Ubel nicht widerstreben solle,
(Matt. 5.) also: Wer dir einen Streich auf
deinen rechten Backen gibt, dem beut auch den
anderen dar. Und über Röm. 12. Rächet
euch

a Sehet hievon den Tractat von der beschaffenheit
des Reichs Christi fol. 85.

euch selber nicht, rc. Weil dann so vielfältige
glaubwürdige Bezeugnüssen über die Nachlose
Lehr unsers HErrn JEsu vorhanden und für
Augen stehen, so kommts nun vielen Schrifft-
verständigen Gottsfürchtigen mit grosser Verwunderung für, daß so viel hochbegabte verständige und fürtrefliche Männer, noch bey solchen
Gebräuchen des Pabstums sind verblieben, und,
das nicht minder zubeklagen wäre, daß die Leute nach empfangener Erkäntnüs und hellschei-
nendem Licht des Evangelii sich so wenig änder-
ten in Sitten und Besserung des alten Lebens;
Wie sie sich dann trösteten und vergnüget waren auß dem Lesen der Heiligen Schrifft zu
lernen, das ihnen Trost, Heyl und Seligkeit
brächte, und nicht in abergläubischen Gottesdiensten, sondern allein in dem Todt, Opffer,
Versöhnung und Gnugthuung JEsu Christi
bestünde; ohn daß sie recht betrachteten, wozu
sie dann solch Erkäntnüß der Wolthaten Christi verpflichte und verbünde; Und daß, ohne
die Betrachtung solcher vom HErrn JEsu dabey gefügten Conditionen, oder nothwendigen
Stücken zur Seligkeit, ihnen sein Erkäntnüs,
Versuchung, Leiden, Todt, Aufferstehung und
triumphirende Himmelfahrt wehnig nützet.

Dieses dann alles wol übermercket, so haben
die obgemeldte Männer sich höchstes Fleisses
bemühet, [als Cunrad Gröble, Felix Mantz,
Georg Blaurock, und der Unschädliche im

E e

Grund

Grund fromme Georg Wagner, wie ihn Seb.
Franck beschreibet, (a) nebenst dem beherzten
Leonard Keyser, welchen die Scharffrichter, wie
gemeldter Franck bezeuget, nicht haben können
verbrennen,] mit andern in Teutschland, wie
Menno Simons sammt seinen Mithelffern in
Niederland die Leute nicht allein in den noth=
wendigen Stücken zur Seeligkeit und Schrifft=
mässigen Gebrauch der Ceremonien zu lehren
und zu erleuchten, und nach der Insetzung ih=
res Meisters JEsu Christi, und nach dem Für=
bilde der Aposteln zu unterweisen, sondern auch
vor allen Dingen ihr Leben zu bessern. Haben
also nach dem eigentlichen Verstand ihrer Mei=
nung, auß der Heil. Schrifft ihr empfangenes
Talent außgethan, wol angelegt, und dem HErrn
Christo allen möglichen Gewinn zugebracht.

Aber diese ernstliche Eyfferer haben grösseren
Theils wenig Zeit gehabt, den Samen des Heil.
Evangelii nach Würde bekannt zu machen, und
unter die verfinsterte Menschen zu säen. Denn
gleich wie sie, nach dem Fürbilde ihres Meisters
Christi und der ersten Kirchen, desselbigen Lehr
ohn Schutz und Schirm der Obrigkeit musten
fortpflantzen, so seynd sie von den Neidern der
Wahrheit so bald unterdrücket, als man das
Licht von ihnen sahe aufgehen; Massen es dann
die Erfahrung gelehret und bezeuget hat, daß
man

---

a S. Franck in seinem Historien buch, der Römischen
Ketzer genant, in der Niederländischen Edition gedruckt
An. 1563 fol. 117. und in der Edition gedruckt An.
1595. gedruckt fol. 99.

man Felix Mantz Anno 1526. zu Zürich hat
ertrencket, und Michael Satler zu Bintsdorff,
Georg Wagner zu München, Leonard Keyser
zu Scherdijn in Beyeren, unter dem Bischoff
zu Paßau, Anno 1527. zustucken gehauen.
Und, wiewol Franck saget, daß der Leonard
Keyser verbrannt sey, so haben sie ihn doch
nicht können verbrennen; und nach dem sie
ihn in unterschiedliche Feuer gebracht haben ihn
zu verbrennen, haben sie ihn doch in Stucken
müssen hauen, und in die Ihn geworffen. Alle diese im Jahr 1527. Aber Georg Blaurock
Anno 1529. bey Claußen, item. Dr. Balthasar Hubmor Anno 1542. zu Wien in Oester-
reich, ꝛc. verbrannt seyn. Und Hubmors Haußfrau ist ertrencket: Gleichfals hat auch der eyf-
ferige Thomas Herman sammt vielen anderen
trefflichen Männern in Hoch-Teutschland die
Cron der Marterer, wie die obgemeldte, müssen
tragen; wie es oann alles, in der Historie der
wehrlosen Märterer, so dem Kinder-tauf widersprochen haben, von Christi Zeiten an, zu alle
hundert Jahren biß anhero auff das gegenwer-
tige Jahr 1660. welche bey Jacob Saverts zu
Dordrecht in Holland gedruckt ist in folio,
nach der Länge kan gelesen werden.

Und ob wol viel lutersche und Zwinglische
Reformirte auch streng und hart verfolgt seyn
worden, so ist doch die allerstrengste Verfolgung
über uns wehrlose Tauffsgesinnte-Reformirte

Christen

Chriſten ergangen; Angeſehen, weil ſie auſſer
Beſchirmung der Obrigkeiten Macht, und von
der Päpſtlichen Lehr meiſt abgeſondert, auch da=
her am meiſten leiden müſſen: um ſo viel mehr,
weil zur ſelbigen Zeit die Auffruhr durch Tho=
mas Müntzer auf die Bahn kam: welche wie=
wol er den Kindertauff verwarff, dennoch nicht
auß den unſern, ſondern auß Caroloſtadio, des
Luthers geweſenem Mit-Prediger zu Wittem=
berg, und deſſen Geiſtreiberiſchen Mitgeſellen,
entſtanden war; welcher ein Fürſeher der Waf=
fen geblieben, ja ein Auffrührer und Kriegs=
ſtiffter entgegen der Obrigkeit war; wie Jo:
Sleidanus in der Niederländiſchen Edition An=
no 1630. bey Jan Everts Cloppenburg zu Am=
ſterdam gedruckt, Lib. 3. fol. 29. Colum. 2.
bezeuget, und Lib. 4. und 5. in der Länge er=
zehlt. Die Römiſchen Geiſtlichen aber wuſten
die gute Gelegenheit in acht zu nehmen, und
haben unter dem gehäſſigen Nahmen der Wi=
dertäuffer, die Nachloſe Tauffsgeſinnte Chriſten,
erſtlich bey dem Keiſer Carolo 5: und nach ihm
bey ſeinem Sohn Philippo 2. getrachtet ver=
dächtig zu machen und in Ungnade zu bringen.
Als dieſe Fürſten nun die Sache zwiſchen den
unſchuldigen wehrloſen und den ſchuldigen Auff=
rührern (die keine Gemeinſchafft mit ihnen hat=
ten) nicht ſo genau und nach ihrer Pflicht er=
forſchten, gleich wie vorzeiten Anno 1453. der
löbliche König von Franckreich, Ludovicus des

Mah=

Nahmens der 12. hat gethan, als die Römi=
sche Geistlichen die Merindolaren, und Capri=
anen, [die überbliebene der Waldenseren] wegen
ihrer Religion für ihm sehr beschuldigten und
hart verklagten (a) Da ließ der König [als
ein Vatter des Vatterlandes] durch Herrn A=
dam Finneus, den Oversten der Requesten,
und M. Petit, seinen Beicht=Vatter, die Sa=
che fleissig untersuchen. Wie er nun die fälsch=
lich angegebene und verklagte Leute in Lehr und
Leben gute Christen zu seyn befand, hat er ge=
schworen, und gesagt: Fürwahr dieses Volck
ist besser als ich und alle meine Catholischen!
Das ist warlich viel löblicher gethan, als die
obgemeldte, Keyser und König, bey den unse=
rigen gehandelt haben, die ihren Geistlichen zu
viel traueten, und der Anklage, welche sie ih=
nen wegen ihres Gottesdienstes fürbrachten, und
sie für Ketzer außschreyeten, zu leichtlich gläu=
beten. So haben sie die blutigen Edicta auch
leichtlich außgewürcket und zu wege gebracht;
darauf dann die erschreckliche verfolgung, mit
Peinigen, Verbrennen, Würgen, Ertrencken,
und Enthaupten, (welches für eine Snade ge=
rechnet ward,) aufs aller grausamste angangen
ist, auf daß durch diß Mittel die fromme Nach=
lose Schaffe Christi mit den auffrührischen Miß=

E e 3 thätern

(a Sehet hievon in der Friedens=handlung, zu Cöllen
auf Befehl der großm. Herrn Staten von Holland An.
1581. in Druck außgegeben, f. 39. In welchem Tractat
viel herrliche Reden, so die Religion und Freyheit der
Gewissen betreffen, zu finden seynd.

thätern [gleich) als der HErr Chriſtus unter
den Mördern] gänßlich außgerottet würden.
Aber es hat GOtt nicht gefallen, daß ihr An-
ſchlag gelingen ſolte: Denn er hat ſeine Herde
wider alle Marter alſo bewahret, daß aus derſelben Blut und Aſche ſeine Kirche, als ein
Sahme derſelben, erbauet iſt.

So nun jemand hie gedencken und ſagen möchte, daß dieſe keine rechte Märterer wären geweſen, dieweil ſie wegen ihrer Verkleinerung der
Kindertauff und Handhabung der Glaubigen bejahrten Tauff, mit Recht wären getödtet: dem
beliebe mit Fleiß zu leſen die Beſchreibung der
Tauff des wohlgelährten H. Montani, in ſeinem Büchlein, welches er tituliret: Die Nichtigkeit der Kindertauff, Anno 1648. bey Thomas Fonteyn zu Harlem Niederländiſch: und der
H. Tauff Hiſtorie durch Jacob Mehrning Anno 1646. und 1647. ans Licht gegeben, und
bey ſeel. Andreas Wächter und deſſen Erben zu
Dortmund in Hochteutſch gedruckt. In welchen
beyden Büchern die Kindertauff verworffen, und
hingegen der Glaubigen bejahrten Tauffe gründ-
lich ausführlich bewieſen wird.

Daß wir uns nun wieder zu Menno Simons und Dietrich Philips in dieſe Niederlanden und Preuſſen wenden, ſo haben dieſe und andere die rachloſe Lehr und Beſſerung des Lebens
ſo ernſtlich geförderet, als jene die ſtrenge Verfolgung, die ſie dabey immer haben müſſen aus-

ſtehen,

estehen, (insonderheit Menno,) welche so manch-
mahl der Verfolger Händen wunderlich entgangen
seynd. Auch so hat GOtt, gleichwie durch jene
in Hochteutschland, also auch durch diese in den
Niederlanden und Preussen, kräftig gewircket,
daß daraus so viel blühende Gemeinen der rachlosen Christen entstanden, daß in einem glaub-
würdigen Brieff, Anno 1557. von den Ober-
ländischen an die Niederländische Gemeinen geschrieben, gezeuget wird, daß von der Eyfelt bis
in Mähren wohl 50. Gemeinen gewesen seyn, deren etliche zu 500. und 600. Brüder starck waren, also daß auch zur selbigen Zeit ohngefehr 50.
Aeltesten und Diener des Göttlichen Worts, aus
den ungefehr bey 150. Meilen umliegenden Land-
schaften, zu Straßburg versammlet gewesen seyn,
daß sie daselbst über den Wohlstand der Gemeinen gehandelt, und bezeuget, daß einer unter ihnen wohl eilff mahl von den Verfolgern gepeini-
get, dennoch fromm entkommen wäre. Als nun
solche Fürsteher des rachlosen Christenthums die
Warheit mehr und mehr fortgepflantzet, ist dieselbe, als ein Senffkorn, von so kleinem Anfang
wider alle blutige Verfolgung, weder Schwerd
noch Schild darzu brauchend, zu einer solchen
Höhe erwachsen, als man an so viel grossen Gemeinen in Teutschland, Preussen, Fürstenthum
Cleve, ꝛc. und fürnehmlich unter dieser Löblichen Regierung der Hochmögenden Herrn Sta-
aten der vereinigten Niederlanden, sehen kan.

Da aber der böse Feind, als ein Neider alles
Guts, und Zerstöhrer des Friedens und Einigkeit, solches gesehen, daß sie sich fest an die
Rachlose Lehr und Fürbilde ihres Meisters Christi hielten, und durch keine Tiranney liessen ab-
schrecken, noch zur Rachgier bewegen, so hat
er diesen Lauff des Evangelii durch listige Mittel gesucht zu verhindern, in dem er unter ihnen Zwitracht und Uneinigkeit hat erwecket,
dadurch (leider!) Zerrüttung entstanden, und
grosse Ergernüssen an die andere Christen, und
meist in Niederland, angericht. Welches dann
die Friedliebende so sehr betrübet hat und zu
Hertzen gangen ist, daß sie nicht allein auf Mittel gedacht haben solchen Riß der Kirchen zu
heylen, und die Eintracht wieder auf zurichten,
sondern auch die Sach zur Hand genommen,
und im Jahr 1591. zwischen den Oberländ-
und Niederländischen Gemeinen einen löblichen
Frieden zu Cölln haben auffgericht und gemacht,
wovon das Bekänntnis des Glaubens und die
Friedens-Articulen noch vorhanden und zu bekommen seyn. Und um die Ergernüssen je
mehr und mehr zubenehmen, so ist durch etliche Friedliebende in den Jahren 1628. und
1630. zum andern mahl Conferentz gehalten,
und, nach Außschreibung des Gegenparts, ein
Zusammenkunfft der Eltesten und Predigern
angestellt, alda zuversuchen, ob sie einander verstehen, die Streitigkeit schlichten, und die Tren-

nung

mung heylen möchten. Und, solches mit ge=
wünschter Frucht zuverrichten, so sind im Jahr
1632. die verordnete Diener des Göttlichen
Worts zu Dordrecht in Holland von viel um=
liegenden Orten zusamen kommen: welche dann
für rathsam erachtet und gut befunden haben,
daß eine Schrifftmäßige Glaubens=Bekännüß
gestellet würde, woran sie sich beyderseits gründ=
lich zu halten hätten, und auf welche diese Frie=
dens=handlung und Vereinigung möchte gegrün=
det und gebauet werden. Welches dann also
zu Werck gericht ist, daß alle Verhinderungen
sind auß dem wege geräumet, und der gewünsch=
te Friede den 21. Aprill desselben Jahrs daselbst
für allen und ieden offenbahrlich geschlossen, be=
stätiget, und das Licht auf den Leuchter gestellt
ist. Und über das ist im Jahr 1639. der ge=
wünschte Friede zwischen den Teutschen und
Flämischen in Amsterdam, mit Lob und Ruhm,
so bey gemeinen als hohen Standes=Persohnen
offenbahrlich geschlossen, und als ein Banier
für alle Friedliebende Christen auffgerichtet, wel=
ches so einen angenehmen Geruch von sich ge=
geben, daß es die wehrlose Christenheit zum höch=
sten zieret, und dero einen Glantz gibt.

Damit aber diese Sache für jederman schei=
nen möchte, was die Tauffs=gesinnte Christen aus
der H. Schrifft glauben, bekennen und fortsetzen,
und worauf der löbliche Friede geschlossen: so ist
für gut befunden, daß man ihr Glaubens=Be=

ꝛc.   kanntnüß

kantnuß für jederman in offenen Druck gäbe.
Und zum Beweiß der Warheit dieser Abhand-
lung, hat man die Nahmen der abgesandten Bo-
ten aus einer jeglichen Gemeine hinten an diese
Confeſſion geſetzt, welche alda zu finden. Welche dann hernach an die Brüderſchafft und Gemeine im Elſaß, und an die Schweitzer, (ſo dahin aus dem Zürcher Gebiet geflüchtet,) geſandt;
welche dieſelbe einmüthiglich gut und für ihr eigen erkannt und angenommen, die hernach auf
ihr bittlichs Begehren ins Hochteutſche überſetzt
und gedruckt worden. Wie ſolches aus der Ra-
tification der (an ſelbigen Oertern) allgemeinen verſamleten Elteſten u. Dienern des Göttlichen
Worts, unſerer Gemeinen Unterſchreibung zum
Beweiß der Einigkeit, mit einander hier bey ge-
fügt. Womit diß möchte geendigt ſeyn, wann
uns die Unterſuchung nicht lehrete, wie viele
durch all zu kleine Erfahrung und Urtheil, ja
aus Mangel der Liebe, [zu unſerm groſſen Leyd
und Unſchuld] fortfahren uns zu beſchwehren
mit dem gantz ſchändlichen Flecken des Aufruhrs
und Schwärmerey des Thomas Müntzers, und
ſeines gleichen Auffrührern und Geiſtreibern,
welche ohngefähr zur Zeit der letzten Reformation auch auf die Bahn kahmen. Und nachdem ſchon viel anſehnliche Gemeinen der waffen-
loſen Reformierten Chriſten an vielen Oertern,
ſo offenbahr als heimlich [der ſchwehren Verfolgung wegen] zuſammen kahmen, und ſo viel

treffliche

treflche Lichter um dieſer Religion halben vom
Leben zum Tode waren Condemniret und weg
gereumet, ſo iſt die Münſterriſche Raſerey Anno 1533. auch an den tag kommen; jedoch
von den unſerigen nie angefangen, noch vollen-
zogen, oder ausgeführet, noch zugeſtimmet oder
gebilliget; ſondern etliche unerfahrene einfältige
Menſchen, ſo auch aus der dicken finſterniß
des Pabſtums kommen waren, und ein ſchim-
merendes Licht geſehen ſeynd mit Johann von
Leiden von etlichen lutheriſchen Predigern zum
Schwerdt führen, überredet und gebraucht (a)
welchen ſie, in Vergeltung, hin wiederum in
dem Gebrauch der bejahrten Tauffe beygefallen,
und die Kindertauffe abgeſtanden, und darauf
alles mit Prophetiſcher Traumerey erfüllet, ja
den andern das Gewiſſen losmachten (damit ſie
das Reich Chriſti mit dem Schwerdt und Zwan-
ge äuſſerlicher Gewalt wolten aufrichten) ſo iſt
der Ausgang elendig, und eine Erfolgung der
vertilgenden und verwüſtenden Huſſiten geweſen,
welche, damit ſie den Todt des Märtyrers Johannis Huſſens, und ihr eigenes dabey ausge-
ſtandenes Leid, möchten rächen, und ſeine Lehre
fort-

a Siehe hievon die Onnoſelheits peyl, das iſt grund-
forſchung der Unſchuld vom Münſterſchen Unheil, in
Druck: worin aus Sleidanus, Guido de Bres, Henrico
Bullingerio und Henrico Dorpio umſtänd- u. unterſchied-
lich von dem Münſterſchen Proceß geſchrieben und geſagt wird, oder zu ſehen iſt, davon die rechten Autoren
geweſen ſeynd Berent Rottmann, Henrich Rollius, God-
fried Stralen, Herman Stapprede, alle Luterſche Prediger, die dieſen Aufruhr erreget, und angerichtet haben

fortpflantzen (ohngefehr 100. Jahr vor dem
Münsterischen Aufruhr) einen so wunderlichen
Handel angerichtet haben, daß diese beyde Trau-
er-Spiele der Welt zu einem langwürigen Zeugnuß werden bleiben, desto mehr weil die Historien
davon umständlich berichten, den Nachkomen zum
Fürbilde damit zu dienen, was die unziemliche
Rachgier, verkehrter Eiffer u. Prophetische Träu-
merey, (unter dem Vorwand oder Namen Christi Lehre fortzupflantzen) kan zu wegen bringen.
Und uns wiederum zur vorigen Materie bege-
bende, so sagen wir, daß die Reformirten, so mit
den Päbstlern annoch Kinder tauffen, den Eyd
schwöhren; und Waffen führen, nicht werden zugeben, daß man sie in denselben Grad mit oder
neben die Pabisten stelle, darum daß sie mit ihnen diese Dinge noch treiben und handlen: also
gebührete es sich auch, daß man uns nicht in
die Zahl der Münsterischen Irrgeister stelle, zehle
und rechne, ob sie schon mit uns der Kindertauff widersprochen, und der Bejahrten Tauff zugestanden haben. Dann wiewohl die Zwing-
lischen, und Lutherischen, beyde Reformierten
mit dem Pabstum noch viel Dinge in gleichem
Gebrauche unterhalten, so verthätigen wir dennoch dieselbe, daß sie von den Päbstischen su-
perstitialischen traditionen gantz ferne abgeschieden seynd, und geben ihnen auch gerne die Ehre, daß sie viel Sachen treflich reformieret, und
damit der Welt ein grosses Licht gegeben haben

achteten oder verkleinerten, dem beliebe zu wissen,
daß wir solches ernstlich widersprechen: dann wir
bekennens frey, daß es von GOtt sey eingesetzt,
und daher die Obrigkeit eine Dienerin GOttes
genennet wird, und ist; verordnet zur Straffe
den Bösen, und zum Schutz den Frommen,
nach S. Pauli Lehr und Gezeugnüß Röm. 13.

Und ob wir schon im neuen Testament kein
außgedrücktes Gesetze, noch Exempel, wie im alten geschehen ist, können finden, nach welchem
man das Amt bedienen, oder wie man die hohe
und schwere Weltliche Sachen regieren solle, auch
nicht sehen könen, daß sie nach dem Göttlichen
Gesetz des alten Testaments oder Bundes gere-
giert werden; sondern an den meisten Oertern,
nach den Gesetzen, Rechten, und Bräuchen, so
von Keysern, Königen, und hohen Obrigkeiten
und Herrn nach ihrem Wohlgefallen, oder Gutdüncken statuirt, und eingesetzt (auch fast unglei-
cher Gestalt, Art und Inhalts seynd;) und es
doch einem rechtschaffenen Christen wohl anstehet,
und geziemet, daß er gern klein und gering in
dieser Welt sey, und alle Hoheit derselben ver-
meiden; und sich den niedrigen gleich stellen und
halten wolle; Und wir daher, als auch der vielfältigen Beschwerungen halben, (welchen diß
Amt unterworffen ist,) uns viel zu geringe achten und zu blöde befinden, dasselbige der gestalt
anzugehen, zu bedienen, oder zu verwalten: So
wollen wir uns dennoch hiemit hingegen erklä-

F f 2

ren)

ren, und auch zu aller Zeit trachten zu erzeigen,
daß wir es als von GOtt geordnet, in grosser
Würde und Ehren halten, wie dann geschrieben stehet; Sein werck ist lobes und Ehren
währt, oder, wie es andere übersetzen, Was Er
ordnet, das ist löblich, und herrlich ꝛc. Psalm 3;
und niemand (so fern er in der wahren Christlichen Religion, und Wandel-pflicht auffrichtig
einher gehet) allein des Amts halben in unseren Hertzen verurtheilen oder unseelig achten.

Welches dann auch daraus erscheinet, und
abzunehmen, daß wir uns deswegen selbst, Gewissens halben, schuldig und für GOtt verpflichtet halten und erkennen, und auch alle unsere
Mitglieder, [an welchem Ort und unter was
für Obrigkeit sie mögen seyn] hiermit, wie sonsten auch gewöhnlich geschiehet, gar freundlich
und nicht weniger ernstlich ermahnen, ihren
Obrigkeiten nicht allein mit gebührlichem Re-
spect und Furcht zu begegnen, und alle Ehre
zu erzeigen, sondern auch derselben, als getreuen,
und guten gehorsamen Unterthanen zustehet, alle Auffrichtigkeit, Treue, und gehorsam, laut des
H. Evangelions, mit der That zu leisten, und
ihrem Christlichen Beruf und schuldiger Pflicht
zur Folge (nach der Lehre Pauli, wie obberüh-
ret) alle auffgelegte Schatzungen, Zölle, Accisen,
und Convoy-oder Schutz kosten, gentzlich und
willig, ohn allen Betrug und Verkürtzung, zu
entrichten und zu bezahlen.

Diß

Diß ist es dann, was unser aller HErr, und Lehrmeister gebeut: gebet dem Keiser, was des Keisers ist, Matth. 22. Und über das, daß ein jeglicher nicht allein in allen Versamlungen, oder Predigten in seiner Gemeine, sondern auch sonsten bey allen Gelegenheiten bey Tag und Nacht mit andächtigen inbrünstigen Gebethen zu GOtt derselben ein Gedenck sey, daß es sei- ner Göttlichen Majestät wolle gnädigst belieben ihnen alle ihre Fehler und Vergreiffungen, so sie aus Unwissenheit begehen, oder menschlicher Schwachheit und Blödigkeit halben, bey ihnen darunter lauffen mögen, zu verzeihen und zu vergeben; auch sie und ihr Land und Leute für allem Schaden, Aufruhr, Uberfall, und listigen gefährligen Anschlägen der Feinde zu beschirmen und zu behüten; sie auch zu begaben mit sol- cher Weisheit und Verstande, Fürsichtigkeit und Erkäntnüs, als ihnen selbst, samt ihren Haus- genossen, Unterthanen und Einwohnern nützlich, ersprießlich, und nöthig ist; und also mögen re- gieren, daß es beydes für GOtt, dem gerechten Richter und HErrn aller Herrn, und seinen Heiligen Engeln, wie auch allen Gottfürchtigen Frommen mit gutem Gewissen verantwortlich sey, und endlich nach dieser Zeit sie mit uns und wir mit ihnen aus Gnaden durch Christum behalten und ewig seelig werden.

Wie es sich dann auch gehört und gebührt, daß wir uns in allen Dingen und Begäbnüs-

sen

sen gegen unsere Obrigkeiten (gleich wie auffrichtigen Christen, guten friedsamen Unterthanen, frommen Bürgern und Einwohnern, mit
gutem Gewissen zustehet) ja gegen alle Menschen also erzeigen, daß ein jeder erkennen möge,
welches Geistes Kinder wir seynd; auf daß unsere Glaubens-bekäntnüs nicht allein in den vor-
hergehenden wenig Buchstaben, sondern auch
in unsrer Redlichkeit und Christlicher Bescheidenheit aus allen unsern geziemlichen Beweisungen und praxi derselber gelesen, und ein
grosses Licht, dem Christlichen Nahmen würdig
und gemäß, angezündet und auf den Leuchter
gestellet möge werden; ja aller massen nach der
Lehr unsers Erlösers: Laßt euer Licht leuchten
für den Leuten, daß sie eure gute Wercke sehen,
und eueren Vatter im Himmel preisen. Matth. 5.

Dafern nun der andächtige Leser alle das obgemeldte, mit GOttes heiligen Worte und ge-
sunder Vernunft unparteyisch belieben zu über-
legen, so hoffen und vertrauen wir, daß alle
gut-meinende Christen werden begreiffen können,
daß diese Bekänntnüs und Lehre mitbringe, niemand schädlich, sondern allen Menschen nüz und
förderlich zu seyn, und daß sie daher von der
Zahl der wahren Reformatoren nicht mögen
aufgeschlossen bleiben, sondern mit gutem Fug
und Recht darunter gezehlet, und von allen hohen und niedrigen Obrigkeiten gnädigst gedul-
det, auch von denselben gehandhabet, und ge-

bühr-

bührlich beschirmet werden. Und nachdeme von
langer Zeit her (durch Unkunde dieser Leute
Religion) das Widerspiel sich zugetragen, und
der Eiffer von etlichen an einigen Oertern so
weit gegangen ist, daß man die bekenner dieser
Lehre mit Gefängnüs beschwehret, und ihnen
viel Verdrusses, und Ungemachs, ja Hertzleides
angethan hat, und das ihnen wiederfahren ist
eben durch sothane, die sich vorzeiten wegen Verfolgung und Gewissen-zwanges so sehr beklaget,
und die Freyheit desselben so wohl hoch gepreiset, als treflich vertädiget haben. Derhalben
wird es nöthig seyn, daß man einst anweise,
was die Fürsteher der Friedens-handelung Anno 1579. in Cöln gehalten, zwischen den Le-
gaten des Großmächtigen Königs von Hispa-
nien auf einer, und denen von den Herrn Staten der Niederländische Provincien anderer seiten, darbey Unterhändeler oder Mittler seind
gewesen, der Allerdurchleuchtigste Römische Keiser Rudolphus, hochlöblicher Gedächtnuß, zusamt
viel anderen Fürsten des Römischen Reichs.
Welches Buch nachdem es Anno 1581. auf befehl der Herrn Staten von Holland, ist gedruckt,
so wird diß löbliche Werck der Nachwelt zum ewigen Ruhme strecken und dienen. Denn als es
in der Friedens-handelung fürnemlich auf die
Religion und den Punct von Freyheit des Gewissens ankam, hat der Annotierer oder Anmär-
ker solche schöne Zeugnüsse und Gründe für die

Freyheit

Freyheit deſſelben dermaſſen beygebracht, daß ſie nicht leichtlich widerlegt, oder verbeſſert können werden. Dann er hatte darzu eben ſo ſchöne Materi, als wichtige Urſachen. Angeſehen, die Reformierten, aus gantz leicht empfindlicher Unterfindung wuſten, wie viel ſie hier und anderswo von dem Römiſchen Geſinde hatten ausgeſtanden, und daß ſie (von den Geiſtlichen) bey der weltlichen Obrigkeit angeklaget, an Leib und Gut beraubet wurden; und darum ziehet er an pag. 45, daß dieſer Trieb Urſach geweſen iſt, daß Valdo Anno 1188, Dulcinus 1307, Rockenzain 1361, Wiclef 1364, und Johannes Huß Anno 1414, für Ketzer zum Tode verurteilet worden.

Und was ſeit dem ver eine groſſe Mänge unſchuldiges Bluts vergoſſen iſt, wiſſen faſt alle Reformierten, und es erſcheinet noch klärer in gedachtem Buche pag. 174, 175, 176; als auch nicht weniger im groſſen Chriſten Märterersbuche der Reformierten, durch Abraham Mellinum zu Dordrecht in Holland gemacht, und Anno 1619, bey Iſaac Jans Canin daſelbſt gedruckt: Benebenſt dem, das vom Tieleman von Bracht Anno 1660. durch Jacob Savery zu Dordrecht in folio iſt außgegeben. In welchen beyden ſehr bloß und nackt bewieſen wird, daß die Bekenner der Chriſtlichen Religion, und inſonderheit die waffenloſe (von Chriſti zeiten ab, von hundert zu hundert Jahren) am allermeiſten gelitten und die

Märters-

Märters-Krone getragen haben; welches vielfäl-
tiges Leyden sie alle mit den andern haben müssen ausstehen, weil sie sich ihres Gewissens halben menschlichen Gesetzen nicht haben können unterwerffen nach den Regulen des Glaubens u.
Gottesdienstes, die ihnen von denselben wurden vorgeschrieben, nicht konten gehorsamen.
Angemerckt die Consciens so ein edeles Geschenck
und Gabe Gottes ist, daß sie ohne die zu ver-
letzen, nicht anders glauben, noch thun kan, als
sie verstehet in Gottes H. Wort gegründet zu
seyn, und am jüngsten Tag es habe zu verantworten für demjenigen, der ihr das Leben und
Athem gegeben hat.

Und wenn diese vornehme Häuptssache und Trost zur
Seligkeit den Frömmesten dieser Welt nicht innerlich wär
zu Hertzen gegangen, was solte sie bewegt haben, so
viel und schwehre Tormenten aus zu stehen, und gut und
blut dabey auf zu setzen. Und was verursachet die Wal-
denser heutiges tagis noch so viel Jammer, Kummer
und Elend zu leiden, als daß sie vermeinen, man müsse
GOtt mehr gehorchen, als den Menschen. Aber so
beschwehrlich es diesen fällt, in ihrer Religion verhindert
und im Gewissen gezwungen zu werden, so hart u. schwehr
fällt es den Unserigen auch, und so wenig sich diese und
andere Reformierte den Päbstlichen Gesetzen und vorge-
schriebenen Gottesdiensten können unterwerffen, so wenig
auch wir: alles was uns nach unserem Urtheil wider
GOttes Wort zu glauben und zu thun fürgestellt wird;
und so gerne als die Reformierten die Freyheit ihres Gewissens unter der Römischen Regierung wolten, u. billich
solten geniessen; also gerne wolten wir auch in aller Obrigkeit unter den Reformierten unserem Gewissen nach leben.
Dann so theur als ihnen ihr gewissen für GOtt stehet,
uns auch das unsere.

Und weil dann der Eyffer des Gewissenszwangs und
anderen gesetze vor zuschreiben um zu glauben und darnach zu leben schon sehr alt in der Welt ist, und die, so

Die-

dieselbe nicht halten, noch in der Furcht GOttes gehorsamen, sind der Schmach, Verfolgung, beraubung der
Güter und dem Tode unterworffen: So haben auch viel
andere Gottliebende einen grossen Eckel und Abscheu vor
den Proceduren gehabt, welche bey solchen verübet wurden. Und es scheinet nicht dunckel, wie viel fürtreffliche
hohe Obrigkeiten und gelehrte Persohnen sich wider diesen hefftigen Trieb mit grossem Ernst gesetzt haben, indem
sie wohl gewust, daß niemanden grösseres Leiden kan zugefüget und angethan werden, als anders müssen glauben
und thun, dann er im Gewissen aus GOttes H. Wort
begreiffe und fassen kan. Und Ach! daß es allen hohen
Regenten der Länder und Städte belieben möchte, diese
hochwichtige Sache was fleissiger zu untersuchen, sie würden in der obberührten Acte vom Friedens handel pag.
182. befinden, daß die Teutschen Fürsten wol eher gesagt
haben, daß niemand durch Gewalt u. Zwang zum guten
Christen zu machen sey.

Hierzu füge man, was der König von Franckreich, Henrich der dritte dieses nahmens am Ende seines Lebens zu
seinen weinenden umstehern hat gesagt: Haltet das für
sicher und feste, sprach er, daß die Religion von GOtt in
die Herzen gegeben, und nicht von Menschen mag gebotten werden. Und was der alte Doctor Alardus de
Ponte von der Gewalt der Fürsten über die unglaubige
Saracenen, Heiden und Jüden so fern sie friedsam leben
urtheilet und geschrieben, ist würdig daselbsten, pag 157.
nach zu sehen, daß nemlich keiner Obrigkeit Macht sich
weiter erstrecke, als nur die weltliche sachen wohl zu
regieren. Sehet und leset von Pagina 167. bis zu 173.
was der verständige Arctius Catharius hievon sagt, und
was über alles vorhergehende ein Gottsfürchtiger Mañ
an eine Magistrats person so umständlich, als treflich,
geschrieben hat. Leset von pagina 192. bis 198: welche
Beweisungen so ausbündig seynd, daß sie alle grosse eifferer
hierin zu einem märcklichen Nachdencken billich bewegen
solten, und solches um so viel mehr weil es nicht
unsere, sondern der Reformierten in ihrer Kirch und Ge-
wissenszwang selbst eigene Worte seynd. Wovon wir
wohl weit, weit mehr hätten bey zu bringen, wenn wir
nicht gedacht hätten, viel ein grösseres Werck von dieser
Materi nach Verlauff der Zeit ans Licht zu geben, damit
wir aller Welt weisen mochten, wie treflich viel hohe
Obrigkeiten, als Keyser, Könige, Fürsten und andere

Res-

Regenten über Länder und Völcker von dieser Sache geredet, u von vielen berühmten gelehrten Männern: wider
den Gewissens-zwang beygebracht, und wie löblich sie
von desselben Freyheit geschrieben haben. Welches
Werck, das schon mehren theils geschrieben und verfertiget, durch unterschiedliche beschwerliche Zufälle bis daher
verhindert worden: unterdessen haben wir vor gut erachtet, diese unsere Bekäntnuß vorab zu lassen gehen,
um unsere Hochteutsche Freunde in ihrem hertzlichen
Begehren nicht länger aufzuhalten: und so wir befinden,
ihnen hiemit angenehm zu seyn, das wir Niederländer auf
diese Weise lernen Hochteutsch sprechen, so hoffen wir
mit Vergünstigung des Allerhöchsten das vorged. achte
Werck auch lassen zu folgen, auf daß wir dadurch aller
hohen Oberkeit, die von GOtt über Länder und Völcker
gesetzt ist, ein christliches Bedencken geben: Ob es nicht
besser für ihre Länder und Städte, auch für ihre eigene
Person das allerlöblichste wäre, daß sie langmüthig,
gelinde und vertragsam mit ihren Unterthanen und Einwohnern, die anderer Religion zugethan seynd, umgingen,
und daß sie sich doch von keinem Menschen zum Ge-
wissens-zwange liessen bewegen, noch ihren Unterthanen
die Übung ihres innerlichen Gottesdiensts verhinderten,
wie die Römischgesinte in ihrem Gebiete den Reformirten und Evangelischen thun, und verursachen dadurch,
daß sie gleichwohl ihren Gottesdienst im verborgenen üben,
nach ihrem Gewissen, und das aus erheblichen Ursachen,
es müssen thun; Ob solches wider die Ordre der Obrigkeit ist, unter welcher sie wohnen, angemerckt sie dem
Fürbilde der Apostel darinnen folgen, welche sagen man
müsse GOtt mehr gehorsamen, dann den Menschen.

Aus allem, was nun gesagt ist, vertrauen wir, daß alle
reformierte Obrigkeit mit uns werde vermeinen, am besten
zu seyn, daß die Römischgesinneten den Reformierten und
Evangelischen zuliessen, ihrem Gottesdienst zum wenigsten
mit durch die Finger zu sehen, in der stille zu üben.

Wann diß dann alles wird andächtig betrachtet, und in
der Wageschale Göttlichen H. Worts wohl erwogen, so
wollen wir hoffen und fest vertrauen, daß niemand seine
Unterthanen anders handelen und regieren werde, als er
wolte, daß er, oder die seinigen unter Oberkeit von
anderer Religion wohnend gerne gehandelt und regieret
würde, also nachlebende dem königlichen Gesetze, welches
lehret, Einem andern zu thun, als wir gerne wolten,
daß uns gethan würde,   Und

Und Ach! Ob es allen [die vor diesem zu eyferig in
dieser Sache gewesen seynd] belieben möchte, ins zukünftige
also langmütig und gelinde mit ihren Unterthanen so
von anderer Religion seynd umzugehen, zu handeln und
gedultig zu vertragen, gleich wie unsere so löbliche als
weitberühmte Obrigkeit in diesen vereinigten Niederländern thut, die uns nicht allein ungemeine grosse Freyheit
verliehen, sondern auch gnädigst protectieren und beschirmen, und daher auch allen andern zu einem treflichen Fürbilde, demselben nach zu folgen, dienen; und die ihnen
dann in diesem gleich werden, die werden auch gleiches
Lob und Ehre mit ihnen einlegen: Sie werden die Unterthanen verursachen feurige Gebäte für sie zu HErrn
zu bringen, zu dem Ende, daß es GOtt dem Allmächtigen
wolle belieben seinen milden Seegen über die Länder ins
gemein bey erwünschtem Land-Frieden, und über die
Obrigkeiten, auch ihre Familien absonderlich, aus zu
stürtzen und daß sie endlich mit uns, und wir mit ihnen nach diesem elenden mühseeligen Leben ewig erhal-
sen, und aus lauterer Gnade durch das theuerbahre
Blutvergiessen bitteres Leiden und Sterben unsers HErrn
und Heylandes JEsu Christi, mögen seelig werden.
Welches wir allen ins gemein, u. jedweden absonderlich
als uns selbsten, von Hertzen anwünschen ꝛc.

Prüfet dann alles, und behaltet das Gute.

Soli Deo Gloria.